ライブラリ スタンダード心理学
9

[スタンダード
自己心理学・
パーソナリティ心理学]

松井　豊・櫻井茂男 編
Yutaka Matsui　Shigeo Sakurai

サイエンス社

「ライブラリ スタンダード心理学」刊行にあたって

　科学的な心理学は，ドイツの心理学者ヴィルヘルム・ヴントが心理学実験室を開設した1879年に始まると言われる．130余年の時を経て，心理学は多様に発展してきた．数多の理論が提唱され，神経科学をはじめとする他の学問領域とのクロスオーバーが進み，社会問題の解決にも徐々に寄与するようになってきた．しかし，多様化するに従って，研究領域は細分化され，心理学という学問の全体像をつかむことが難しくなりつつある．心理学の近年の啓発書は，個々の研究のおもしろい調査結果や意外な実験結果の紹介に紙数を割くことが多く，初学者にとっては全体像をつかむことがよりいっそう難しくなっている．いわば魚影の美しさに目をとられ，大海原を俯瞰することができなくなった迷子船のように．

　本ライブラリは，初学者が心理学の基本的な枠組みを理解し，最新の知見を学ぶために編まれた．今後10年以上にわたり心理学研究の標準となりうる知見を体系立てて紹介する．また，初学者でも，独習が可能なようにわかりやすい文章で記述している．たとえば，心理の専門職を目指して偏りなく学ぼうとする方や，福祉職，教育職や臨床職を目指して通信教育で学ぶ方にとっては，本ライブラリはよい教材になるであろう．

　なお，本ライブラリの執筆者には，筑波大学心理学域（元心理学系）の教員および卒業生・修了生を多く迎えている．同大学は，丁寧で細やかな教育で高い評価を受けることがある．本ライブラリにも，執筆者のそうした教育姿勢が反映されているであろう．

　本ライブラリ執筆者による細やかな水先案内で，読者の方々が心理学という美しい大海原を迷わずに航海されることを．

2012年10月

監修者　松井　豊

目　次

第Ⅰ部　自己とパーソナリティに関する理論　　1

第1章　自己をめぐる理論　　2

- **1.1** 自己は何を指すか ……………………………………2
- **1.2** 自己研究の歴史 ……………………………………4
- **1.3** 自　己　過　程 ……………………………………7
- **1.4** その他の自己に関する諸概念 ……………………12

第2章　パーソナリティの諸理論　　15

- **2.1** パーソナリティとは何か？ ………………………15
- **2.2** パーソナリティの類型論 …………………………20
- **2.3** パーソナリティの特性論 …………………………23
- **2.4** パーソナリティの相互作用論 ……………………31

第Ⅱ部　自己とパーソナリティの発達　　37

第3章　幼児期の自己とパーソナリティの発達　　38

- **3.1** 乳幼児期の自己の発達 ……………………………38
- **3.2** 幼児期のパーソナリティ …………………………44
- **3.3** 幼児期の自己とパーソナリティを規定する要因 ………49

第4章　児童期の自己とパーソナリティの発達　　56

- **4.1** 児童期とは …………………………………………56
- **4.2** 児童期における変化 ………………………………58

4.3 児童期の自己概念 ………………………………68

第5章　青年期の自己とパーソナリティの発達　　73

5.1 自己理解の発達 ………………………………73
5.2 パーソナリティの発達 ………………………79
5.3 アイデンティティ ……………………………83
5.4 おわりに ………………………………………94

第Ⅲ部　対人関係と自己・パーソナリティ　　97

第6章　家族関係と自己・パーソナリティ　　98

6.1 親 子 関 係 ……………………………………98
6.2 親と子の相互作用 ……………………………106
6.3 きょうだいの影響 ……………………………113

第7章　友人関係・恋愛と自己・パーソナリティ　　118

7.1 対人関係における重要な他者 ………………118
7.2 友人関係とは何か？ …………………………119
7.3 友人関係と自己 ………………………………121
7.4 友人関係とパーソナリティ …………………124
7.5 恋愛における自己 ……………………………128
7.6 恋愛におけるパーソナリティ ………………132

第8章　適性──職業適性を中心に　　140

8.1 適 性 と は ……………………………………140
8.2 職業適性の測定 ………………………………142
8.3 適性検査の活用方法 …………………………150

| 8.4 | 職業適性に関連する概念 | 152 |
| 8.5 | 今後の課題 | 154 |

第IV部　自己とパーソナリティの異常　157

第9章　パーソナリティ障害　158

9.1	パーソナリティ障害の概念の歴史	156
9.2	パーソナリティ障害の分類	163
9.3	境界性パーソナリティ障害	167
9.4	自己愛性パーソナリティ障害	170
9.5	パーソナリティ障害の治療について	174
9.6	現在のパーソナリティ障害	183

第10章　精神疾患と自己　188

10.1	さまざまな自己と精神疾患の診断基準	188
10.2	自尊感情に関わる障害	192
10.3	その他の精神疾患と自己	201
10.4	おわりに	205

第V部　自己とパーソナリティの理解と測定　207

第11章　自己理解の方法　208

11.1	自己に対する評価	208
11.2	自己に対する評価と心理的適応との関連	211
11.3	自己に対する評価の状態	212
11.4	自己を揺れ動かす原因	215
11.5	無意識的な自己	218
11.6	自己理解の方法のまとめ	220

第12章　パーソナリティ理解の方法　　　222

- **12.1** 質問紙法を用いたパーソナリティの測定 ……………223
- **12.2** 投映法を用いたパーソナリティの測定 ………………230
- **12.3** 作業検査法を用いたパーソナリティの測定 …………236

引用文献 …………………………………………………………239
人名索引 …………………………………………………………257
事項索引 …………………………………………………………260
執筆者紹介 ………………………………………………………264

第 I 部
自己とパーソナリティに関する理論

自己をめぐる理論

　自己に関する研究は，近年急速に発達しており，この領域における理論の充実もめざましい。本章では，自己に関する理論が発展してきた歴史的経緯，および各々の理論が一連の自己過程のどの段階に位置づけられるかという点から諸理論を概観する。

1.1　自己は何を指すか

　あなたは今，何をしているだろうか。

　おそらく答は明確なはずだ。本書を読んでいる多くの人が「私は本を読んでいる」と答えるだろう。

　それでは次に，あなたが先ほど「私は本を読んでいる」と答えたとき，あなたが何をしていたか考えてみてほしい。

　今度の答はそれほど明確ではない。「私は本を読んでいた」という答と，「私は『私は本を読んでいる』と考えていた」という答の両方がありえるからだ。

　仮に後者のように答えたとき，「私」は，考えられている私（＝本を読んでいる私）と，考えている私（＝「本を読んでいる」と認識している私）という二重構造をなしていることになる。19世紀後半の心理学者ジェームズ（James, W.）は，このような自己の二側面について次のよう述べている。

　「私が何を考えているときでも，私はそれと同時にいつも私自身，私の人格的存在を多少とも自覚している。また同時にそれを自覚しているのも私である。したがって私の全自我はいわば二重であって，半ば知者であり半ば被

知者であり，半ば客体であり半ば主体であって，その中に識別できる二つの側面がある」(James, 1892 今田訳 1992)。

ジェームズのいう知者＝主体としての側面は主体的自我または単に**自我** (ego) と呼ばれ，被知者＝客体としての側面は客体的自己または単に**自己** (self) と呼ばれている（図 1.1）。つまり，知覚し認知する主体は自我であり，知覚され認知される対象としての自分自身が自己である（第 5 章，第 10 章参照）。

主体としての側面を自我ではなく「自己」と呼ぶ場合もあるが，本書では，上記の概念的区分を採用し，対象としての側面を自己と呼び，自己に関する理論や概念について説明することにする。なぜなら，哲学では，自我は歴史的にもまた今日的にも重要な考察対象となり続けているものの，心理学では現在のところ，明確な研究対象とはなり得ていないからである（榎本, 2008）。さらに，自我についての心理学研究が少ない一方で，（客体的）自己については，20 世紀後半以来，膨大な数の研究が蓄積されてきている。そこで本章では，はじめに自己に関する研究の歴史を概観し（1.2），次いで自己に関する諸理論の整理を試みる（1.3）。最後に，その他の自己に関わる心理学的概念を紹介していくことにする（1.4）。

図 1.1　自己の二重性

1.2 自己研究の歴史

　心理学で最初期に自己（客体的自己）に言及し，また現代の自己研究への影響という点でも重要な考察を行ったのは，ジェームズ（James, 1892）である。ジェームズは，主体的自我と客体的自己の2つの側面をもつという自己の二重性を指摘したうえで，心理学では客体的自己を研究すべきであると述べている。さらに，自尊感情についての理論的考察を最初にした心理学者としても知られている。

　現代からみればジェームズの考察は画期的なものであったが，自己に関する研究はその後長い間重要な研究テーマとして取り上げられることはなく，進展がみられない時期が続いた。一方で20世紀前半からは，心理学ではワトソン（Watson, J. B.）やスキナー（Skinner, B. F.）をリーダーとする行動主義心理学が主流となった。行動主義的な立場からは，行動という直接的に観察可能な対象を取り扱うべきであり，個人の意識内容のように観察できないものは心理学の研究対象ではないということになる。20世紀前半にはフロイト（Freud, S.）の人格モデルにおける自我など，精神分析学派においては自己と関連する理論的考察やそれを応用した臨床実践も行われていたが，これらは当時主流であったヴント（Wundt, W.）以来の実験心理学とは異なる研究の流れであり，自己に関する研究は多くの心理学者にとって関心の外であったといえる。

　20世紀前半には，心理学よりもむしろ社会学において自己に関する重要な研究が行われていた。クーリー（Cooly, C., 1902），ミード（Mead, J. H., 1934）らが自己について社会学的考察を行った代表的な社会学者である。

　クーリーは，机や椅子のように自分から見ても他者から見ても常に外側にある対象とは異なり，「私」の場合，他者が「私」といった場合には他者の内側で自分の外側，自分が「私」といった場合には他者の外側で自分の内側を指すという点で，本質的に他の対象に言及する場合とは異なることを指摘した。さらに「私」という主格の代名詞は，他者が自分の意識主体あるいは

その主体を含む物理的存在を指して「あなた」あるいは実際の名前で呼んだときに示すものと，自分が「私」と呼んだときに示すものが同一のものであることを理解してはじめて使用可能になり，そのために「机」など一般名詞を用いるよりも，幼児の用法獲得が遅くなることを論じている。これをクーリーは鏡をのぞいて自分を見るように他者の意識によって鏡のように自分が映し出されるという認識と同じものと考え，（客体的）自己意識を**鏡映的自己**（looking-glass self）と呼んだ。

ミード（Mead, 1934）は他者の視点から自身を見ることによって自己意識が生じるというクーリーの考えをさらに詳細に検討し，他者とのコミュニケーションによって自己が生じる過程について考察をしている（山尾, 2002）。ミードは自己意識がなくとも他者に働きかけたり，他者の働きかけに反応したりすることは可能であるが，人間の場合音声（言語）によるコミュニケーションが可能であることから，自分の発した音声を他者の発した音声と同様に知覚することが可能であり，そのことが自分自身を対象として考える能力を促すと考えた。すなわち，自分の発声が他者のどういった反応を誘発するか，他者が自分の発声をどのような意味としてとらえるかという認識が生じることは，あたかも自分自身とコミュニケーションしていることと同様であり，他者への自分の反応である「I」と，自分自身への他者の（認識された，想定された）反応である「me」とが分化して自己意識が生じると考えたのである。

クーリーやミードの他にも，ゴッフマン（Goffman, E., 1959）の印象管理理論は社会心理学の**自己呈示理論**に大きな影響を与えた。このように，自己が心理学であまり省みられなかった時期に，この研究テーマは心理学者よりもむしろ社会学者が関心を寄せるものであったといえる。

心理学で自己への関心が高まりはじめたのは1950年頃からである。マズロー（Maslow, A. H., 1954）やロジャーズ（Rogers, C. R., 1959）など人間性心理学の立場に立つ心理学者たちが**自己実現**（self-fulfillment）や**自己一致**（self-congruence）といった概念を用いて心理的適応や心理療法に関す

る理論を提唱したのはこの頃であり，エリクソン（Erikson, E. H., 1968）が自我同一性（ego-identity）を青年期の発達課題として位置づけたのもほぼ同時期である。ただしこれらの研究者の理論は臨床実践からの考察をもとにして提出されたこともあり，これらの理論を契機に実証研究が盛んになるということはなかった。

　自己に関する研究が急速に増加しはじめたのは 1970 年頃からである。リアリーとタングネー（Leary, M. R., & Tangney, J. P., 2012）は，自己研究の増加に影響を与えた契機として，第 1 に，いわゆる認知革命の影響から心理学者が内的過程に関心を向けはじめたこと，第 2 に，自己に関連する有力な心理尺度が開発されたことをあげている。

　第 1 の点であるが，心理学では 1950 年以降，数学や工学における情報理論の研究の進展に後押しされ，ミラー（Miller, G. A.；1920-2012），ブルーナー（Bruner, J. S.；1915-），ナイサー（Neisser, U.；1928-2012）らが**認知心理学**という新領域を開拓した。認知心理学は，それまで主流であった行動主義心理学と並び立つ中心的な研究領域となり，心理学全体へ影響を及ぼしはじめた。自己に関心をもつ心理学者たちのなかにも，自己スキーマ理論のマーカス（Markus, H., 1977）や自覚状態理論のデュバルとウィックランド（Duval, S., & Wicklund, R. A., 1972）など，認知心理学的概念を用いながら自己に関わる心理過程を理論化する研究者が現れはじめた。

　第 2 の点である自己に関連する心理尺度が作られはじめたのはおおむね 1960 年以降である。心理尺度のうち初期に多くの研究を誘発したのは**自尊感情尺度**（Rosenberg, M., 1965；Coopersmith, S., 1967；第 7 章，p.126，第 10 章，p.191，第 11 章，p.208 参照）であった。とくにローゼンバーグによる自尊感情尺度は国際的にみても，また我が国においても，今日でもなおもっとも多くの研究を生み出すパーソナリティ尺度の一つである。1970 年代になり，自覚状態の理論の発展をふまえフェニグスタインら（Fenigstein, A. et al., 1975）による自己意識尺度や，自己呈示の個人差をとらえるセルフ・モニタリング尺度（Snyder, 1974）についても多くの研究が行われた。

1990年代に入ってからは，社会心理学と臨床心理学の融合が進んだこともあり，自己愛や自己制御など，自己に関する個人差の研究は，現在でもさらに増加傾向にある。

日本では，1960年以降，自己に関する理論的検討（e. g. 加藤，1960）や実証研究（たとえば梶田，1967）が行われはじめ，1970年代に入ると臨床心理学や青年心理学でアイデンティティ（自我同一性）が研究テーマとして盛んに取り上げられるようになった。1980年代からは，米国における自己研究の隆盛や，自尊感情（山本ら，1982），自己意識（菅原，1984）などの心理尺度が開発されたこと，臨床心理学と社会心理学の融合など，いくつかの要因が研究を促進し，それ以降今日まで盛んに研究が行われている。

1.3 自己過程

自己に関連する心理現象は多岐にわたっており，それらを統合する理論は現時点では存在しない。ただし，多くの現象・理論を内的プロセスに沿って整理することは可能である。日本では中村（1990）による自己注目―自己把握―自己評価―自己表出の4段階に沿って自己に関する研究群を整理する先駆的な業績があるが，ここでは1990年代以降の研究の発展を考慮してリアリーとタングネー（Leary & Tangney, 2012）による3段階モデルに沿って整理を試みることにする（図1.2）。

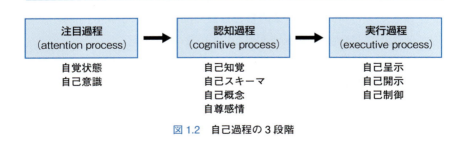

図1.2 自己過程の3段階

1.3.1 注目過程

　自己とは，自分を対象とみなしたときに生じる諸々の心理現象を指すものである。したがって自己が生じるためには自分を対象とみなすことが必要になり，その際，はじめに生じる心理過程は自己に注意が向くことである。一連の自己過程の最初に生じる段階を**注目過程**（attentional process）と呼ぶ。

　注目過程に関する代表的な理論にデュバルとウィックランド（Duval & Wicklund, 1972）の客体的自覚状態の理論，カーヴァーとシャイヤー（Carver, C. S., & Sheier, M. F., 1981）の自己注意制御理論がある。客体的自覚理論によれば，他者から注目されたり，自分の鏡映像や自分の声など自己のシンボルと接触したりした際，人は理想とする状態に達しない自己を意識することで負の感情をもつようになり，その結果，注意を自己以外にそらそうとするか，あるいは現実の自己の状態を理想に合わせようとする。自己注意制御理論は，自覚状態から状況に適切に行動をとるにいたる内的プロセスをフィードバック制御モデルを用いて説明したものであり，客体的自覚状態の理論を発展させたものといえる。

　また自己への注目しやすさの個人差に着目した**自己意識特性**（self-consciousness）の研究もこの段階の研究である。フェニグスタインら（Fenigstein et al., 1975）は自己意識特性を測定する心理尺度を開発し，尺度項目の因子分析の結果見出された3因子のうち，自分の感情・動機・思考など内的側面に注意を向けやすい傾向である**私的自己意識**（private self-consciousness），および外見や他者からの評価など社会的対象としての自己を意識しやすい傾向である**公的自己意識**（public self-consciousness）の2因子を自己意識特性の二側面であるとしている。

1.3.2 認知過程

　自己に注目することは，自分自身の行動を観察することを可能にする。したがって自己注目の次の段階は，自己を知覚し，自己についての情報を判断したり評価したりする認知過程の段階である。**認知過程**（cognitive process）は，自分についての知覚から，自己の記憶・知識を蓄え，自己を評価し，自己概念を形成することまでを含む過程である。

　ベム（Bem, D. J., 1972）の**自己知覚理論**（self-perception theory）は，自分の行動観察を通して自己の内的状態を推測する**自己帰属**（self-attribution）の仕組みについての理論であり，一連の認知過程のなかでも比較的初期の過程に焦点をあてたものといえる。自己知覚理論によれば，自己の内的状態を知るための手掛かりは少なく，自分の行動およびその行動をとったときの状況を手掛かりにして，人は自分の内的状態を推測する。つまりこの理論によれば，自分自身の内的状態は，他者の内的状態を推測するのと同じようにして，推測されていることになる。

　自分自身についての知識を蓄えることにより，人は自分がいかなる存在かという概念を形成することができる。**自己像**（self-image），**自己概念**（self-concept）と呼ばれるものがそれにあたる。この2つの構成概念の間に明確な区別はないが，一般的にいって自己像は外見を含む映像的記憶の面を強調する場合に用いられやすく，自己概念は相対的に性格や行動上の特徴といった面に焦点をあてる場合に用いられやすい。また，エリクソンの**自我同一性**（ego-identity）の概念も，「自我」という言葉が用いられているものの，青年期の発達課題という立場からとらえた自己概念の一種といえる。さらに認知心理学の**スキーマ**（schema）の考えを援用してマーカス（Markus, 1977）が提唱した**自己スキーマ**（self-schema）は自己に関連する情報がいかに処理されるかという視点から自己概念を定義したものである。

　自己注目―自己知覚のプロセスを経て形成された自己概念は，良し悪し・好き嫌いといった評価の対象物でもある。自分自身に対する肯定的評価およびそれに付随する肯定的感情である**自尊感情**（self-esteem）は，自尊感情を測る心理尺度の開発以来，膨大な実証研究が行われてきた。近年では自尊感情という心的装置が何のために存在するのかという，自尊感情の起源に関わる研究や，自尊感情の否定的側面に関する研究が行われている。自尊感情の起源に関する代表的な理論としては，リアリー（Leary, 2005）による**ソシ**

オメーター理論（sociometer theory）やグリーンバーグら（Greenberg, J. et al., 1990）の**恐怖管理理論**（存在脅威管理理論；terror management theory）がある。

　臨床心理学の概念である**自己受容**（self-acceptance）は自身のさまざまな特徴を把握したうえで，肯定的に受け入れることを指し，自尊感情と類似した面をもつ概念である。

　テッサー（Tesser, A., 1984）の**自己評価維持モデル**（self-evaluation maintenance model）も自己評価に焦点をあてた理論の一つである。自己評価維持モデルでは，人は基本的に自己評価を高く維持しておきたいと動機づけられると仮定されており，この動機づけによって課題達成行動のみならず，自己評価を低下させない形で対人選択が行われることも示されている。

1.3.3　実行過程

　認知過程により把握された自己は，状況に応じて他者に対して表出される。また，自己を認知することにより，自己に関する認知や行動を意識的にコントロールすることが可能になる。このように，自己注目および自己認知を前提として可能になる自己過程の最終段階を**実行過程**（executive process）と呼ぶ。

　自己呈示（self-presentation）とは，ある特定の目的（たとえば自己評価を上げる，損失を回避するなど）を達成するために，自分を見せることである。たとえば，他者から良く思われるために行儀良く振る舞うこと，相手を自分の意のままに動かすために威嚇することなどは自己呈示の一種である。自己呈示の理論は，社会学者ゴッフマンの印象管理理論の影響を受け，社会心理学領域で発展を遂げたものである。スナイダー（Snyder, M., 1974）は，状況に応じて自己呈示をコントロールする程度に大きな個人差があると考え，**セルフ・モニタリング**（self-monitoring）の理論を提唱した。またスナイダーの開発したセルフ・モニタリング尺度は，多数の研究を誘発した。

　自己開示（self-disclosure）も実行過程に関わる概念である。自己開示とは，

他者に対して言葉で自分自身に関する情報を伝えることを指す。自己開示は対人関係の進展を促進する効果をもち，さらにペネベーカー（Pennebaker, J. W., 1990）によれば，外傷体験のように内面性の高い内容を自己開示することにより，精神的健康を促進する効果をもつ。

自己の状態をモニタリングすることは，特定の基準に合致するよう自己の行動を統制すること，すなわち**自己制御**（self-regulation）を可能にする。すでに紹介したカーヴァーとシャイヤー（Carver & Sheier, 1981）の自己注意制御理論は，自己注目から自己制御に至る心理過程を理論化したものである。

自己制御に関する理論は，近年になって急速に発展している。たとえば，ヒギンス（Higgins, E. T., 1987）は，人は複数の自己概念をもち，それらの差異を最小化するよう動機づけられるという**セルフ・ディスクレパンシー理論**（self-discrepancy theory）を提唱した。ヒギンス（Higgins, 1997）はさらに後年，自己制御する際の方向性（制御焦点）を，報酬を欲するよう自己制御する促進焦点（promotion focus）と，損害を回避するよう自己制御する予防焦点（prevention focus）に区分する**制御焦点理論**（regulation focus theory）を提出している。また，バウマイスターら（Baumeister, R. F. et al., 1998）は，自己制御を一定時間行うと，その後の自己制御がうまくいかなくなるという**自我消耗**（ego-depletion）という現象を実験的に示したうえで，自己制御する際にはある種の心理的資源の量が関与しているという説を唱えている。

さらに自己制御の個人差に関する研究も進展している。初期の研究としては，バンデューラ（Bandura, A., 1982）の**自己効力感**（self-efficacy）がある。自己効力感とは，自分の行動を自分自身が統制できており，その結果外界の出来事に対して有効な働きかけができているという信念であり，いわば自己制御に関する自信の強さといえる。また，ロスバートら（Rothbart, M. K. et al., 2000）は，たとえば「よそ見をせずに教科書に集中する」ときのように，顕在化していない行動を遂行するために顕在化している行動を抑制

する能力を**エフォートフル・コントロール**（effortful-control）と名づけ，この能力を測定する心理尺度を開発している。

1.4 その他の自己に関する諸概念

すべての自己関連概念が前節で紹介した注目・認知・実行の3過程で整理できるわけではない。たとえば自己に関する動機づけや感情，発達に関する側面は自己過程には含まれない。そこでこの節では，自己過程以外の，自己に関連する諸概念について紹介する。

1.4.1 動機と感情の側面

人は自分に関する情報を収集するよう動機づけられる。自分に関する情報は，自己知識を蓄積し自己概念を形成するために必要になるからである。

2mの幅をもつ川を飛び越えるには，自分がそれを飛び越える能力をもっているかどうか知っていたほうが都合がよいだろう。このように，自分の置かれた環境に適切に対処するためには，自己の能力を正確に把握しておくことが必要となる。自己の能力を正確に把握しようとする動機を**自己査定動機**（self-assessment motivation）という。ただし，正確な自己概念を形成しようとするあまり，常に自己概念に対して修正を加えなければならないとすれば，認知的負荷が過大になってしまう。むしろ既存の自己概念を維持するよう，自己概念に合致した情報を収集するよう動機づけられる可能性もある。そのような既存の自己概念に合致する情報を収集しようとする動機づけを**自己確証動機**（self-verification motivation）という。これまでの研究では，いずれの動機も重要な役割を果たしており，いずれの動機が強くなるかは状況要因や個人差要因など多様な要因が影響していると考えられている。

感情的側面に関しては，妬み，嫉妬，罪悪感，羞恥など，自己評価を高めようとする動機から生じると考えられている感情を総称して**自己意識的感情**（self-conscious emotion）という。妬み（envy）は，自己と他者を比較した

結果，自分のもっていないもの（物品，能力，他者からの良い評価等）を他者がもっていることに気づいた際に生じ，嫉妬（jealousy）は自分にとって重要な人の気持ちが自分以外の人に向けられていると感じたときに生じる。失敗などにより自己評価が低下する可能性が意識された際は羞恥（shame）が生じ，自己のもつ基準に照らしてすべきでないことをしてしまったときに生じる感情を罪悪感（guilty）という。

1.4.2 発達的側面

　自己の発達的側面に注目する研究もある。たとえば自己意識がいつ頃生じるかについて，ルージュ・テストという方法による実験がある（第3章，p.43参照）。この方法は，乳児の顔の一部に色をつけて鏡を見せるというもので，鏡を見て自分の顔の色のついた部分に触れれば，鏡に映ったものが自分自身であることが理解できていることになる。ルイスとブルックス＝ガン（Lewis, M., & Brooks-Gunn, J., 1979）が，さまざまな月齢の乳児の鼻に染料をぬり，鏡を見せたところ，鏡を見て自分の鼻に手を触れるようになるのは満1歳を過ぎてからであった。この実験結果は，1歳頃に自己意識が芽生えていることを示唆するものといえる。

　青年期の発達課題として**アイデンティティ**（ego-identity）の確立が重要であると主張したのはエリクソン（Erikson, 1968）である。アイデンティティは自分は何者であるかについての明確な実感のことであり，いつの自分も，どこにいる自分も同じ自分であるという一貫性の感覚，自分の意志で行動しているという主体性の感覚，自分は他の誰とも違う唯一の存在であるという独自性の感覚，自分が社会のなかでどのような役割を担っているか・担っていくかについての社会性の感覚，などによって構成されていると考えられる。

1.4.3 社会・文化的側面

　自己のあり方（自己概念）は，いかなる文化にも共通のものなのだろうか。

人の心理はその人が属する社会や文化によって規定されており，人の心理を普遍的な法則で説明することはできない，とする立場の心理学を**社会的構築主義**という。

　社会的構築主義の考えに基づけば，自己のあり方も文化や社会によって規定されるものと考えられる。マーカスと北山（Markus, H. R., & Kitayama, S., 1991）は，北米などにおける欧米文化と，日本などにおける東洋文化では，自己の定義の仕方が異なっていると考え，文化的自己観の理論を展開している。この理論によると，欧米では相互独立的な自己観，すなわち「自己は他から切り離された存在」であり，一人前の「人」として認められるためには，自分に誇るべき能力や人格を見出し，それを外に表現することが必要であるとする自己観が優勢となる。一方，日本などアジア圏では，相互協調的な自己観，すなわち「自己は他と根源的に結びついた存在」であり，意味のある社会的関係に所属し，そのなかで相応の地位を占め，関係を継続することにより「人」として認められるという自己の見方が優勢になるという。また，自己概念以外にも，自己呈示の文化差など，自己の文化的側面についての研究が行われている。

　ここまで，自己を中心に据えた理論・研究を紹介してきたが，それ以外にもさまざまな領域で，自己という視点が重要な役割を果たす理論や研究が多数存在する。たとえば臨床心理学や人格心理学における**自己愛**（narcissism）の研究，発達心理学や臨床心理学における重要な研究手法になりつつある**自己物語法**（self-narrative method）などである。今後，情報工学における人工知能研究や医学・生理学における脳研究の発展に伴い，自己研究は大きく変化する可能性がある。また本章では，自我・自己のうち客体的側面である自己についてのみ触れたが，榎本（2008）が主張するように，今後主体的側面についての研究が進展する可能性もあるだろう。

パーソナリティの諸理論 2

　第14回出生動向基本調査（国立社会保障・人口問題研究所，2010）によると，18～34歳の未婚者が結婚相手に求める条件として，男女ともに「人柄」，すなわち相手の「性格」がもっとも多い。結婚相手だけに限らず，私たちは他者と関わる際に，往々にして相手の「性格」に注意を払う。「アイツって性格悪いよな」と言われる相手には積極的に近づこうとしないであろうし，「○○ちゃんの彼氏って，優しくてすごく性格いいよね」「そうなんだ。羨ましいな」といったような会話は日常的である。

　それでは，「性格」とは何であろうか。あなたはおそらく，身近な人の「性格」を思い浮かべようとすれば，それぞれに独特な何らかの「性格」を思い浮かべることができるであろう。それくらいに，現代社会において，「性格」は日常的であり一般的である。しかし，「性格」は，人のもつ他の要素，たとえば，顔の形や体型のように物理的に見えるものではないため，とらえどころがなく，はっきりとしない。本章では，そんな「性格」について，心理学の視点からみた定義について述べ，その後，「性格」にまつわる諸理論を，類型論，特性論，相互作用論の順に紹介する。

2.1　パーソナリティとは何か？

2.1.1　用語の整理

　本項ではまず用語の整理をしておこう。ここまでの文章では，「性格」という用語を使用しており，おそらくあなたはそのことに違和感を抱かないであろう。個人の心理的な特徴を示す用語として，一般には「性格」という用語が使用されることが多い。一方，本節の見出しでは「パーソナリティ」という用語を用いた。なぜ違うのであろうか（第5章，p.79）。

　「**性格**」という用語は，"character" という用語が日本に入ってきた際に，

その訳語としてあてられた。"character" 自体は，ヨーロッパにおける研究分野で歴史的に使用されており，たとえば，ドイツ語では "Charakterologie"（性格学）といった表現もある。その訳語である「性格」は，日本では心理学の専門用語としても用いられており，日常語としても比較的中立的な意味合いで使われている。ところが，日常語として使用される "character" の意味には，誠実さや忠誠といった道徳的に望ましい側面が含まれる。

"character" のように，道徳的に望ましい意味合いをもつ「性格」を表す日本語として「人格」がある。「人格」は，元々 "personality" という用語が日本に入ってきた際に，その訳語としてあてられた。"personality" は，アメリカを中心として心理学の専門用語として広く用いられており，"character" とは異なり道徳的に望ましいという意味をもたない。つまり，日本語の「性格」を意味するような用語である。このように，日本語と英語とで，それぞれの用語と意味とが交差している。

それぞれの用語の語源から，「性格」を比較的静的で変わりにくい個人的特徴を意味するものとし，「パーソナリティ」を比較的動的な，環境に対する適応機能の全体的特徴を意味するものとして，使い分ける考え方もある（詫摩，1990）。しかしながら，現在のところ，用語上の混乱を避けるために，日本においては「性格」を意味する心理学の専門用語として「パーソナリティ」という用語が使用されることが多くなっている。本書でもこれを踏襲し，以下では，個人の心理的な特徴を示す用語として「パーソナリティ」を用いる。

2.1.2 パーソナリティの定義

それでは，パーソナリティとは何であろうか。前項では，「個人の心理的な特徴」という風に大雑把に記述したが，本項ではより詳細な心理学上の定義をまとめる。パーソナリティについて記述された心理学の専門書を読めば，往々にしてオルポート（Allport, G. W.），キャッテル（Cattell, R. B.），アイゼンク（Eysenck, H. J.）の三者による定義が紹介されているであろう。

本項でもパーソナリティ研究の代表者である三者の定義を紹介し，その後，近年の定義について触れる。

まず三者の定義を列挙すると，パーソナリティとは，「個人の内部で，環境へのその個人特有な適応を決定するような，精神物理学的体系の力動的機構」（Allport, 1937）であり，「個人がある場面に置かれた時，その人のとる行動を決定するもの」（Cattell, 1965）であり，「多かれ少なかれ安定した個人の特徴（性格，気質，知性，体質など）の持続的な体制で，個人に独自の環境への適応の仕方を決定するもの」（Eysenck, 1952）である。

三者三様の定義ではあるが，その内容には共通した要素がいくつかある（若林，2009）。第1に，パーソナリティは，個人の行動に何らかの影響を及ぼす要因としてとらえられている点である。たとえば，他者と関わるのが好きな外向的なパーソナリティの持ち主は，積極的に外出したり，友人とコミュニケーションをとったりといった行動が多いであろうと想定できる。したがって，相手のパーソナリティを知ることによって，ある程度相手の行動を予測することが可能となるといえる。第2に，パーソナリティは，個人によって異なる独自のものとして位置づけられている点である。これは言い換えると，パーソナリティが個人差を説明する要因としてとらえられていることになる。個人個人でその振る舞いが異なることは当然であるが，その背景にはパーソナリティの差異があると考えることができる。第3に，パーソナリティは，個人の内的要因としてとらえられている点である。先の例でいうと，外出する理由は，友人と遊びに行きたいからかもしれないし，天気が良いからかもしれない。個人の行動を予測する要因には内的なものから外的なものまでさまざまなものがあるが，そのなかでもパーソナリティはその個人の内的要因としてとらえられている。

近年では，進化心理学や行動遺伝学の発展に伴い，個人の行動に遺伝的要因が影響することが明らかになっている。それらの知見もふまえて，若林（2009）は，パーソナリティを，ヒト以外の動物にも適用可能なものと，人間固有の心理現象の2種類に分けて定義している。具体的には，前者は「パ

ーソナリティとは，時間や状況を通じて個人（個体）の行動に現れる比較的安定したパターンとして外部から観察可能なものであり，他者（他個体）との違いとして認識されるもので，それは発達過程を通じて遺伝的要因と環境との相互作用の結果として現れるとともに，それは神経・内分泌系などの生理・生物学的メカニズムによって媒介されているもの」である。そして，後者は「パーソナリティとは，各個人が認知している自己の行動や情動に現れる比較的安定したパターンについての心的表象であり，その基礎には（自覚されている程度には個人差はあるが）遺伝的要因によって規定された固有の神経・内分泌などの生理・生物学的メカニズムと環境との相互作用がある。これは主観的には主に他者との違いとして認識されるものであるが，常に個人の行動に何らかの形で影響を与え，発達過程を通じて維持されるが，その安定性と変化の割合には個人差がある」ものである。前述の3名の定義と比べると，遺伝的要因の影響を含めていることや，その影響が遺伝と環境との相互作用によって現れるとしていること，発達的変化を内包していること，生物学的メカニズムを基礎としていることが異なっている。この定義の変化は，オルポートらの時代から約50年間のパーソナリティ研究の進展を反映している。

2.1.3　パーソナリティの類似概念

　パーソナリティには，「気質」や「態度」など，類似した概念（用語）がいくつかある。これらの用語は，検討する対象を限定するために意図的に使い分けてあったり，研究者の好みで使い分けてあったりする。それぞれの用語に触れた際には，どのような意味でその用語を使用しているのか注意する必要がある。

　「気質」（temperament）とは，パーソナリティの基礎として，発達の初期段階から表れる生涯を通して持続する傾向であり，遺伝的に規定される要因である（第3章，p.44，第6章，p.106参照）。パーソナリティと厳密に区別することは困難であり，若林（2009）の定義では気質的な側面もパーソナリ

ティに含まれている。乳幼児のように，発達の初期段階において表れる刺激と反応との組合せのパターンを説明する概念として使用されることが多い。

「**態度**」(attitude) とは，「経験を通じて体制化された心理的あるいは神経生理的な準備状態であって，生活体が関わりをもつすべての対象や状況に対するその生活体自体の行動を方向付けたり変化させたりするもの」(Allport, 1935) と定義される。藤原 (2001) によると，態度は，①反応の準備段階であり，②常に対象をもち，③「良い―悪い」「好き―嫌い」といった評価を含む。態度は，パーソナリティのように個人の全体的な行動パターンに関係するのではなく，特定の対象に対する行動パターンと関係する点でパーソナリティと異なる。また，遺伝的に規定されるものではなく，経験を通じて獲得されるものである点でも異なる。その一方で，個人の行動を方向づけ，変化させるという点はパーソナリティと共通である。

気質とパーソナリティ，態度との関係を模式的に示したものが図 2.1 である。中心にあるほど遺伝的で変化しづらく，外縁にあるほど経験的で変化しやすいことを意味している。中心は，パーソナリティの基礎であり，遺伝的に規定される気質である。その周辺を，パーソナリティが囲っている。ここでいうパーソナリティは，先に紹介した心理学で扱う一般的なパーソナリテ

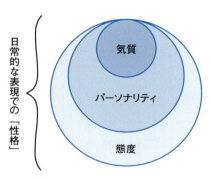

図 2.1　パーソナリティとその類似用語との関係

ィを指し，遺伝と経験の両方を反映したものとなる。さらにその周辺を態度が囲っている。態度は経験的に習得されるものであり，遺伝の要素は含まない。これらのすべてを包含して，日常的な表現でいう「性格」となる。

2.2 パーソナリティの類型論

　ビデオゲーム，とくにロールプレイングタイプのゲームでは，それぞれのキャラクターに「戦士」や「魔法使い」といった職業が用意されていることがある。たとえば，「戦士」の職業は，腕力や体力は高いが精神力や魔力は低く，主に武器で攻撃するといった特徴を表す。また，「魔法使い」の職業は，腕力や体力は低いが魔力や精神力は高く，主に魔法で攻撃するといった特徴を表す。パーソナリティの類型論は，ゲームにおける上記の職業のように，個人のパーソナリティをいくつかのタイプに分けてとらえる考え方である。身近なところでは，血液型性格診断も類型論の一種である（ただし，松井（1991）や縄田（2014）の大規模調査によって，血液型とパーソナリティとの関係は明確に否定されている）。

　パーソナリティ研究において，類型論はすでに過去のものとなっている。そのため，現在では積極的に研究の対象となることはほとんどなく，心理学の教科書において，パーソナリティを理解するための一つの考え方として取り上げられる程度であることが多い。本節では，類型論を簡単に紹介し，現在の主流な理論である特性論への発展について述べる。

2.2.1 主要な類型論

　類型論の例としてもっともよく取り上げられるものが，クレッチマー（Kretschmer, E.）による類型論（type theory）である。精神科医であるクレッチマーは，独自の観察から，パーソナリティが血液や体液によって決定されると考えた。彼は，精神科の入院患者を観察対象とし，体格とパーソナリティとを関連づけることで，3つの類型にまとめている（Kretschmer,

1955)。具体的には，第1に身体の厚みよりも長さが目立つ体格である「細長型」，第2に骨格と筋肉，皮膚が発達した体格である「闘士型」，第3に胸部や腹部に脂肪が蓄積しやすく丸みを帯びた体格である「肥満型」の3類型である。これらの体格にそれぞれ特徴的なパーソナリティをあてはめ，「細長型」は内気で真面目，臆病で従順な特徴をもち，「闘士型」は物事に執着し秩序を好み融通が利かないといった特徴をもち，「肥満型」は社交的で明るくユーモアのある特徴をもつとまとめた。

クレッチマーは，精神疾患者を対象とした観察からそれぞれの類型を見出したが，その適用範囲は健常者も含むと考えていた。これは，正常と異常とを何らかの質的な断絶ととらえるのではなく，連続性をもって変化するものととらえる考え方に基づく。この考え方は，次節で紹介するアイゼンクの特性論や5因子モデルにも引き継がれており，クレッチマーがパーソナリティ研究に及ぼした影響は大きい。また，パーソナリティに，遺伝や内分泌といった生物学的基盤を想定した点も，現在のパーソナリティ理論につながっている。

クレッチマーと同様に，シェルドン（Sheldon, W. H.）も体格に基づいてパーソナリティを分類している。シェルドンは，クレッチマーの類型論が一般成人においてもみられるかどうかを検討し，クレッチマーと類似した3類型を見出している（Sheldon & Stevens, 1942）。具体的には，第1に，神経系統や感覚器官，皮膚組織が発達した「外胚葉型」であり，控えめで過敏であり，疲労しやすい特徴をもつ。第2に，骨や筋肉が発達した「中胚葉型」であり，大胆で活動的であり，自己主張が強い特徴をもつ。第3に，丸い体型の「内胚葉型」であり，くつろぎや安楽，食にこだわる特徴をもつ。クレッチマーの類型にあてはめると，「外胚葉型」が「細長型」，「中胚葉型」が「闘士型」，「内胚葉型」が「肥満型」にそれぞれ対応する。シェルドンの研究は，クレッチマーの類型論が一般成人にも適用できることを示した知見と位置づけることもできるが，一方で，両者で類型の内容に異なる部分もみられる。

ユング（Jung, C. G.）は，心的エネルギーの向かう方向によってパーソナリティを2つに分類している。具体的には，心的エネルギーが内に向かっており，自己に関心が集まりやすい「内向型」と，心的エネルギーが外に向かっており，外界の刺激に影響を受けやすい「外向型」とである。「内向型」は感情の表出は控えめであり，自分が先に立って行動するよりは他人に従うことが多く，多くの人と気軽に付き合うよりは少数の人と深く付き合うといった特徴をもつ。一方で，「外向型」は感情の表出が活発であり，精力的で独立心が強く，広い範囲の人と交際するといった特徴をもつ（詫摩，1990）。ユングが提案した内向型─外向型の考え方は，次節で紹介する特性論にも引き継がれており，個人のパーソナリティを理解する際に重要な要因であると考えられる。

2.2.2　類型論の利点と限界

　類型論の最大の利点は，私たちの日常的な感覚に一致していて，わかりやすいことである。3つの類型論が提唱するそれぞれのタイプをざっと見たうえで，あなた自身や友人が各類型論でどのタイプにあてはまるか考えてみてほしい。明らかに特定の類型にあてはまる人もいれば，微妙なところではあるが，あえてあてはめるとこの類型という人もいるであろう。いずれにせよ，「何となく」どこかの類型に分けることができたのではないであろうか。

　一方，「何となく」あてはまったとしても，ぴったりあてはまる人はほとんどいない。言い換えると，それぞれの類型に典型的な人は少なく，多くの人は各類型の中間型や混合型となる。個人のパーソナリティを理解しようとする際に，典型的な存在を基礎とした類型論を用いることは，場合によっては対象の理解を妨げる可能性がある。また，類型は静的なものであり，発達的変化のようなパーソナリティの変化は概念に含まれていない。加えて，実際は特定の類型にぴったり当てはまる場合のほうが少ないにも関わらず，一旦特定の類型に分けてしまうと，その類型に基づいて対象を理解したつもりになりがちであることも，類型論を利用する場合の大きな欠点である。

類型論は1900年代から流行し，クレッチマーの類型論をはじめとして複数の研究が行われたが，それらを支持するデータは乏しく，予測力も劣っていた（Maher & Maher, 1994）。その結果，現在ではほとんど姿を消している。そこで，類型論に替わって発展した考え方が特性論である。これは，個人をいくつかの類型に分けるのではなく，いくつかのパラメータから個人のパーソナリティを理解しようとする考え方であり，現在はこの考え方が主流となっている。

2.3　パーソナリティの特性論

　「戦士」や「魔法使い」といった職業（類型）を採用しているゲームでは，たとえば，戦士として前線で戦いながら，魔法も使える「魔法戦士」としてプレイしたいと考えても，それが職業（類型）に用意されていなければ，そういったプレイはできない。一方で，「腕力」や「体力」といったパラメータを設定し，どのパラメータを伸ばすのかがそのキャラクターを特徴づけるようなゲームもある。この場合，たとえば，「魔力」と「体力」のパラメータを伸ばし，魔法で攻撃をしながら耐久力も高い「魔法戦士」のようなキャラクターを作ることが可能となる。このようなパラメータのことを，パーソナリティ研究では**特性**と呼び，いくつかのパラメータの組合せで個人のパーソナリティを記述する理論をパーソナリティの**特性論**（trait theory）と呼ぶ。

　以下ではまず，特性論の先駆けとして，オルポート，キャッテル，アイゼンクの三者の研究を紹介する。その後，現在主流となっている5因子モデル（ビッグ・ファイブ）について解説をし，最後に5因子モデルへの批判と近年の他のモデルをまとめる。

2.3.1　オルポートの特性論

　パーソナリティの特性論をはじめて体系的にまとめたのがオルポートであ

る。彼は，パーソナリティを構成する概念が，それぞれの言語でパーソナリティを表す表現に含まれると考え，『ウェブスター新国際英英辞典』の40万語から，「明るい」「活動的な」といったパーソナリティに関連する表現1万7,953語を抽出した（Allport & Odbert, 1936）。そして，これらを，①特性を表す中性的な用語，②一時的な気分や情動活動を表す用語，③社会的判断に関わるような評価的な用語，④その他，の4つに分類し，そのなかで①に分類された4,504語を，個人のパーソナリティを構成する重要な表現であると考えた。このように，辞書に収録されている言語表現に基づいて，個人のパーソナリティを理解しようとする試みを，「心理辞書的研究」（psycholexical study）と呼ぶ。彼が行ったパーソナリティ表現の大規模な整理・分類は，後の5因子モデルに続く心理辞書的研究の先駆けとなり，パーソナリティ研究に対して大きな影響を与えた。

　オルポートの特性論では，特定の個人を理解するために，対象のパーソナリティを特性的にとらえることを目指している（Allport, 1937）。そのために，まず特性を「個別特性」と「共通特性」との2種類に分類した。「個別特性」とはその人そのものを指す特性であり，他者と比較可能なものではない。一方，「共通特性」とはすべての人が共通して備えている普遍的なパーソナリティであり，他者と比較することで個人差を測定することが可能なものである。オルポートは「心誌」と呼ばれる分析用紙を用いて共通特性を測定し，個人間のパーソナリティを比較する方法論を提案した。そこで扱われた共通特性は，たとえば，「支配―服従」「開放―隠遁」「持続―動揺」「外向―内向」といった特性であった。しかしながら，これらの特性は，オルポート自身が過去の理論や作成した特性リストから便宜的に選んだものであり，何らかのパーソナリティのモデルに基づくものではなかった。そのため，心理辞書的研究とは異なり，オルポートの特性論が現在のパーソナリティ研究に与えた影響はさほど大きくない。

2.3.2 キャッテルの特性論

　個人の特性を記述し，それによる対象の理解を目指したオルポートに対して，キャッテルはすべての人に共通した普遍的なパーソナリティ特性を見出すことを目指した。彼は，特性を「表面特性」と「根源特性」とに分類した（Cattell, 1965）。「表面特性」は，たとえば「優しい」や「社交的」のように，外部から観察することのできる行動の特徴をまとめたものである。一方，「根源特性」は，前者に影響を与えている直接観察することはできない特性であり，因子分析によって抽出されるものである。そして，「根源特性」をさらに，「力動的特性」「能力特性」「気質特性」の3つに分類し，これらは遺伝と環境の影響によって形成されると考えた。「力動的特性」とは，動機づけに関わる要因であり，興味や態度の方向性や強さに関連する。「能力特性」とは，いわゆる能力のことを指し，知能やスキル，知覚，運動も含めて，個人がうまく困難に対処できるかどうかに関連する。「気質特性」とは，情動的な活動性に関わる要因であり，反応の速さや形式，持続性に関連する。

　キャッテルは，根源特性を見出すために，まずオルポートらが収集したパーソナリティ表現のリストを整理し，同義語等を圧縮して171語を抽出した。次に，成人男子208名を16人1組の13組に分け，グループごとの相互評定を因子分析することで，12の特性を見出した（表2.1）。これは後に再検討され，「急進性―保守性」「自己充足性―集団依存性」「高い自己統合性―低い自己統合性」「エルグ緊張―エルグ弛緩」の4因子を追加し16因子の根源特性が見出されている。

　キャッテルの特性論は，個人のパーソナリティを因子分析を用いて客観的に検討し，今日のパーソナリティ理論の基礎となった点で重要である。一方で，当時の分析方法の限界もあり，因子数や因子の内容が再現されないという問題点が指摘されている。

2.3.3 アイゼンクの特性論

　キャッテルが特性リストに基づいた因子分析から理論を構築したのに対し

表 2.1　キャッテルの 12 因子 (Cattell, 1965)

	因子の名称	具体的な内容
因子 1	開放的な―打ち解けない	温厚で協力的で優しいか，批判的で几帳面で冷たいか
因子 2	高い知能―低い知能	聡明で抽象的思考か，粗野で具体的思考か
因子 3	安定した―情緒的	情緒的に安定し着実で現実的か，感情的で動揺しやすく未成熟か
因子 4	主張的―謙遜な	自己主張的でうぬぼれが強いか，服従的で従順か
因子 5	気楽な―生真面目な	熱狂的で無頓着か，用心深く真面目か
因子 6	良心的な―便宜的な	持続的で責任感があるか，諦めやすく移り気か
因子 7	大胆な―内気な	大胆で遠慮がなく自由奔放か，内気で控えめで臆病か
因子 8	タフ・マインド―テンダー・マインド	情緒が安定し独立的か，依存的で空想的か
因子 9	疑い深い―信頼する	疑い深く嫉妬深いか，信じやすく物分かりがよいか
因子10	想像的な―実際的な	型破りで想像力に富むか，現実的で用意周到か
因子11	如才のない―率直な	打算的で緻密か，飾らず気取りがないか
因子12	気遣いの多い―穏やかな	罪悪感をもちやすく自罰的か，自信があり落ち着いているか

て，アイゼンクは，特性には「内向性―外向性」「神経症傾向―安定性」の相互に独立した 2 次元が存在するという仮説から理論を構築した（Eysenck, 1967）。「**内向性―外向性**」とは，他者や社会との関係に関わる特性である。内向的な個人は，内省的で控えめであり，他者と関わるよりは自身の頭のなかでの楽しみを見出す特徴をもつ。一方，外向的な個人は，社交的であり，他者と一緒にいることを好む。「**神経症傾向―安定性**」とは，情動的な反応に関する特性である。神経症傾向が高い個人は，情動的に不安定であり，過敏で不安を感じやすい。一方，安定性の高い個人は，気分が安定しており，不安を感じることは少ない。

その後，これらの2次元に加えて「精神病質傾向」の1次元を追加した。「**精神病質傾向**」とは，上記に含まれない特性をまとめたものであり，前述の2次元のように両極をもつものではない。精神病質傾向が高い個人は，衝動的・攻撃的であり，自己中心性が高く，社会性が低いといった特徴をもつ。しかしこれは，他の2次元に比べて定義がはっきりしていないことや，両極ではなく片極であることから，あまり受け入れられていないようである。

　「内向性―外向性」「神経症傾向―安定性」の2次元を模式的に示したものが図2.2である。アイゼンクは，上位から順に，「類型水準」「特性水準」「習慣反応水準」「特定反応水準」の4つの階層構造によって，個人のパーソナリティをとらえた。「習慣反応水準」とは，個人の日常的な行動のうち，特定の場面においてある程度一貫性がみられる行動パターンを指す。「特定反応水準」は，そういった一貫性がない，一つひとつの個別の行動であり，

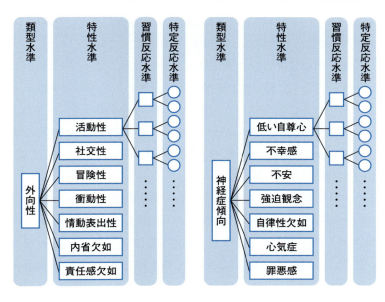

図2.2　**アイゼンクの特性論**（Eysenck & Wilson, 1975；青木，1998を改変）

ある意味で、個人の行動のうち一定のパターン（習慣反応水準）を取り出した残りの誤差のようなものである。「特性水準」は、類似した習慣反応水準をまとめたものであり、「類型水準」は特性水準を更にまとめたものとなる。そのため、類型水準の「類型」は、類型論でいうところの「類型」とは意味が異なる。

2.3.4　5因子モデル（ビッグ・ファイブ）

　キャッテルやアイゼンクの研究以降、特性論に基づいてパーソナリティの構造を明らかにしようとする研究が複数なされ、さまざまなモデルが提案される状況となった。そのなかで、ゴールドバーグは、心理辞書的研究をはじめとした複数の研究をレビューし、パーソナリティ特性は主要な5因子にまとめられることを示唆した（Goldberg, L. R., 1981）。彼はこの5因子を「**ビッグ・ファイブ**（Big Five；第12章, p.223参照）」と呼んでいる。

　彼はさらに、ノーマンの心理辞書的研究（Norman, W. T., 1967）によって作成された特性語を整理し、最終的に抽出した1,710語について大学生を対象として、どの程度自身にあてはまるかを尋ねる調査を行った（Goldberg, 1990）。そして、得られた結果を因子分析し、使用した特性語が5因子にまとめられることを示した。彼は、これらの5因子を「激情性（Surgency）」「協調性（Agreeableness）」「良識性（Conscientiousness）」「情緒安定性（Emotional Stability）」「知的好奇心（Intellect）」と名づけている（Goldberg, 1992 村上訳 2011）。

　ちょうど同じ頃、コスタとマクレーが、「神経症傾向（Neuroticism）」「外向性（Extraversion）」「経験への開放性（Openness to Experience）」の3因子を測定するための検査（NEO Inventory）を開発した（McCrae, R. R., & Costa, P. T., Jr., 1983）。彼らは後にこの3因子に「調和性（Agreeableness）」「誠実性（Conscientiousness）」の2因子を加え、最終的にRevised NEO Personality Inventory（**NEO-PI-R**）としてまとめている（Costa & McCrae, 1992 小塩訳 2014）。彼らは、これらの5因子でパーソナリティを

説明するモデルを **5因子モデル**（Five Factor Model）と呼んでいる。

上述の5因子の名称は，研究者によってやや異なるものの，その内容は概ね類似している。以下では，5因子モデルを日本人に合わせて修正した辻（1998）の名称に従い，各因子を解説する（**表2.2**）。

「**外向性―内向性**」は，対人関係における積極性―消極性に関わる因子である。外向性の高い個人は，人と接するのが好きであり，刺激を求めて外に出る傾向が強い特徴をもつ。一方，内向性の高い個人は，無口で引っ込み思案であり，人と付き合うのはあまり好まない特徴をもつ。

「**愛着性―分離性**」は，他者との関係性や距離に関わる因子である。愛着性の高い個人は，優しく共感的であり，他者と親和的な関係を形成しやすい特徴をもつ。一方，分離性の高い個人は，自己の独自性を重視するが，その傾向が強くなると冷淡になったり，他者に批判的に関わったりしやすい特徴をもつ。

「**統制性―自然性**」は，意識的に自己や環境をコントロールしようとする

表2.2 5因子モデルの各因子の特徴（丹野，2003を改変）

病理的傾向	一般的特徴	因子名（別名）	一般的特徴	病理的傾向
無謀	積極的	外向性―内向性（激情性）	控えめ	臆病・気後れ
集団埋没	親和的	愛着性―分離性（調和性・協調性）	自主独立的	敵意・自閉
仕事中毒	目的合理的	統制性―自然性（誠実性・良識性）	あるがまま	無為怠惰
神経症	敏感な	情動性―非情動性（神経症傾向・情緒安定性）	情緒の安定した	感情鈍麻
逸脱・妄想	遊び心のある	遊戯性―現実性（開放性・知的好奇心）	堅実な	権威主義

かどうかに関わる因子である。統制性の高い個人は，意志が強く勤勉で，目的を目指して合理的に生きようとする特徴をもつ。一方，自然性の高い個人は，自分や環境をありのままに受け入れ，ある意味で東洋的な生き方を好む。

「情動性―非情動性」は，心身のストレスや脅威に対して敏感に反応するかどうかに関わる因子である。情動性の高い個人は，不安や緊張が強く，感情が不安定であり，怒りを感じやすい特徴をもつ。一方，情動性の低い個人は，感情が安定しており，穏やかで落ち着いている傾向が強い。

「遊戯性―現実性」は，感覚や感情，イメージや思考が豊かどうかに関わる因子である。遊戯性の高い個人は，遊び心があり，新しいものや変わったものへの好奇心が強い特徴をもつ。一方，現実性の高い個人は，現実から逸脱するような危険を冒さず，地に足が着いた堅実さを特徴とする。

表2.2では，中央に各因子名を記載しており，その横にそれぞれの一般的な特徴と，その特徴が極端になっていくと表れる病理的傾向を示してある。また，因子名の下部に，他のモデルにおける類似概念の名称を併記した。各因子は，どちらか一方が望ましくもう一方が望ましくないというものではなく，いずれも良い面と悪い面の両面をもっている。

2.3.5　5因子モデルへの批判と近年の他のモデル

現在，パーソナリティのモデルとして，5因子モデルがもっとも使用されているが，最終的なパーソナリティ特性のモデルとして妥当かどうかは論争がある。若林（2009）は，5因子モデルについて，①比較文化的共通性，②自己評定と他者評定間の一致，③時間的安定性，④動機や情動などとの関連性，⑤パーソナリティ障害との関連性，⑥遺伝的規定性，の6つの観点から批判し，5因子モデルは特性モデルの代表的なものではあるものの，特性論のなかでもっとも信頼性・妥当性が高いモデルであるとはいえないと考察している。一方で，小塩（2014）は，これらの批判を受けつつも，5因子モデルは，①（次節で紹介する）「人間―状況論争」の議論の後で，その一つの回答として提案されたモデルであること，②パーソナリティに関する研究者

間の共通言語として，それぞれの研究や知見をつなぐ役割を果たせること，③心理学者以外の人々にとって，自身や他者のパーソナリティを理解する基本的な枠組みを提供できることから，その意義をまとめている。

5因子モデル以外にもいくつかのパーソナリティのモデルが提案されている。ディグマンは，過去の14の研究データを因子分析することで，5因子が「神経症傾向」「調和性」「誠実性」からなる「α」と，「外向性」「開放性」からなる「β」の2つの上位因子に分けられることを示した（Digman, J. M., 1997）。また，アルマゴールら（Almagor, M. et al., 1995）は7因子，アシュトンとリー（Ashton, M. C., & Lee, K., 2001）は6因子といったように，5因子以外の因子数のモデルも複数提案されている。しかしながら，現在のところ，いずれのモデルも5因子モデルほどには普及していない。

2.4 パーソナリティの相互作用論

ゲームのなかには，状況によって装備や戦い方を変えることが重要な要素となるものがある。たとえば，「腕力」と「体力」のパラメータに加えて，「器用さ」のパラメータもある程度上げたキャラクターを作成し，敵が遠くにいるときには弓を使って攻撃をし，近づいてきたところで剣と盾に持ち替えて攻撃をしかけるようなゲームである。同じように，あなたの普段の行動パターンを思い浮かべてほしい。あなたの行動パターンは，学校で友人とお喋りをするときや，一人暮らしの自宅でゆっくりしているとき，実家で家族と一緒にいるときでは同じであろうか。それとも，それぞれの状況に合わせて異なっているであろうか。本節では，この疑問に関連する「人間―状況論争」についてまず紹介し，その後，パーソナリティの相互作用論について説明する。

2.4.1 人間―状況論争

私たちは普通，個人のパーソナリティはそれなりに一貫しており，簡単に

は変化しないと考えている。もしパーソナリティが状況によって容易に変化してしまうとすれば，たとえば，就職試験における面接で，就職してからのその人のパーソナリティを予測することは困難である。そこでみえたパーソナリティは，面接場面に限定したものになり，就職した後の職場でのパーソナリティを予測できないことになってしまう。また，気になる異性がいたときに，その異性の普段の友人関係におけるパーソナリティを周りに尋ね，その相手と交際しても大丈夫かどうかを確認することもできない。たとえ友人と接するときに明るく爽やかで信頼できる人であったとしても，それは友人関係に限定されたパーソナリティであり，異性関係においてどのようなパーソナリティなのかを予測することはできないはずである。それでも，私たちは面接でパーソナリティを測ろうとするし，気になる異性のパーソナリティを周りに尋ねようとする。

特性論にたつ心理学者もまた，同じ前提を暗黙のうちに共有していた。質問紙等で測定した「外向性」の得点は，個別の状況に紐づいていない。そのため，得られた得点から予測できるのは，その個人は全体的に，人と接するのを好み，他者と積極的にコミュニケーションすることが多いという姿である。たとえば，時おり帰る実家で家族と接するときには寡黙ですぐに自室にこもってしまうが，学校で友人と接するときには大抵明るく積極的に話に参加するようであるとしたら，その個人は全体的にみれば「外向性」が高いかもしれないが，それぞれの状況に注目した場合，「外向性」が高いのか「内向性」が高いのかはっきりとしない。ミシェルは，この前提に対して疑問を投げかけ，パーソナリティが状況を越えて一貫する程度はかなり低いことを，多数のデータを基に示した（Mischel, W., 1968）。この指摘を受けてはじまったパーソナリティの一貫性に関する論争が「人間―状況論争」と呼ばれている（詳しくは，若林（1993）や若林（2009）を参照）。

1970年代からはじまった論争では，批判の対象となった特性論の立場と，状況を重視する立場とで，複数の見解やデータが示され，激しい議論が行われた。約20年にわたった論争の結果から得られたものは，まず，前節で紹

介した5因子モデルである。特性論者は，文化的な共通性や遺伝的要因の影響をふまえ，より客観的で普遍的な共通特性を見出すことによって，状況論者の反論に耐えようとした。一方，状況論者からも，論争開始当初のように，特性のみ，または状況のみが個人の行動に影響を及ぼすという極端な前提を改め，特性と状況との間で双方向的な作用を仮定する「新相互作用論」と呼ばれる立場が生まれた。次項では，新相互作用論の代表的な考え方であるCAPSモデルを紹介する。

2.4.2　CAPSモデル

　ミシェルらは，特性と状況との相互作用を検討するにあたり，ある状況とその状況における行動との組合せに注目した（Mischel et al., 2007）。彼らは，この組合せのことを「if-then（〜なら〜に）パターン」と呼び，この組合せが個人のパーソナリティを解明する手がかりとなると考えた。たとえば，「学校では真面目に勉強するが，アルバイト先では手を抜いている」という行動パターンをもつAさんに，「あなたは普段真面目ですか？」と聞いたとしよう。もしAさんが，普段頑張っている学校での自分を想定したならば，ある程度「真面目」と回答するであろう（または，アルバイト先の自分を想定し，「不真面目」と回答するかもしれない）。この場合，「学校」と「アルバイト先」という状況と，その状況における行動の組合せを想定しないと，Aさんのパーソナリティは正確に把握できない。

　ミシェルらはさらに，このif-thenパターンが生じるプロセスとして，社会的認知や認知・神経ネットワークモデルの考え方を包括し，「認知的・感情的パーソナリティ・システム（Cognitive-Affective Personality System；CAPS）」と呼ばれるモデルを提案した（図2.3）。この図では，左の四角形が状況，中央の丸が個人のパーソナリティ・システム，右の四角形が行動を示す。中央の丸のなかにある小さな丸が，それぞれ認知的・感情的ユニット（Cognitive-Affective Unit；CAU）と呼ばれる要素であり，心的表象やスキーマといった社会認知的個人変数である。ある個人が特定の状況（たとえば，

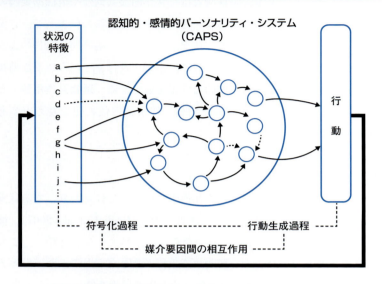

図 2.3 認知的・感情的パーソナリティ・システム
(Mischel & Shoda, 1995;Mischel et al., 2007)
CAPS 内の実線は活性化，破線は非活性化を示す。

"a"の特徴をもつ状況）におかれたとき，パーソナリティ・システム内の上部の3つのCAUをたどって，行動が生成される。どの状況の特徴がどのCAUを活性化させるのかや，それぞれのCAU間のつながりは，個人によってある程度一貫したパターンをもっており，それらがその個人のパーソナリティとして，一貫した行動を導くことになる。

2.4.3 相互作用論のまとめ

人間─状況論争の結果から，個人の行動パターンは，その個人のもつパーソナリティ特性と，その場の状況と，それらの相互作用によって決まることが再確認された。これを受けて発展した新相互作用論では，前項で紹介したCAPSモデルをはじめとして，特性と行動との関係に影響し，その関係を強

めたり弱めたりする調整変数を導入し，それによって行動の一貫性が高い（または低い）個人や状況を見出そうとする考え方（Bem & Allen, 1974）なども提案されている。しかしながら，「状況」を測定することの難しさから，理論的な提案はいくつかなされているものの，実証的な研究は特定の分野に限定されたものとなっている。

また，相互作用論的アプローチを用いれば，それだけでパーソナリティを解明できるわけではない。ミシェルら（Mischel et al., 2007）が指摘するように，他者に対する全体的な推論や個人間の違いを見出すためには特性論的アプローチが有効であり，特定の行動の予測にはif-thenパターンのような相互作用論的アプローチが有効である。何を見出すのかに応じて，それに適したアプローチを用いることが重要であることがわかる。

第Ⅱ部
自己とパーソナリティの発達

幼児期の自己と
パーソナリティの発達 3

　赤ちゃんが生まれると，きまって周囲の大人たちは，「ママにそっくりね」「鼻はパパ似かな？」などと赤ちゃんの顔を眺めながら会話を繰り返す。誰に似ているかの議論の対象になるのは顔だけではない。よく泣く子どもであれば，「本当によく泣く子ね。誰に似たのかな？　パパかな？」「ちがうよ，きっとママだよ」などという会話が夫婦の間でされることもあるだろう。場面は変わって，重大な少年犯罪が起こったときのマスコミの報道を思い出してほしい。報道される内容には，少年が育った家庭環境が取り上げられ，あたかも犯罪の背景には「生い立ち」に何らかの問題があったような言われ方をされることが多く見受けられる。このように，私たちは日常的に，今ある自分が，親から受け継いだもの（すなわち遺伝）やそれまでの経験（すなわち環境）によって形作られてきたと考えている。

　本章では，人が生まれてからどのように自分という存在に気づき，認知していくのか，子どもの個性はどのようにとらえられてきたのか，そして，子どもの自己やパーソナリティの発達に遺伝や環境がどのような影響を与えるのかについて紹介する。

3.1　乳幼児期の自己の発達

　私が私である，という認識はいつ頃生まれるのであろうか。ここでは，生まれたばかりの新生児期から幼児期までの自己の発達について，順にみていくことにしよう。

3.1.1　新生児期の自己知覚

　かつて，新生児（生後1カ月くらいまで）は外界と自己の区別があいまいで，混沌とした世界に生きていると考えられてきた。しかし，近年，新生児

でも環境と自己を混同することなく，他とは区別される自己の感覚をもっているのではないかと考えられている。それを示唆する実験を行ったのが，ロシャとヘスポス（Rochat, P., & Hespos, S. J., 1997）である。

　ここで，本書を手にしている方は，一度本を机の上に置いて，自分の右手で，自分の左手を触ってみていただきたい。今あなたは，右手は自分を触っているという感覚，左手は触れられているという感覚を同時に経験しているだろう。この感覚を**二重接触**（double touch）という。次に，右手で本書に触れてみると，触っているという感覚はあっても，触られているという感覚はないのがわかるだろう。この二重接触経験は，環境中の他の物体とは全く異なるものとして自分自身を特定すると考えられる。

　ロシャとヘスポス（1997）は，生後24時間以内の新生児が，二重接触刺激（自己刺激）と外部からの接触刺激を弁別する能力があるかどうかを検証した。そのために，乳児の頬や口の端に触れるとそちらに顔を向けて口を開ける**口唇探索反射**を観察対象とした。口唇探索反射とは，赤ちゃんが母親のおっぱいを吸うために起こす原始反射である。実験者が新生児の頬をなでたとき（外部からの接触刺激）と，新生児の手が自発的に頬に触れたとき（自己刺激）に反応した頻度をそれぞれ記録した結果，外部刺激のほうが自己刺激の3倍の頻度で口唇探索反射が生起していた。この結果から，生まれたばかりの新生児であっても，自分の身体とそうでないものとを区別できていることが示唆されたのである。

3.1.2　2カ月革命

　生後2カ月を過ぎると，自ら環境に働きかける行動がみられるようになる。たとえば，乳児（生後1年半くらいまで）が相手を見つめながら，もしくは微笑みかけられたことへの反応として微笑む**社会的微笑**が出現する。また，養育者が落ち込んだ様子であるとき，子どもはそうでないときと比べ，抗議，警戒の表情を多く見せることも確認されている（Cohn & Tronick, 1983）。ある実験では，2カ月児におしゃぶりの吸い方によって音の高さが変化する

図3.1　ハンド・リガードをする乳児（生後3カ月）

装置をつけると，吸っても一定の音しか鳴らないおしゃぶりをつけたときに比べて，さまざまな吸い方をすることがわかった（Rochat & Striano, 1999）。一方，こうした違いは新生児ではみられなかった。すなわち，生後2カ月の乳児は，自ら環境に働きかけることが特定の目標達成につながることを理解しはじめていると考えられ，この変化をロシャ（2001）は，**2カ月革命**と呼んでいる。

　その後，生後3カ月頃には，自分の足をつかんで目の前にもってきてしげしげと見つめる行動が，生後4, 5カ月頃には，**ハンド・リガード**（hand regard）と呼ばれる，自分の手を顔にかざしてさまざまに変化させながら見つめる行動がしばしばみられるようになる（図3.1）。このようにして，子どもは自らが自由に動かせる自己の身体に気づくと同時に，意のままにならない他者の身体を発見していくことにもなるのである（岩田，2001）。

3.1.3　9カ月革命

　生後9カ月頃，乳児は，他者も自分自身と同じように意図をもつ存在（intentional agent）であると認識するようになる。このような他者認識能力の獲得を示す乳児の行動を以下にあげる。

一つ目が，共同注意（joint attention）である。これは，他者が見ているものに自らも視線を向ける行動を指す。なお，トマセロ（Tomasello, M., 1995）は，9カ月頃の子どもは大人と同じ対象に注意を向けるだけだが，12カ月頃になると，対象を指さした後，大人を振り返ってその対象を見ているかどうか確認する行動が出現するとし（図3.2），これが他者の意図を理解したゆえの行動であると指摘した。

　二つ目の行動は，不確かな状況に出くわしたときに，自分にとっての重要な他者がどのような情動や態度を向けているのかをみる社会的参照（social referencing）である。たとえば，見知らぬ人に出会ったとき，母親がにこやかに話していれば安全だとみなし，怖い顔をしていれば安全でないと判断するようになる。また，物体に対して母親がしているのと同じような働きかけをする模倣学習（imitative learning）も，この時期にみられるようになる。

　これらの行動に共通するのは，それまでの自己と他者という関係に，第3のモノが介在してやりとりが行われるようになったことである。この「自己―モノ―他者」という3つの要素から成り立つ関係を三項関係と呼ぶ（やまだ，1987）。三項関係が成立することにより，人は，自分自身を他者の視点

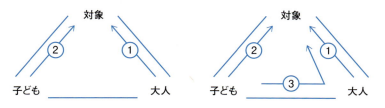

図3.2　生後12カ月前後の共同注意行動の違い（別府，2005）

からみることが可能になると考えられている。

このように，9カ月頃に乳児は他者を意図をもった存在として認識し，他者との三項関係を築くことが可能になる。これは，これから生きていく社会のなかで，他者とコミュニケーションや共同作業をしたり，新しいことを学習したりしていくうえで，重要なステップである。トマセロ（1999）はこの変化を **9カ月革命** と呼んだ。

3.1.4　象徴機能の発達

1歳半頃になると，子どもは**象徴機能**を獲得する。すなわち，言葉を用いられるようになり，「今，ここ」にないものについて考えたり，想像したりできるようになるのである。

象徴機能の発達により，子どもは「固有の意図をもつ行為主体」としての自己を形成しはじめる（木下，2008）。第1に，子どもは目的をもって行為できるようになり，課題を達成した際に微笑んだり拍手したりする**達成反応**（outcome reaction）が増え，行為の結果に注意を向けるようになる（Bullock & Lütkenhaus, 1988）。第2に，自他の意図はそれぞれ異なりうるものとして理解されるようになる。こうした新たな自己形成に伴って，子どもは，自分の意図したことがうまくいかないとき，かんしゃくを起こし，場合によっては自分の要求の実現さえも投げ捨てるような行動がみられることがある。一般にイヤイヤ期，第一次反抗期などと言われる時期に見られる行動がこれである。このような周りの大人にとっては困った行動も，能動的で明確な意図をもつ自己形成の表れととらえれば，成長の証だから仕方がないと，大人たちも少しは寛容に受け止められるようになるかもしれない。

3.1.5　鏡映像の自己認知

1歳半頃から，子どもは鏡に映った自分が自分であると認識できるようになる。たとえば，自分の顔につけられた口紅を見たときに，鏡に手を伸ばすのではなく，自分の顔に手をやって拭き取ろうとする反応がみられると，そ

の反応は，鏡映像を自分自身として認識できていると判断される。ザゾ（Zazzo, R., 1993）によれば，この**ルージュ・テスト**（第1章，p.13参照）にほとんどの子どもが成功するのは，2歳頃であった。なお，鏡映像の自己認知ができる以前の子どもたちでは，鏡のうしろへまわりこんだり，自分のうしろを振り返ったり，鏡を触ったりする行動がみられた。また，ギャラップ（Gallup, G. G. Jr., 1977）は，チンパンジーにも鏡映像の自己を認知する能力があることを示しているが，仲間から隔離して育てられたチンパンジーはこのような自己認知ができないことを実証している。このことから，自己の認知が，自分と同じような姿をした他者との関わりのなかで形成されると推測される。

同じくザゾの実験では，安定して鏡映像への自己認知を示すようになる2歳半頃から，ことばによる自己認知も成立してくることが示されている。「これは誰？」と自己の鏡像に質問されて「ぼく」と答えたり，自分の名前を言ったり，自分の胸を手や指で指すことができるようになってくるのである。なお，日常場面においては，自分の名前に応じるのが1歳2カ月頃，自分の持ち物（靴・帽子）がわかるようになるのが1歳5カ月頃，名前を呼ばれて自分を指差すのが1歳7カ月頃であると報告されている（植村，1979）。

3.1.6 時間的に拡張された自己

3～4歳頃になると，自分の過去や未来について考え，語ることができるようになってくる。このように，個人的な記憶や未来への期待に基づいて認識された自己を，ナイサー（Neisser, U., 1988）は**時間的に拡張された自己**（temporally extended self）と呼んでいる。自分が過去に経験したことについて他者に語ることによって，自己が時間的な広がりをもつ連続的な存在であると知覚し，他者とは違う自己を強く意識するようになるのである。また，過去に他者が自分にしたことを「根に持ち」（岩田，2001），自分も仕返しをしたり，過去のことを「後悔」する感情が生じたりするのも，4歳前後である。

ここまでみてきたように，自己は，生まれたての新生児期からすでに存在し，その後，自己の身体への気づき，環境への働きかけ，他者の意図への気づき，明確な自己の意図の獲得，自己と他者の違いへの気づきというように発達していく。そしてその自己の発達には，他者の存在が不可欠である。私たちは，常に自分とは異なる存在である他者との相互作用を通して，この世で唯一の存在である自己への認識をはっきりとしたものにしていくのである。

3.2　幼児期のパーソナリティ
3.2.1　気質とは

　幼児期のパーソナリティを表す言葉として，気質という言葉がしばしば用いられる（第2章，p.18，第6章，p.106参照）。一般に，気質とパーソナリティを区別するとき，気質はより先天的・遺伝的で長期にわたって安定したもの，パーソナリティはより後天的で経験によってある程度変化するものと理解されている。また，近年では，乳幼児期にみられる行動上の個人差を表す言葉としてさかんに用いられている（小塩，2010）。そこで，本節では，乳幼児期における気質が研究者たちにどのようにとらえられてきたのかを紹介する。

3.2.2　発達心理学における気質研究の流れ

　これまで，発達心理学領域において行われてきた乳幼児期における気質研究には，3つの流れがあると考えられている（菅原，1996；表3.1）。一つは，トーマスとチェス（Thomas, A., & Chess, S.）の乳幼児の行動にみられる現象的なアプローチであり，もう一つは，バスとプロミン（Buss, A. H., & Plomin, R.）の伝統的なパーソナリティ心理学からのアプローチである。そして，第3の流れとして，パヴロフ（Pavlov, I. P.）やアイゼンク（Eysenck, H. J.）らの大脳生理学的個人差理論の流れを汲むロスバート（Rothbart, M. K.）らの研究があげられる。

表 3.1　3つの気質研究における気質分類（菅原，1992）

(1) Thomas & Chess（1986）

【9 次 元】
- ①活動水準────────────── 身体運動の活発さ
- ②接近／回避───────────── 新奇な刺激に対する積極性／消極性
- ③周期性────────────── 睡眠・排泄などの身体機能の規則正しさ
- ④順応性────────────── 環境変化に対する慣れやすさ
- ⑤反応域値───────────── 感覚刺激に対する敏感さ
- ⑥反応の強度──────────── 泣く・笑うなどの反応の現れ方の厳しさ
- ⑦気分の質───────────── 親和的行動／非親和的行動の頻度
- ⑧気の散りやすさ─────────── 外的刺激による気の散りやすさ
- ⑨注意の範囲と持続性────────── 特定の行動に携わる時間の長さ／集中性

【気質タイプの3類型】
1. 「扱いにくい子どもたち」　　　　　　回避＋新奇な刺激に対する消極性＋ゆっくりした順応＋非親和的行動＋激しい泣き，笑い反応
2. 「エンジンがかかりにくい子どもたち」　最初回避─やがて接近＋最初ゆっくりした順応─やがて順応
3. 「扱いやすい子どもたち」　　　　　　接近＋規則正しい身体機能＋すばやい順応＋積極的な親和的行動＋マイルドな泣き笑い反応

(2) Buss & Plomin（1984）

【3 次 元】
- ①情緒性────────────── いらだちやすさ・臆病さ・怒りっぽさ
- ②活動性────────────── 生活テンポの速さ・エネルギッシュさ
- ③社会性────────────── 親和性の高さ

(3) Rothbart（1981）

【6 次 元】
- ①活動水準───────────── 身体運動の活発さ
- ②肯定的情緒表現──────────── ポジティブな情緒表現の頻度
- ③注意の持続──────────── 興味の持続性
- ④鎮静性────────────── ネガティブな情緒状態からの回復性
- ⑤恐れやすさ──────────── 新奇な刺激に対する積極性／消極性
- ⑥フラストレーション耐性──────── 行動制限をされたときの怒りっぽさ

このように，研究によって定義も特性もさまざまであるが，これまで発達心理学の研究の対象として取り上げられてきた主要な気質的特性について，次でいくつか紹介することにする。

3.2.3 乳幼児期にみられる気質的特性
1. 気質的扱いにくさ

トーマスらは，1956年より，136人の子どもを対象に，彼らの乳幼児期（生後5年間）および青年期（18～24歳）おいて，ニューヨーク縦断研究という大規模な調査を開始した。彼らは，子どもたちの親に面接を行うなかで，いくつかの特徴的な子どもたちがいることを見出した（Thomas et al., 1968）。とくに，問題行動を呈しているわけではないものの，母親・インタビュアー・研究チームのメンバーによって「扱いにくい子ども（difficult children）」とか「母親泣かせ（mother killers）」と呼ばれる子どもたちに注目が集まった。このグループの子どもたちは，日常リズムが不規則であり，新しい刺激に対して引っ込み思案で，環境の変化への順応性に欠け，機嫌がすぐに悪くなる傾向にあり，癇の強い反応をする傾向にあった。

その当時，愛情深く受容的な親は幸せな満足した子どもをもち，母親の拒否的態度がこうした「扱いにくい子ども」を作り出しているのだと考えられる傾向があった。ところが実際は，「扱いにくい子ども」の親の子どもへの接し方や養育行動は，そうでない子どもの親たちととくに異なった点はみられなかったのである。しかし，「扱いにくい子ども」をもった親は，女性としてまた親として自分は果たしてこれでいいのだろうかと疑問をもつようになり，罪の意識や無力感を感じるようになっていた。そして，そうした罪悪感を償うかのように，子どもの欲求に一生懸命に応えようとするが，どうしても応えきれなくなり，子どもはますます問題行動をみせるようになったのである。このことから，親の養育が一方的に子どもに影響を与えるのではなく，子どもの**気質的扱いにくさ**が親の子育てに影響を及ぼすこともあることが明らかになった（第6章，p.107参照）。

2. 行動抑制

　子どもたちのなかには，新奇な状況に置かれたとき，物怖じせずに積極的に行動するタイプと，恐れたり回避したりするタイプが存在する。後者のように振る舞うタイプの行動パターンを，ケーガン（Kagan, J.）らは**行動抑制**（behavioral inhibition）と呼んだ。一般に，抑制的な子どもは，内気，用心深い，怖がりなどとみなされ，非抑制的な子どもは，社交的，大胆などとみなされる。ケーガンらは，1歳9カ月の子どもを対象に，抑制的な子どもと非抑制的な子どもが新奇状況に置かれたときの生理的反応を測定した。その結果，抑制的な子どもは，非抑制的な子どもと比べて，心拍数が高く安定しており，コルチゾール（ストレスを受けると分泌されるホルモン）の値が高いことなどが明らかになった（Kagan et al., 1984, 1987）。このように生理学的反応に差がみられたのは，乳幼児期の気質が，遺伝的に受け継がれた性質であるためであるとケーガンらは指摘している。

　さらに，シュワルツら（Schwartz, C. E. et al., 2003）は，ケーガンらの研究において，2歳の時点で抑制的と分類された13名および非抑制的と分類された9名の成人（平均年齢21.8歳）を対象に実験を行った。実験は，実験参加者にとって新奇な顔刺激と馴染みのある顔刺激を提示し，それを見たときの脳の活動をfMRI（機能的磁気共鳴画像法）で調べるというものであった。実験の結果，2歳のときに抑制的であった者は，非抑制的であった者と比べて，新奇刺激を見ているときに脳の**扁桃体**という部位（恐怖感情と関わっているとされる）がより強く反応することがわかった（図3.3）。この結果は，乳幼児期の抑制的な気質が，脳の扁桃体の反応によって特徴づけられており，少なくとも成人期初期まで引き継がれていくことを示していると考えられよう。

　ただし，別の追跡調査の結果，2歳で抑制的であった子どものうち約4分の3は，7歳半の時点でもその傾向を維持していたが，残りの約4分の1の子どもたちには，抑制的な行動傾向はみられなかった。すなわち，たとえ行動抑制が遺伝要因の影響を強く受けた特徴だとしても，必ずしもそれは不変

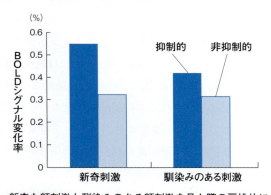

図 3.3 新奇な顔刺激と馴染みのある顔刺激を見た際の扁桃体における BOLD シグナル変化率（Schwartz et al., 2003）
BOLD（Blood Oxygen Level Dependent）とは，fMRI で脳内の血中酸素レベルの測定をすることにより脳内の活性化している部位を推定する技法。

的なものでなく，環境の影響を受けて行動として現れなくなることもあると考えられよう。

3. 反応性と自己制御

ロスバートとデリベリー（Rothbart & Derryberry, 1981）は，気質を，情動，運動，注意の面での反応性（reactivity），および自己制御（self-regulation）における生まれつきの個人差であると定義した。人が何らかの刺激を与えられたとき，それに対してどのように反応するか（反応するまでの時間，反応の強さ，持続時間など）という反応性だけでなく，その反応性を調整するプロセスである自己制御に注目した点が他の気質研究と異なる点である。すなわち，人の行動は，刺激が強いか弱いかに応じて，受動的・自動的に抑制されたり活性化されるだけではなく，能動的・意図的にコントロールすることが可能であると考えたのである（Rothbart & Bates, 1998）。

なお，この自己制御の側面は，乳児期では定位能力／制御（orienting capacity/regulation），幼児期（生後 1 歳半くらいから小学校入学前まで）ではエフォートフル・コントロール（effortful control）と呼ばれている。乳児期

においては，指示に従って行動するのを待つ能力をもたず，こうした能力は，乳児期の終わりから幼児期にかけて，**実行注意機能**（executive function）の発達とともに獲得されていくと考えられている。乳児期は，実行注意機能すなわち注意をコントロールする能力が未熟であるため，制御するには親など周囲の大人からの介入がしばしば必要になるのである（Rothbart & Gartsttein, 2009）。

　ここまで，気質は，パーソナリティよりも先天的・遺伝的であるという前提のもとに，研究を紹介してきた。しかし，近年では，気質とパーソナリティでは遺伝の影響にほとんど違いがないことが報告されるなど（Ando et al., 2004），この区別が必ずしも妥当ではないという指摘もある。気質とパーソナリティの区別可能性はもちろんのこと，気質と呼ばれるような先天的・遺伝的ないしは生物学的基礎に関わる個人差をどのように測定できるのかについて，今後の研究に期待が寄せられる。

3.3　幼児期の自己とパーソナリティを規定する要因

　自己やパーソナリティに影響するのが**遺伝**か**環境**かという議論は，心理学において長く行われてきた。前節において，気質は遺伝的な個人差を示すと述べたように，幼児期の自己とパーソナリティを規定する要因を考えるうえで，遺伝の要因を無視することはできない。しかしその一方で，現代の心理学においては，気質も環境との相互作用によって変化するという考え方が一般的になっているようである。その背景には，子どもの気質的行動特徴を縦断的にみたとき，さほど安定性が確認されていないことがあげられる。すなわち，気質も環境の影響を受けて変化するために，安定性が低いと考えられているのである。

　そこで，本節では，まず遺伝要因に関して行動遺伝学からの知見を紹介する。次に，幼児期の環境要因として取り上げられることが多いアタッチメン

ト（愛着）と発達期待を取り上げる。

3.3.1 遺　伝

　近年，**行動遺伝学**という学問領域において，自己の規定因として遺伝と環境がどのように影響しているのかについて明らかにされつつある。行動遺伝学では，多数の一卵性双生児と二卵性双生児をサンプルとして研究が行われる。一卵性双生児は，もともと1つの受精卵から生まれるので，100%同じ遺伝子をもつが，二卵性双生児はもともと2つの受精卵から生まれるので，同時に生まれたきょうだいのようなものであり，共有される遺伝子はおよそ50%である。このように，二卵性が一卵性の半分の類似性しかないこと，ただし環境を共有している点は同じである（同じ環境で育っている）ことを利用して，両者の比較から遺伝要因の効果を統計学的に明らかにしようとする学問である。

　行動遺伝学は，遺伝要因と環境要因を想定しているが，環境要因には，**共有環境**と**非共有環境**があるとする。たとえば，同じ家庭で育ったある1組のきょうだいに環境が与える影響を考えるとき，家庭を共有環境，きょうだいでは共有しない家庭以外の環境（たとえば，学校のクラス）を非共有環境と呼ぶ。これまでの行動遺伝学の研究では，多くの心理的形質に影響する環境的要因として重要であるのは，非共有環境であり，共有環境の影響は非常に小さいという知見が得られている（Plomin, 1990）。幼児を対象にしたものではないが，図3.4に身体的形質と心理的形質の遺伝率，共有環境と非共有環境の影響比率を示した（安藤，2000）。これをみると，形質によって遺伝からの影響が異なることがわかる。また，外向性や神経質というパーソナリティの側面は，共有環境でなく非共有環境の影響がほとんどであることがみてとれるであろう。一方，これらパーソナリティの側面の遺伝率は約4割を占めているが，実際に外向性の高い親の子どもが外向性が高くなるということは，もっと少ないとされる。なぜなら，パーソナリティは複数の遺伝子の組合せによって現れ方が異なる特性であると考えられるためである。ただし，

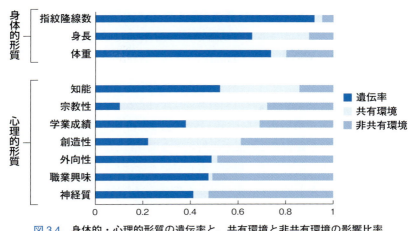

図 3.4 身体的・心理的形質の遺伝率と，共有環境と非共有環境の影響比率
（安藤，2000 を参考に作成）

　遺伝子が 100% 一致している（遺伝子の組合せが同じである）一卵性双生児の場合は二卵生双生児よりも高いパーソナリティの類似がみられるので，やはり遺伝するという解釈は間違いない。こうした遺伝の仕方を，**非相加的遺伝の効果**という（詳細は，安藤（2000）などを参照）。

　行動遺伝学は，パーソナリティや知能といった自己の特性が，少なからず遺伝の影響を受けていることを明らかにしている。しかし，遺伝的であると一生その特徴は変わらないといっているわけではなく，発達の時期によって遺伝が与える影響の大きさは異なり，今みられる特徴が死ぬまで持続するとは限らないとしている。また，先に述べたように，パーソナリティは，共有環境の影響はほとんどみられず，非共有環境の影響がほとんどであるといわれているが，子どもの頃は，知能や問題行動などで比較的多く共有環境の影響が表れる傾向があることも示されている（Plomin, 1990）。

3.3.2 アタッチメント

アタッチメント（attachment；愛着；第6章，p.109，第7章，p.131参照）の定義は研究によってさまざまであるが，「人が特定の他者との間に築く緊密な情緒的結びつき（emotional bond）」（遠藤，2005）という定義が比較的一般的である。乳幼児におけるアタッチメントの質を検討するとき，その対象は彼らの養育者（とくに母親）であることがほとんどである。アタッチメント理論の提唱者であるボウルビィ（Bowlby, J., 1969/1982, 1973）も，人生早期に形成される養育者との温かく持続的な関係性が，生涯を通じてその人の精神的な健康を支え，また促すと考えていた。はたして，乳児期に形成されるアタッチメントは，その後の子どものパーソナリティ形成にどのような影響を与えるのだろうか。

乳児期にアタッチメントを測定した子どもを，幼児期・児童期を通して縦断的に追跡調査した研究を紹介しよう。それによると，乳児期にアタッチメントが安定していた子どもは，幼児期になると，共感的な行動が多く観察され，自己評価が高く，より従順で，ポジティブな情動表出の多いことが明らかになった（たとえば，Sroufe et al., 1983）。また，彼らが10歳になったときも，情緒的健康度，自己評価，自己信頼感の得点が高かったことが報告されている（Elicker et al., 1992）。

この研究の結果は，乳児期に形成されるアタッチメントが，幼児期さらには児童期（小学生の時期）の子どものパーソナリティの発達に影響する可能性を示しているが，一方で，こうした影響力を否定するような知見も存在する（たとえば，Howes et al., 1994）。これについて，園田ら（2005）は，発達のより早い段階においては，環境のもつ影響力が他の時期に比べて相対的に大きいことをあげ（Lewis & Feiring, 1991），パーソナリティ発達に対するアタッチメントの影響力は，子どもの環境の変化に応じてある程度加減される可能性があるととらえておくのが無難かもしれない，と述べている。また，気難しい子どもは母親と安定した愛着が形成されにくい，というように，子どもの気質がアタッチメントの形成に影響を与えるという意見もあるが，

こちらも研究間で一貫した結果は得られていない。

3.3.3 発達期待

親や教師は子どもに対して，こう育ってほしい，という願いや期待を抱いて接している。これを発達期待という。**発達期待**（第6章，p.101参照）は，たとえ直接言葉にして伝えることはなくても，子どもの行動に対して見せる親や教師の表情や態度から子どもは敏感に感じとり，自己を社会化するうえでの枠組みとなっていく。また，発達期待は，親や教師の個人的見解ではなく彼らが属している社会の信念や価値を媒介しており，それぞれの社会で共有されている望ましい人間像に基づいている（佐藤・柏木，2008）。そのため，発達期待が子どもの自己の発達に与える影響を検討するうえでは，国際比較がしばしば行われている。

柏木と東（1977）は，日本とアメリカの幼児をもつ母親の発達期待の違いを明らかにした。どのような側面の発達をより早期に期待するかをたずねたところ，日本の母親は，情緒的成熟（例：欲求不満になったときでも泣かずに我慢できる）と従順（例：呼ばれたらすぐ返事をする，またすぐ来る）を，アメリカの母親は，言語による主張（例：納得がいかない場合は説明を求める）と社会的スキル（例：友達と遊ぶときリーダーシップがとれる）を期待していた。すなわち，日本の母親が親や仲間とうまくやるために自分を抑えることを期待するのに対し，アメリカの母親は自己主張しリーダーシップをとることを期待しているという際立った対照をなしていることが明らかになったのである。

この発達期待における日米の違いは，自己制御の発達に影響を与えているようである。そもそも自己制御というとき，アメリカでは，自己を抑制する側面だけを指すのに対し（3.2参照），日本では抑制的側面のみならず，「自分の意志，欲求をもち，これを外に向かって表し実現する」という自己主張的側面にも注目することが自己の発達をとらえるうえで重要であると考えられてきた（柏木，1988）。佐藤（2001）は日本とイギリスの幼児でこの自己

主張と自己抑制の発達を比較している。その結果，自己抑制については日英で有意差はなかったが，イギリスの子どもは日本の子どもに比べて自己主張の発達が著しいことが明らかになった（図 3.5）。この結果について，佐藤は，イギリス人と比べて日本人には，自己主張は悪いことではないが，それはかりになっても困る，といった考えがあり，子どもの自己主張を育むことについては迷いが多いことを一因としてあげている。

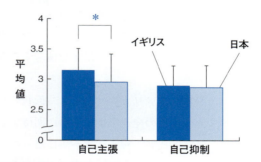

図 3.5　自己主張と自己抑制の平均値の日英比較（佐藤，2001 のデータより筆者が作成）
$^{*}p<.05$，t 検定

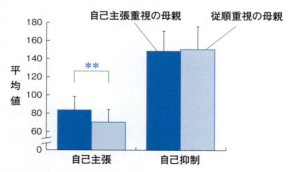

図 3.6　母親の発達期待の差と子どもの行動（柏木，1988 のデータより筆者が作成）
$^{**}p<.01$，t 検定

ただし，同じ文化に属する親がみな同じような発達期待をもつわけではない。日本人の親でも，自己抑制よりも自己主張を重視する者はおり，そのような親の子どもは自己主張も自己抑制と同等の発達を遂げていることがわかっている（柏木，1988；図 3.6）。

　国際化が進むこれからの社会のなかで子どもたちが生き抜いていくためには，自己主張する力と自己抑制する力の両方をバランスよく身につける必要があり，親や教育者も，一人ひとりの子どもの個性に応じた適度な発達期待をもつことが求められるように思われる。

児童期の自己と
パーソナリティの発達 4

　児童期とは，ほぼ小学生の年代と重なる時期である。しかし，一口に児童期といっても，小学校の低学年と高学年とでは，自己の発達の度合いがだいぶ異なることは言うまでもない。小学校に入り，家庭中心の生活から少しずつ学校を中心とした生活にシフトしていくなかで，身体的，認知的，社会的に多くの刺激を受けながら，自己が形成されていく。本章では，児童期の自己がどのように発達するかについて説明する。

4.1　児童期とは

　心理学においては，およそ6歳から12歳頃の時期を児童期とすることが多い。この時期は，小学校に在籍している時期であることから学童期と呼ばれることもある。本章でも小学生を想定しながら，児童期の自己とパーソナリティの発達について述べていく。

　児童期は，その前後の発達段階である幼児期および青年期と比較すると，安定した時期であると考えられている。たとえば，フロイト（Freud, S.）の発達段階理論（表4.1）においては，児童期に当たる年齢段階は潜伏期（潜在期）と呼ばれ，それまで活発であったリビドー（性的エネルギー）の働きが抑圧され，潜伏する時期であるとされている。そして，抑圧されて内側に蓄えられたエネルギーは，学習や集団活動などに費やされることになる。また，この時期に同性の親への同一視を通して自らの性役割同一性や規範意識を獲得していくとも考えられている。

　さらに，フロイトの理論を発展させたエリクソン（Erikson, E. H.）のラ

表4.1 フロイト理論およびエリクソン理論における発達段階

発達段階	フロイト理論の心理性的発達段階	エリクソン理論の心理社会的危機
乳児期（0〜1.5歳）	口唇期	基本的信頼 vs. 不信
幼児前期（1.5〜4歳）	肛門期	自律性 vs. 恥・疑惑
幼児後期（4〜6歳）	男根期	自主性 vs. 罪悪感
児童期（6〜12歳）	潜伏期（潜在期）	勤勉性 vs. 劣等感
青年期	性器期	自我同一性 vs. 同一性拡散
成人初期		親密性 vs. 孤立感
成人期		生殖性 vs. 停滞感
成熟期		統合性 vs. 絶望

イフサイクル理論（life cycle theory；表4.1）（第5章，p.84参照）においても，児童期は安定した時期であるととらえられ，この安定した時期に学業や運動など社会的に有用とされる知識や技能を身につけると考えられている。そして，それらを達成できたならば，勤勉性（生産性）の感覚を身につけることができるが，うまく成し遂げられなかったならば劣等感を抱く危機に陥るとされている。エリクソンは，児童期が重要でないといっているわけではないものの，乳児期における基本的信頼や思春期における自我同一性といった発達課題に比べると，児童期に対する意味づけが積極的でないような印象も受ける。

一方で，青年期に顕在化する問題の基盤が児童期に蓄積されている可能性があることも指摘もされており（松尾・新井，1998），安定している時期であっても生涯発達において重要性が低い時期ではないことは，留意しておかなければならない。むしろ児童期における発達が，その後に続く青年期の発

達の基盤となる重要な時期であると考えることもできるのである。後述するように，児童期はさまざまな側面で大きな変化を迎える時期である。そうした変化をどう乗り越え，新しい行動や能力を獲得していくかが，青年期以降にも大きく影響を与えると考えられる。

4.2 児童期における変化

　児童期に自己やパーソナリティがどのように変化していくのかを考えるにあたり，まずは児童期そのものの特徴を把握しておく必要があるだろう。児童期には，大きく分けて「身体の生物学的成長」「認知的能力の発達」「生活の場の拡大」といった3つの変化がある。本節では，それらの変化と自己の発達との関係について概説していく。

4.2.1　身体の生物学的成長

1. 身体の量的成長

　まず，身長や体重などが量的に発育する，いわゆる身体の発達があげられる。胎児から乳児にかけての成長期ほどではないが，児童期には年齢が上がるとともに身体が着実に大きく成長する。図4.1は，平成5年度生まれの子どもの年間発育量を示したグラフである。それをみると，身長については男子で小学校6年生（11歳時），女子では小学校4・5年生（9歳時・10歳児）における発育量が最大であり，体重についても男子で小学校6年生，女子で小学校5年生が最大となっている。つまり，幼児期以降の身体の発育は，児童期の後半にピークを迎えるのである。

2. 運動能力の向上

　身体の発育に伴い運動能力が著しく向上しはじめるのも児童期の特徴である。たとえば，全身持久力の指標である往復持久走の発達についていえば，男子は14歳，女子は13歳で迎えるピークまで著しい向上を示す。図4.2をみれば，児童期に当たる6歳から11歳にかけては，男子も女子も急角度で

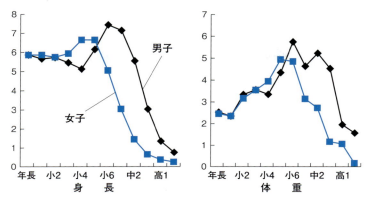

図 4.1　身長と体重の年間発育量の変化（文部科学省，2011a より作成）

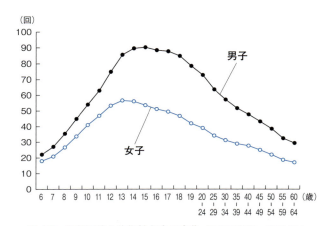

図 4.2　加齢に伴う往復持久走の変化（文部科学省，2011b）

運動能力が伸び続けていることがわかるだろう。身体的発達とこのような運動能力の向上により，学校への登下校や長時間にわたる授業をはじめ，スポーツや遊びなど，小学校生活で営まれる多種多様な活動を体験することができるようになるのである。

4.2　児童期における変化

3. 第 2 次性徴

　児童期の後半になって**第 2 次性徴**がはじまると，身長や体重が量的に著しく増加するだけではなく，質的にも大人の身体へと変化していく。具体的には，体毛や陰毛の発生をはじめ，男子では声変わり，精通，筋肉の発達などの変化があり，女子では乳房の発達，初潮，腰幅の広がりなどの変化がみられるようになる（第 7 章，p.119 参照）。これらの変化は，それまでの自分の身体や自分自身に対して抱いていた自己像の修正を迫るものとなる。また，第 2 次性徴の発現には個人差があるため，自分自身の身体の変化を意識することを通して，他者とは異なる自分という存在を認識することになる。そのため，そうした身体的変化を受け入れ，新たな自己像を作っていくことが児童期の後半から青年期の課題となる。

4. 神経ネットワークの発達

　また，忘れてはならないのは脳の神経細胞の発達的変化である。阿部（1997）によると，脳の神経細胞は**シナプス**という部分を通して相互に連結しており，網の目のような神経細胞間のネットワークが幼児期までに形成されていく。そのようなネットワークが形成されることにより，たとえ 1 つの神経細胞が損なわれたとしても，他の経路によって刺激を伝えることができる。その一方で，熱性けいれんのように，ある刺激が本来伝わる必要のない神経をも刺激してしまうなどのデメリットもある。しかし，児童期になると，網の目のようにつながったネットワークのなかで不必要な連結は消失していき，よく使われる有用な経路だけが残されていく。この過程は，植木で無駄な枝を切るのと似ていることから剪定（図 4.3）と呼ばれ，脳の部位によって異なるが 11 歳頃に終了するといわれている。つまり，脳内の神経ネットワークの剪定は児童期を中心になされているのである。これは，児童期にどのような活動を行うかが脳の神経ネットワークの形成に影響を与え，その影響が長期にわたる可能性があることを意味している。パーソナリティを，個人の（広い意味での）行動パターンに時間や状況を越えた一貫性を与えるものと考えるならば，さまざまな活動の基礎となる神経ネットワークが形作ら

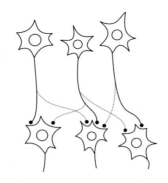

図 4.3　神経線維の枝の剪定のイメージ（阿部，1997）
この図では，神経細胞の突起がそれぞれ 2～3 個の神経細胞と連結しているが，やがて点線で描かれた連結が消失していき，より少ない数の神経細胞と連結した状態になる。

れる時期であるという点で，児童期はパーソナリティの形成において重要な意味をもつ時期であると考えることができよう。

4.2.2　認知的能力の発達

　児童期は，それまでの幼稚園や保育園などにおける遊びを中心とした生活から，小学校における学習を中心とした生活へと移る時期である。小学校で机に向かい，教師の話に耳を傾け，規律を守り，クラスメイトとの集団活動を行い，帰宅してから宿題をするなどの諸活動が可能となる背景には，先に述べたような脳の神経ネットワークの変化を基盤とした認知的能力の発達がある。それでは，具体的にはどのように認知的能力が発達するのであろうか。

1.　具体的操作期

　子どもの認知発達を研究したピアジェ（Piaget, J.）の理論によれば，児童期は具体的操作期（7～11 歳）と，形式的操作期（11～15 歳）のはじまりに相当する段階である。まず**具体的操作期**の特徴は，具体的な対象に関して論理的な思考ができ，「みかけ」にとらわれずに他者の視点に立って考えら

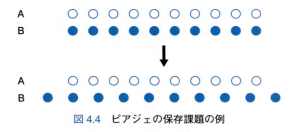

図 4.4　ピアジェの保存課題の例

れることである。たとえば，図 4.4 のように同数のおはじきを 2 列（A と B）示し，その後に B の列のおはじきの間隔を広げてみる。すると，具体的操作期の前の段階にある幼児は，最初に 2 列のおはじきが同数であることをわかっていても，おはじきの間隔を広げられると「みかけ」の長さに影響されて，B の数のほうが多いと考えてしまう傾向がある。しかし，具体的操作期にある児童は，「みかけ」に惑わされずに長さが変わっても数は一定に保存されていることを理解できる（**数の保存**）。このように，自分自身の感覚にとらわれずに物事を別の視点からみられるようになることが具体的操作期の課題であり，これを**脱中心化**という。しかし，次の発達段階である形式的操作期とは違い，目の前に具体的な対象があった場合にだけしかそのような心的操作はできない。

2. 形式的操作期

児童期の終わり頃には，形式的操作期に移行し，大人と同じような思考能力の基礎をもつようになる。**形式的操作期**（第 5 章，p.81 参照）の特徴は，実際に見たり，手に触れたり，行動したりしなくても論理的に物事を考えられる点にある。現実に存在する世界だけでなく，自分が直接経験できない遠い過去や未来について，さらには「もしも〜であったなら」という可能性の世界についても論理的に考えることが可能となってくる。それにより，科学法則や社会の仕組みなど，実際に目にする世界の背後にある因果関係やルールにも関心が向けられるようになる。

3. メタ認知の発達

そうした思考の発達によって，自分自身の能力に対する評価が客観的になってくる。幼児期においては自分の能力を過大評価する傾向があるが，小学校中学年くらいになると現実に近い評価になっていく。自分が何を知っていて何を理解できていないのかを自分で把握（モニタリング）し，そして目標の状態に至るための方法（メタ認知的知識）を参照し，それらの方法のなかから実際にどのように行動するかを計画し，実行に移す（コントロール）ような過程を**メタ認知**という。児童期でもメタ認知がある程度は機能することが明らかにされているものの，まだ十分ではなく，青年期になるとさらに的確に自分の達成状況をモニタリングすることができるようになるといわれている。メタ認知能力の向上により，自己に関する状況把握と有効な行動制御が可能となる。しかし，自分自身を別の視点から見つめることは，自己に対して疑いの目を向けることにもつながるため，メタ認知の発達によって自己評価の低下が生じる可能性も考えられる。

4.2.3 生活の場の拡大

幼児期から児童期へと移るなかでもっとも大きなライフイベントは，小学校への入学であろう。幼児期においても多くの子どもは幼稚園や保育園に通っているが，小学校に入学するということは，単に通う学校が変わること以上の意味をもっている。それまでとの大きな違いは，生活の場が格段に大きくなる点にあると思われる。

1. 生活圏の広がり

まず，児童期に入ると物理的な意味で生活圏が広がる。日本では，幼児期までは通園は親や通園バスでの送り迎えによってなされるが，小学校への通学は登下校班などに入り徒歩で通学することが多いだろう。それまでは家の近所と園内のみが行動範囲であったのが，家から小学校までの範囲に広がる。さらに放課後にクラスの友達と遊んだりすることで，その範囲は通学路以外の地域にまで広がっていく。図 4.5 は，放課後に過ごす場所の発達的変化を

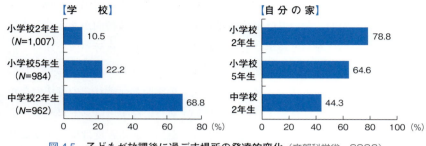

図 4.5　子どもが放課後に過ごす場所の発達的変化（文部科学省，2006）

示したもので，学年が上がるほど自分の家を離れ，学校などで過ごす割合が増加してくることがわかる。また，学校自体も幼稚園や保育園と比べて広く，建物も大きいことに加え，体育館や図書室，保健室など施設の種類も豊富である。このように，児童期は体験する物理的な世界が著しく拡大する時期である。そうした環境でさまざまな体験をしていくなかで，家庭の子どもという存在から，クラスの一員，学校の一員，社会の一員としての存在へと育っていくのである。

2. 対人関係の広がり

　児童期のもっとも重要な変化は，対人関係の広がりにあるといえよう。小学校に入ると，親から離れ，自分とは異なる個性，生活習慣，価値観をもった20〜40名のクラスメイトと，同じ教室で長時間を共に生活することになる。また，小学校では自分とは異なる学年の児童と活動する時間も少なくない。たとえば，登校班などは高学年の児童がリーダーとなり，低学年の児童とともに学校までの道のりを共にする。低学年生にとっては，家族や教師以外の人の指示を受ける機会となり，高学年生にとっては，リーダーとして低学年生を安全に学校に連れていく責任を担う機会となる。このように，異年齢集団としての活動も児童期には多くあり，クラスメイトとのヨコの関係，担任教師とのタテの関係だけでなく，異年齢児とのナナメの関係にも広がり

をみせていく。

　また，クラスでは単に一緒に生活するというだけでなく，日直，掃除，給食の当番や，生き物係や保健係といった係活動など，クラス内で何らかの役割も担うことになる。これらの役割活動を通して，責任感が芽生えてくる。児童期の対人関係においては，幼児期までと異なり，友達と仲良く遊ぶことだけではなく，クラスあるいは学校という社会のなかで責任を担うことを学ぶことが重要となってくる。

3. ギャングエイジ

　学年が上がって学校で過ごす時間も長くなるにつれ，休み時間や放課後など，子ども自身の責任で過ごす時間も増加してくる。図4.6は平日の放課後や休日に子どもが一緒に過ごす相手を示したグラフであり，もっとも多いのは同年齢の友達であることがわかる。また，図4.7は平日の放課後に一緒に過ごす相手の発達的変化を示したグラフで，学年が上がるにつれて家族と過ごす時間が減っていくことが示されている。このように年齢が上がるにつれて家族から離れ，同性の友達と過ごす時間が増えていく。そこでは，親や教師の知らない子どもたちだけの生活が展開され，自分の生まれ育った家庭とは異なる価値観を仲間と共有することになる。とくに児童期の中頃以降には，数名の同性の友達と仲間集団を作り，学校でも放課後でも徒党を組んで遊びやスポーツを行うような関係がよくみられる。このような集団は**ギャング集団**と呼ばれる。そして，その時期は**ギャングエイジ**と呼ばれている。ギャング集団は，凝集性が高く閉鎖的であり，とくに男子において顕著であることが特徴としてあげられる。ギャング集団における遊びや活動のなかには，時として反社会的な行動を含むこともあるが，仲間集団のなかで固有の価値観を共有し仲間と強く結びつくことによって，親からの自立に対して生じる不安を和らげるという機能をもつとも考えられている。そうした環境のなかで，社会的な視点や道徳性などが発達していくものと考えられている。

4. 社会的視点の取得

　社会的視点とは，対人的な場面において他人の考えや気持ち，視点を理解

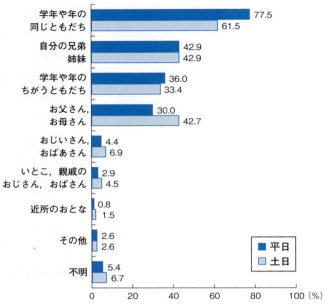

図 4.6　放課後や休日に一緒に過ごす相手（文部科学省，2006）

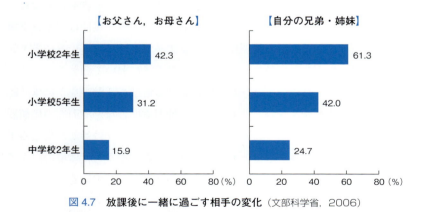

図 4.7　放課後に一緒に過ごす相手の変化（文部科学省，2006）

することであり，セルマン（Selman, R. L.）はその能力を社会的視点取得能力と呼んだ。セルマンは社会的視点取得の発達段階を示し，児童期の中頃になると自分の視点と他人の視点とを分けて考えられる自己内省的視点の段階に至り，他人の視点に立って自分の考えや気持ちを内省できるようになることを示している。それにより，友人関係のなかでお互いの立場を尊重するとともに，他人とは異なる自己の存在をより意識するようになると考えられている。

5. 道徳性の発達

道徳性とは「社会一般に受け入れられている規範や慣習を尊重する意識」と定義され（中島ら編，1999），認知発達のところでも紹介したピアジェは，道徳性にも発達段階があると唱えている。幼児期の子どもは，規則は親などの大人によって決められたもので，絶対に守らなければならないと考える。そのため，善悪を行為の結果によって判断するようになる（結果論的判断）。この段階を他律的道徳性の段階と呼ぶ。それが児童期になると，規則は仲間同士の合意によって成り立つものであり，変えることができると考えるようになる。善悪を行為の結果によって決めるのではなく，行為の意図や動機によって判断するようになる（動機論的判断）。この段階は自律的道徳性の段階と呼ばれ，およそ10歳頃を境に，他律的道徳性から自律的道徳性の段階へと移行とするといわれている。

　児童期は仲間との交友が活発化する時期である。そうなると当然，仲間との社会的相互作用のなかでさまざまなトラブルや葛藤が生じることになり，子どもたちは葛藤状態を解消するための努力をするようになる。その努力が，上記のような社会的視点や道徳性に関する高次の能力を引き出すことに寄与しているものと推測される。このように考えると，ギャング集団のような濃密な人間関係を経験することは，児童の自己の発達を促進する重要な機会であるといえる。しかし，近年はギャング集団がみられなくなっているという報告（國枝・古橋，2006）もあり，これまでギャング集団のなかで培われてきた能力や態度を今の子どもたちがどこで得られるのかが危惧される。

4.3 児童期の自己概念

前節で示したように、児童期は身体の生物学的成長、認知的能力の発達、生活の場の拡大といった大きな変化を経験する時期である。身体的発達を基礎として、運動能力や認知能力が上がり、生活圏も拡大する。そうしたなかで新しく多様な経験をすることで、学力をはじめ社会性や道徳性などさまざまな能力が著しく伸びていく。そして児童期の後半になると、認知的発達がさらに一段階進み、自己をより正確に客体視できるようになってくる。また、その頃はギャングエイジと重なり、仲間との相互作用が活発化する時期でもある。仲間との社会的比較や仲間からの評価が頻繁に生じることによって、より客観的な自己概念が形成されるようになってくると考えられている。

4.3.1 有能感の低下

児童期にはさまざまな能力が向上するため、年齢が上がるにつれて自分の能力に対する評価も上昇するのかというと、実はそうでもない。日本では、児童期から自己評価が下がっていくという現象が繰返し確認されている。桜井（1983）は、小学3年生から中学3年生の**有能感**（認知されたコンピテンス）の発達的変化を調べ、学年が上がるにつれ自己価値と学習に対する有能感が低下していくことを明らかにしている（図4.8）。同様の結果は、桜井（1983）とは異なる種類の質問紙を使った富岡（2011）の研究でも示されており、日米の結果を比較したところ、日本においてのみ学年が上がるほど自分の能力に対する自己概念が低下していた。

このような傾向について、大きくは3つの可能性が考えられる。まず一つは、メタ認知能力の高まりのために、それまで抱いていた自己イメージと現実の自己との間にギャップを感じるようになり、自己に対して懐疑的になってしまう可能性である。物事を社会のなかで相対化してとらえる視点をもてるようになると、自分では得意であると思っていたことに対しても、高い自己評価ができなくなり、かえって評価が低がってしまうのではないかと考え

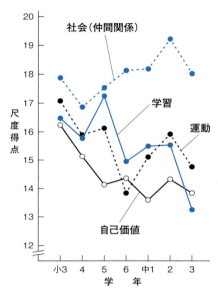

図 4.8　有能感の発達的変化（桜井，1983）

られる。しかし，この説明だけでは，なぜ日本でのみ自己概念が下がるのかを説明するのは難しい。

　もう一つは，質問紙への回答傾向の文化差によるものという可能性である（富岡，2011）。日本では謙虚な自己表現が望ましいとされる傾向があるため，実際に感じているよりも自己評価を低く回答しているかもしれない。そうであるとすれば，児童期の後半より謙遜的あるいは自己卑下的な回答をするようになるということ自体が，すでに児童期には，自分が社会からどうみられるかを意識して行動していることを示しているといえよう。

　最後は，児童期後期になると学習内容が難しくなり，学力差で大きくなるため，実際に相対的評価が低下する児童が増加しているという可能性である。また，学年が上がるに従い，学校や家庭などで学業に関して競争的な雰囲気

4.3　児童期の自己概念

になり，学習内容の達成度よりも同級生との成績の比較によって自己評価がなされることが多くなるのではないかと考えられる。その場合，教育環境による影響が大きいと考えられるので，学校や家庭での教育のあり方を改善していくことが有能感を著しく低下させないために必要となるであろう。

4.3.2 自我体験

自分自身をとらえ直そうとする視点は，単に自分の行動や能力に対して向けられるだけにとどまらないこともある。それまで何の疑問を抱かず，普段の生活において当然の前提であった自分という存在自体に対して疑問を抱きはじめるのも，児童期であるといわれている。

「私はなぜ私なのか？」「私はなぜ存在するのか？」「私はどこから来たのか？」といった問が発せられる現象は，**自我体験**と呼ばれる（天谷，2002）。中学生を対象とした調査（天谷，2002）からは，中学生の63.3％が自我体験を経験したことがあると報告し，はじめて自我体験が起こったのは小学校半ばから後半を中心とした時期であることが明らかにされている。一方，大学生を対象とした調査（渡辺・小松，1999）では，自我体験の初発時期は小学校低学年をピークとして，児童期に集中しているという結果もある（図4.9）。

いずれにしても，自分を客体視し，その存在自体に問を投げかけるといった現象は，青年期より以前の児童期から経験されはじめているのである。自我体験という形でなくとも，徐々に自己を客観的にとらえるだけの能力が向上し，仲間との関係のなかでも社会的比較が多く生じる児童期には，誰しも自分自身に注意を向け，自己概念を形成する試みをしているものと考えられる。

4.3.3 自己概念形成に影響を与える要因

以上のように，児童期は自己概念の基礎を作りはじめる時期である。それでは，より肯定的な自己概念が形成されるためには何が重要なのであろうか。

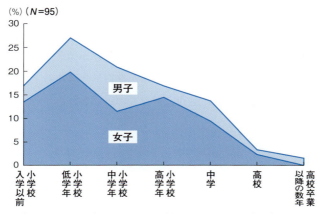

図 4.9　自我体験の初発時期の分布（渡辺・小松，1999）

注）2つ以上の時期にまたがる回答については早い方を初発時期とした。

　児童期は親から離れて友人関係の影響を大きく受けるようになるものの，親子関係もまた依然として重要な時期である。心理的依存の対象が親子関係から友人関係へと移行していくなかで，児童期は友人関係とともに親子関係にも依存しているのである（國枝・古橋，2006）。とくに母親の影響は大きく，母親の受容的で子どもの自律性を尊重する態度が児童の自己評価を高めること（森下，1988）や，その反対に母親の否定的な評価が児童の動機づけを極端に低下させてしまうこと（中山，1994）などが明らかにされている。児童期においては，認知的能力が発達することでより客観的な自己評価が可能となってはくるが，それは周囲の重要な他者からの評価を手がかりとしてなされるものである。母親に限らず児童を取り巻く大人は，子どもに対する大人の評価が与える影響について意識しておくことが重要であろう。

　また，児童期は学業を中心とした生活になってくるため，自己概念についても学業の問題が深く関係し，学業成績の良し悪しによって肯定的になったり否定的になったりすることが多いと考えられる。その一方で，**感動**を体験

することが，児童の自己効力感や自己肯定意識を高めることが明らかにされている（佐伯ら，2006）。勉強以外の何かに打ち込んだり，大自然に触れたりするなかで，心を動かされるような体験をすることが人間的成長を促すものであることは疑う余地がないであろう。子どものなかのさまざまな能力が開花しはじめる児童期に，学業だけでなく豊かな自然体験や社会体験をさせることが，児童期の自己概念を肯定的に育むものと思われる。

青年期の自己と
パーソナリティの発達 5

　青年期は児童期から成人期への移行の時期にあたる。保護者や家族から見守られ育てられながら，生活面では依存的な状況のなか，学業，運動，文芸で力を発揮すると同時に社会的な関係を拡大し，自立した大人へと成長していく試行錯誤が進む。

　青年期に関する研究者たちは，この時期の特徴を次のように述べている。ホール（Hall, G. S.）は，青年が大人に生まれ変わるときの不安や動揺を「疾風怒濤の時期」，シュプランガー（Spranger, E.）は，安定的な児童期から自我発見に伴う動揺の時期を「第2の誕生」と呼んでいる。また，保護者への依存状態から自我を確立して自立していく様を，ホリングワース（Hollingworth, L. S.）は「心理的離乳」，オーズベル（Ausubel, D. P.）は「脱衛星化」，レヴィン（Lewin, K.）は，「境界人」と名づけている。

　本章では，自己理解とアイデンティティ地位を確認しながら，青年期に特徴的な自己とパーソナリティの発達についてさまざまな考え方を紹介する。

5.1 　自己理解の発達

5.1.1 　自我（主体としての自己）と自己（客体としての自己）

　青年期になると，「あなたは誰か」とたずねられて答えるだけでなく，自ら「自分とは何か」と考えはじめるようになり，自分についてのとらえ方に変化がみられるようになる。

　ここでは，自分とは何かと考える主体，自分の何について考えるのかという考えの対象に分けて考えてみる（第1章，第10章参照）。ジェームズ（James, W., 1892）は，自己をMeとIの2つの部分に分けた。Meは自分を呼称しうるすべて（the sum total of all a person can call his），つまり，考える対象のことであり，単に自己と呼ばれたり客体としての自己と呼ばれ

る。他方，I は知る側の自己（self-as-knower），考える主体になる自己で自我と呼ばれる。つまり，「自分とは一体何者なのだろう」という問をたてる自己が存在する一方で，その答として呼称したりイメージされる自己が存在する。

5.1.2　青年期と自己理解

　幼児期から青年期の自己について，デーモンとハート（Damon, W., & Hart, D., 1982）は，自己に関する研究をレビューし，自己を「客体としての自己」と「主体としての自己」に分けて整理した。客体としての自己は，身体的自己，行動的自己，社会的自己，心理的自己の 4 領域に分類し，主体としての自己は，連続性，独自性，意志力，内省力という理解の進め方についての特性とした。そして，双方からの自己ついての全体的認識を自己理解と定義し，発達の様相を説明した（図 5.1）。

　客体としての自己（自己）について，幼児期から児童期には，身体的な特性や所有物で自己を理解し，そして他者との活動力の比較を通して自己を認識してきたが，青年期に入ると，各領域のレベルが上昇し，他者との社会的な関係や信念体系で自己理解し，その後，自分なりの個人的な哲学と思考過程をもとにして自己理解を行うように発達すると説明している。

　たとえば，青年期前期の身体的自己であれば，体力があり体格がいい自分であることを周りからほめられ認められることに重要性を見出す。行動的自己においても行動力や活動力が社会的に認められることに重点をおき，児童期後期のように他の人との比較から自分を特徴づけるものではなく，対人魅力や集団のなかでの関係性が重視される。

　青年期後期の社会的自己では，社会的な関係性のなかで，他者に対して親切に応対したり，募金やボランティア活動をすることを選択することに意義を見出したりするようになる。さらに，社会のなかに自己を位置づけるような信念体系，個人的な哲学，自分なりの思考過程を経て自己を定義するように発達する。

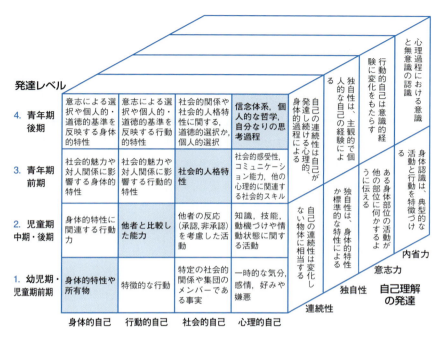

図 5.1 幼児期から青年期までの 4 段階の発達レベルにおける客体としての自己と主体としての自己の概念的基礎 (Damon & Hart, 1982 より作成)

　主体としての自己（自我）については，自分の個人としての連続性の気づき，自己の体験が独自なものであるという気づき，自己の行動で意識的経験に変化をもたらそうとする意志，内省することで自分が気づいていることへの気づきへと発達していく。児童期までは変化しない自分が連続性の特徴であったのに対し，青年期における連続性は，身体的，心理的な変化のプロセスをとらえることができることが特徴になる。また，今の自分を語る場合，社会的な関係のなかでいろいろなやりとりの経験を通して，自己の存在への気づきが進む。そして，個人的，道徳的な評価が主観的に意味づけられ，内

省へと向かい,自分の生活や生き方についてのメッセージを含んだ自己の見方へと展開していく。

5.1.3 20答法による自己理解

自己理解を進めるために,「私は誰でしょう」という問に対して,自分自身のことばで自由に回答し20個の文章を作成してみよう。この方法は,クーンとマクパートランド(Kuhn, M. H., & McPartland, T. S., 1954)によるWAI(Who am I ?)技法と呼ばれるが,20通りの異なる回答をすることから20答法(TST ; Twenty Statements Test)と呼ばれることもある。

まず,図5.2のような記入用紙を準備し,「私は」に続けて自分自身のことを書いてみる。400字詰の原稿用紙を利用して,番号と「私は」と記入して回答をはじめる方法もある。所要時間は5分から10分とし,最後の20番目まで回答する。

回答を終えたら,20項目の回答内容をじっくり眺めてみる。自分は何者で,どんな人間かを考えながら振り返り,自分らしいと思われる番号を〇で囲む(槇田ら,1991)ことで,自分や自分の姿をより鮮明に意識することができる。読み返す途中で,自分らしくない内容に気がつくこともある。日常生活のなかで意識され,他者と共有されている事実に関する内容は,回答の前半にみられ,少し個人的な内容については,後半にみられることもある。回答しながらどうしても答が思いつかない状況で回答した内容にも,普段はあまり意識していないが確かに自分に関する個人的な背景が表れることもある。

また,回答結果について,知人や家族に見てもらい感想を聞いたり,同時に実施した他の人の結果を見せてもらうことで,回答内容に共通した特徴があることがわかったり,自分が意識していなかった特徴・長所・趣味・特技・友人関係などに気づくことができる(松原,1999)。

さらに,回答結果を分類して分析する方法がある。一例として,スピッツァーら(Spitzer, S. P. et al., 1971)は,回答内容を4種類に分類する方法

```
                    Who am I ?

  1. 私は _____
  2. 私は _____
  3. 私は _____
  4. 私は _____
  5. 私は _____
  6. 私は _____
  7. 私は _____
  8. 私は _____
  9. 私は _____
 10. 私は _____
 11. 私は _____
 12. 私は _____
 13. 私は _____
 14. 私は _____
 15. 私は _____
 16. 私は _____
 17. 私は _____
 18. 私は _____
 19. 私は _____
 20. 私は _____
```

図 5.2　20 答法の調査用紙例（松原，1999）

を提案した。私は「長髪です」「やせています」など，自分の身体的な特徴はAモードに，私は「教員です」「大学2年生です」など社会的な役割や立場が示されているものをBモードに，私は「幸せ者です」「倹約家です」など自分の感情や行動の状態を示すものをCモード，私は「宇宙の一部だ」「人間である」などの個人的な情報というよりも一般的な記述をしている場合をDモードと分類した。そして分類数の多さの観点から特徴をとらえた。

たとえば，Cモードが多い場合は独立的で他者と交流するよりも自分の感情や行動を大切にしている傾向がある。Bモードが多い場合は，仲間関係や組織上の役割に自己の基盤を置く傾向がみられ，逆にAモードが多い場合は内面の価値よりも外面がどのように他者から見られるかに基づく自己概念をもつことが多い。最後に，Dモードが多い例は，回答の分類が難しかったり，自己意識の源泉を明確にすることができなかった場合にあたる。

　発達的な観点からの実証的な研究には，モンテメイヤーとエイセン（Montemayor, P., & Eisen, M., 1977）の研究がある。20答法により10～18歳の子どもの自己の発達を考慮して回答内容を分析した結果，年齢の増加に伴い，市民権や居住地，飼っている動物や所有物，身体的特徴に触れながら自己について述べる割合が減少していた。そして，職業選択，自分自身のこと，イデオロギーと信念，自己決定，一体感，対人関係のもち方，思考パターンや感情特性に関する記述が増え，未来志向で理論的な記述や対人関係や心理的側面から自分について述べる傾向がみられた。

　日本国内の研究においても，槇田ら（1991）による20答法を用いたself-imageの研究では，児童期から青年期への発達の特徴として，社会・生物的基礎，つまり，名前，性別，年齢に関する記述が減少し，情意・力動，つまり，気質や神経質などの性格に関する記述が増加した。

　自己理解の一つの方法である20答法によって自分に関する文章を作成し，自分の記述内容を振り返ってもらった。自分をどんな人だと思っているのか，また，回答の過程では，自分は他人からどうみられているのかを考えて回答されたかもしれない。回答の内容的には，比較的表面的，日常的なことがらから，すこし内面を見つめることにつながっただろうか。折りをみて，もう一度回答してみると，自己の変化に気づいたり，さらなる自己理解につながるかもしれない。

5.2 パーソナリティの発達

5.2.1 パーソナリティとは

　青年は，学校や職場で，他者との関わりのなかで生活している。そして，いろいろな人と出会うなか，親切に丁寧に対応してもらえた一方で，厳しく注意されて戸惑った経験もあるだろう。メッセージやメールを送るとすぐに返事をしてくれる人もいれば，なかなか反応が返ってこない人もいる。そのなかで，自分と他者とのものの見方や感じ方の共通点に気づいて共感したり，違いに気づいて違和感を感じることもあるだろう。それは，個々人にはそれぞれ独自の思考や行動様式があり，ある程度一貫して持続的な思考と行動傾向が存在しているためである。そうした個人の思考と行動のあり方，法則性について説明しようとするのがパーソナリティについての心理学である。

　パーソナリティは，人格，性格，個性，性質，気質などとも呼ばれることがあるが（第2章参照），パーソナリティはどのように形成され，また，それは変化していくものなのか，しないものなのであろうか。

　これまでの生活のなかで，上述したような経験もあれば，久しぶりに会った友だちについて，「以前はもの静かだったのに今日はとても積極的に話しかけてきたなぁ」と変化に気づくことがある。「以前から変わらずやさしい心遣いをしてくれたなぁ」と感じたりすることもある。また，その友だちが何かの課題に真剣に取り組んでいる姿に触れ，これまで知らなかった友だちの一面に気づかされることもある。

　こうした，日常の生活経験から，パーソナリティには，変化する側面もあれば，変化しにくい側面もあるのではないかととらえることができる。

5.2.2 発達に影響する要因

　まず，発達的変化に影響するものを検討してみる。バルテスら（Baltes, P. B. et al., 1980）は，発達を規定する決定要因として，生物学（遺伝）的要因，環境的要因，それらの相互作用を指摘したうえで発達に影響する具体

的な要因を検討し，標準的年齢要因，標準的歴史関連要因，非標準的経験要因の3種類に分類した（図5.3）。

年齢に標準的な影響要因は，人々の生活年齢と強く関係する生物学的，環境的な要因であり，特定の年齢段階にある人はほぼすべての人が経験するものである。具体的には身体的な成熟，学校での生活空間や対人関係の広がりなどの年齢を基準にした社会的経験を指す。

次に，標準的歴史関連要因は，ある特定の時代や集団に結びつく生物学的，環境的な要因であり，具体的には経済不況，戦争，疫病などの大規模流行，人口構成や職業的構造の変化などを指す。

3番目の非標準的経験要因は，年齢や歴史に関連せず，誰にでも起こりうる生物学的，環境的な要因のことであり，具体的には転職，転居，メディカル・トラウマ，事故，一時的失業，離婚，入院，近親者の死などがあげられる。

バルテスらは，図5.3のように，発達的変化をもたらす要因を3つに分けているが，標準的歴史関連要因と非標準的経験要因は，年齢とは別の要因の

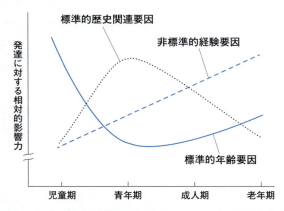

図5.3　発達に対する影響要因（Baltes et al., 1980より作成）

影響を受けるものである。

　そして，影響の相対的程度は，発達段階において異なる特徴を示し，児童期には，標準的年齢要因である身体的な側面の影響が大きく，青年期には，標準的歴史関連要因という，いわゆるその時代の変化や所属する集団での出来事からの影響に敏感に反応する様子がうかがえる。さらに，老年期に至っては，非標準的経験要因という個人的な経験要因の影響が大きくなるのがみてとれる。

　とくに青年期に注目して，3種類の要因ごとに具体的な内容をみてみると，標準的年齢要因としては，青年期は，発達的な変化に揺さぶられ，多感な時期である。たとえば身体的発育，性的成熟，運動能力，形式的操作期（第4章，p.62参照）における思考の発達，学校生活における学業や友人関係などでのさまざまな経験が発達に影響を与える。また，入学や進級など学校段階の移行や就職によって社会に進出していく時期にもあたるため，こうした変化に向かいあい，適応していくことが求められる段階にある。

　標準的歴史関連要因は，青年期に限定した影響というよりはむしろ，たまたま青年として生きる時代や所属する集団に関係するものである。経済の好況と不況，戦争や紛争などの混乱時か平和，疫病などの流行の有無，科学技術の発展に伴う生活環境や習慣の変化のインパクトがどれほどあるかによる。とくに青年期においては，進学や就職の時期に重なると，個人としての努力よりもこうしたその時々の時代背景からの影響が大きく成果や結果に関係することとなる。

　非標準的経験要因では，すべての青年が経験するわけではなく，たとえば，部活動，受験や就職においての成功や失敗経験，恋愛や失恋などの経験，結婚，出産，転勤といった個人に特徴的な条件が関係する。祖父母や両親などの近親者の病気や死亡の経験，事件や事故に巻き込まれた経験，自然災害にあった経験も影響要因となる。

　以上のように，発達的変化に影響を与えるものについて概観したが，実際に影響が及ぶ状況は，青年がこれらの影響をどのように受けとめ，また，ど

のように対応していくのかにより変わってくるものと思われる。

5.2.3 パーソナリティの発達に関係する要因

ここまで，発達に関係する要因について生涯発達の観点からみてきたが，パーソナリティの発達に焦点をあててみるとどのようになるだろうか。

パーソナリティの発達的変化についてとらえる場合においても，バルテスらが発達に対して年齢に関係した影響要因と年齢に関係しない要因（標準的歴史関連要因，非標準的経験要因）に分けて説明したように，発達に伴って変化する側面と変化せず一貫性を保つ側面があると考えるのが妥当であろう。

榎本（2004）は，パーソナリティの発達に及ぼす影響について，これまでの研究をまとめ，図5.4に示されるような3層モデルを提起している。パーソナリティの発達において，幼少期の経験や遺伝的素質がパーソナリティの基本的な部分であるとし，図のAの部分はその人らしさを表すものとした。そして，社会的な経験や期待，加齢に関わる変化の部分が同年代に共通してみられる年代らしさであるBの部分にあたる。個人のパーソナリティの基

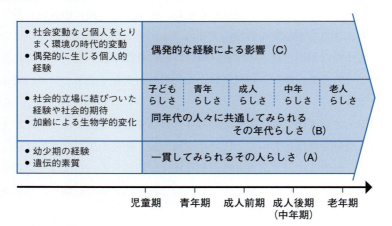

図5.4 パーソナリティの発達（榎本，2004を基に作成）

本的部分は，AとBの部分が関係しながら形成されると説明した。さらに，Cの社会的要因としての生活環境の時代的変動や偶発的な個人の経験による影響は，パーソナリティの発達的変化に思いがけない影響を与え，A，B，Cの相互作用によって個人のパーソナリティ特徴が形成される（榎本，2004）と解説した。

　青年期におけるそれぞれの個人のパーソナリティの状況について発達の観点からとらえてみると，まず，幼少期の文化や経験による環境的要因や遺伝子によりあらかじめ決まっている遺伝的要因によって比較的安定して一貫したパーソナリティの基盤のうえに，加齢に伴う身体的発育や運動能力の向上，知的能力の質的量的な変化といった心身の発達，学校，職場，地域においてそれぞれの年代での経験や社会的期待が変化をもたらしている。そして，その折々の個人のパーソナリティは，景気や科学技術の変化による社会生活の変化，気象変動，自然災害などからの影響，学校や職場生活における個人的な偶発的経験の影響を受けつつ，その特徴を示すことになるのである。

　先に自己理解のために回答してもらった20答法（p.76）の結果について，ここでもう一度見直してみると，記述内容に発達的に変化が少なく，安定的な特徴をみつけることができるかもしれない。それらは，幼少期の経験や遺伝的素質の影響によるものと考えられる。一方で，加齢に伴った質的，量的な変化に関する記述がみられたとしたら，学童期，思春期，青年期の心身の発達的変化の経験，あるいは，学校段階や地域社会と関係した社会的な経験に関係するものであろう。

　このようにパーソナリティの発達的変化と安定性についての観点からも自己理解を進めることができる。

5.3 アイデンティティ

5.3.1 ライフサイクル

　これまでパーソナリティの発達について述べてきたが，誕生から死に至る

までの人の生涯をライフサイクルという時間軸からとらえる見方がある。

エリクソン（Erikson, E. H., 1959 西平・中島訳 2011）は，**ライフサイクル**（第4章，p.57 参照）という視点から生涯を「乳児期」「幼児初期」「遊戯期」「学齢期」「青年期」「若い成人期」「成人期」「成熟期」という8つの段階に分け，そのそれぞれの段階において，社会的に求められる発達課題を設定した。その発達段階を示した図式が**エピジェネティック・チャート**（図 5.5）である。

	1	2	3	4	5	6	7	8
Ⅰ 乳児期	基本的信頼 対 基本的不信				一極性 対 早過ぎる自己分化			
Ⅱ 幼児初期		自律 対 恥・疑惑			二極化 対 自閉			
Ⅲ 遊戯期			イニシアティヴ 自主性 対 罪の意識		遊びによる同一化 対 (エディプス的な)幻想による複数のアイデンティティ			
Ⅳ 学齢期				勤勉 対 劣等感	労働による同一化 対 アイデンティティの差し押さえ			
Ⅴ 青年期	時間的展望 対 時間的拡散	自己確信 対 アイデンティティ意識	役割実験 対 否定的アイデンティティ	達成への期待 対 労働麻痺	アイデンティティ 対 アイデンティティ拡散	性的アイデンティティ 対 両性的拡散	リーダーシップの分極化 対 権威の拡散	イデオロギーの両極化 対 理想の拡散
Ⅵ ヤングアダルト 若い成人期					連帯 対 社会的孤立	親密 対 孤立		
Ⅶ 成人期							ジェネラティヴィティ 対 自己陶酔	
Ⅷ 成熟期								インテグリティ 対 嫌悪・絶望

図 5.5　**エピジェネティック・チャート**（Erikson, 1959 西平・中島訳 2011 を基に作成）

エピジェネティック・チャートは，人の成長のためのグランドプランであり，縦軸に発達の段階を示し，横軸は心理・社会的危機を示している。対角線上の欄は，ひと続きの心理・社会的危機を示している。それぞれの欄は，その発達段階ごとに取り組むべき中心的な葛藤となりうる心理・社会的危機が書き込まれている。エリクソン（1959/2011）は8つの段階の心理・社会的危機を次のように設定した。

1. 乳児期は，**基本的信頼 対 基本的不信**の感覚が設定されている。健康なパーソナリティ構成する最初の要素とは，生後の経験から引き出された自分自身と世界に対する態度を指す。母親をはじめとする養育者との関係で，空腹による衝動を泣くことで授乳の要請として表現し，それに母親が応え，子どもは満足し，自分と外界との信頼と自己への信頼を獲得したとする。基本的信頼が基本的不信を上回るバランスになり，信頼の量は食べ物や愛情表現の絶対量で決まるのではなく関係の質によって決まる。

2. 幼児初期には，**自律 対 恥・疑惑**が設定され，子どもは自分の足で立ち，自分の意志と選択で移動すること，母親との身体的・精神的な分離の経験を学ぶ。しつけによる親子の相互調整が進むと永続する自律と誇りの感覚が生まれる。

3. 遊戯期には，**自主性 対 罪の意識**が設定されている。子どもは他者や未知の世界・領域に積極的に活動を開始したり，目的意識的活動を学ぶ。罪の意識がもとになり良心，道徳の基礎となる。

4. 学齢期には，**勤勉 対 劣等感**が設定され，子どもは勉強への意欲や好奇心を発達させ，勤勉に努力することで達成したり完成したりする喜びを味わう。逆に失敗することで役にたたない感情やプライドがもてない劣等感をもつ可能性もある。

5. 青年期には，**アイデンティティ 対 アイデンティティ拡散**が設定されている。自分とは誰であるかという一貫した感覚が時間的・空間的に成立し，他者や社会から認識されている感覚が獲得される。自分という意識，周囲からの是認，子ども時代からの同一化の統合，自我の社会的機能，集団のなか

で共有されるアイデンティティなどの観点から，自身のアイデンティティの状況をみる。アイデンティティ拡散とは自分が何者かわからず混乱し，社会的位置づけも得ることができない状況であり，自意識の過剰，選択の回避と麻痺，否定的アイデンティティの選択，時間的展望の拡散などを示す。

6. 若い成人期には，**親密 対 孤立**が設定されている。自分も含めてあらゆる他者との親密さ，相互のやりとりができることを指している。孤立は，その人にとって危険と感じられる力や人物の存在を拒絶し距離を置いている状況である。

7. 成人期には，**ジェネラティヴィティ 対 自己陶酔**が設定されている。子どもをもち養育することにとどまらず，社会的に次世代を指導することに意欲を示すか，関心を自分自身に向けて完結してしまうかという状況を指している。

8. 成熟期には，**インテグリティ 対 嫌悪・絶望**が設定されている。自分の人生を振り返り受容していくか，人生において別の道を試すのに時間が足りないという感情になってしまい，絶望して悔やんだり，嫌悪や不快感を示すことを指す。

　課題を達成できてもできなくても，人は心理的発達とともにすべての発達段階を通過していく。ただし，各発達段階の対の前後には，対極的なプラスとマイナスの概念が置かれており，相対的な心理・社会的な健康の基準とそれに対応する相対的な心理・社会的不健康の基準となっている。正常な発達のためには前者が後者を持続的に上回って達成されなければならない。しかも，前段階の心理・社会的危機が克服されていないと，次段階の危機の克服に影響を与える。

　また，エリクソン（1959/2011）によると，それぞれの課題は，達成と失敗の対概念として提示されている。必ずしも達成だけを体験しなくてはならないという意味ではないが，より多くの達成体験をもつことが発達にとって重要なのである。それは，達成経験が自尊感情を高め，未来に向かって自我が確実に学んでいる，あるいは，社会的リアリティのなかで明確な位置づけ

をもった自我に発達しつつあるという確信につながっていくと考えられているためである。

5.3.2 青年期とアイデンティティ

このように青年期における心理・社会危機は，アイデンティティ 対 アイデンティティ拡散と設定されている。

エリクソン（1959/2011）は，「パーソナル・アイデンティティを持っているという意識的な感覚は，同時に生じる二つの観察に基づいている。一方は，自分自身の斉一性と時間の流れの中での連続性を直接的に知覚すること。他方は，それと同時に自分の斉一性と連続性を他者が認めてくれているという事実を知覚すること」と述べている。

つまり，アイデンティティ（第7章，p.123）は，過去から現在，そして未来へと自分自身が変化しても同じ人間であるという自覚（連続性）と，自分が他の誰かではない自分自身であるという自覚（斉一性）からなり，他者からもそのように認められていることをいう。単に，自分は自分を規定し，独立して，他者を必要としない自己完結的な自己，つまり，自分で私は私であると考えているだけではアイデンティティが確立できたとはいえず，自分が思う私と他者，または，社会的に認められた私が合致している必要がある。

青年期は子どもから大人への移行期であり，身体的にも社会的にも大きな変化が生じるため，それまでの親や学校の先生の価値観を取り入れることで形成してきたアイデンティティが崩れてしまうおそれがある。

そこで，試行錯誤しながらも自分に合った進路を選択し，自分の人生についての見通しをもとうとする。そして，社会のなかで責任のある行動をとりながらも，自他共に肯定される存在としての新たなアイデンティティを再構築しなければならない。切迫した緊張のもとであわただしく選択や決断を余儀なくさせるため，青年は，葛藤状態になりやすい状況におかれる。

この取り組みがうまくいかないと，自己のアイデンティティに確信をもてず，「何をしていいのかわからない」「将来の見通しがまったくたたない」

「積極的になれない」「打ち込めない」など，いわゆる，**アイデンティティ拡散**状態に陥ることになる。

　青年期のアイデンティティ獲得に向けては，アイデンティティ 対 アイデンティティの拡散の課題に加え，図 5.5 のエピジェネティック・チャートの青年期の欄に横断方向に記入されているすべての発達段階の課題にも対応する必要がある。

　左から順にみていくと，時間的拡散は，すでに体験した乳児期の「基本的信頼 対 基本的不信」の危機が，時間的展望とその拡散の対立として出現するものであり，達成できない場合には時間的な見通しが失われて，希望して将来を待つということができなくなる。

　また，幼児初期の「自律 対 恥・疑惑」の危機が，自己確信対アイデンティティ意識の対立として出現し，この危機への対応に失敗すると，アイデンティティの過剰ないしは自意識過剰になり，誇大な自分や完全な自分を夢みて自己愛的傾向を示すことになる。

　遊戯期に体験した「自主性 対 罪の意識」の危機が，役割実験 対 否定的アイデンティティの対立として出現し，この課題が達成できない場合には，社会的に積極的な価値を否定し，むしろ逆の反抗的な価値を求めるようになる。

　さらに，学齢期の「勤勉 対 劣等感」の危機が達成への期待と労働麻痺として出現し，この危機への対応ができない場合は，労働麻痺として，社会的役割の選択や職業的アイデンティティの獲得を回避したり選択を先延ばしにして，社会的な参加を拒否するようになる。

　また，若い成人期以降の危機が，青年期に先行して提示される。両性的拡散は，同一性の獲得の次に発達する「親密 対 孤立」を先取りした危機であり，この課題への取り組みができないと，生物学的な自分の性に対して積極的に生きていくことができなくなる。

　成人期の「ジェネラティヴィティ 対 自己陶酔」が先行して「リーダーシップの分極化 対 権威の拡散」として青年期に出現し，対応できない場合に

は，権威の拡散が起こり，支配・従属関係になるような組織に帰属するのを恐れ社会的に回避的な生活を送るようになる。

最後に，「イデオロギーの両極化 対 理想の拡散」の課題が，成熟期の「インテグリティ 対 嫌悪・絶望」の危機の前触れとして出現し，対応に失敗すると，理想の拡散につながり，社会的な信念やイデオロギーに関与することを恐れ，現在の社会に埋没してしまうかもしれないという不安が強くなる。

以上，青年期のアイデンティティ 対 アイデンティティ拡散を含め，これらの8つの課題の達成ができない状況がアイデンティティ拡散状態である。

5.3.3 アイデンティティ地位

ここまで，ライフサイクルにおける青年期の位置，そして，青年期の発達課題として，アイデンティティの確立を目標にすることを説明してきた。ところで，青年はアイデンティティの確立に向けて，どのような発達の経過をたどるのだろうか。

マーシャ（Marcia, J. E., 1966）は，アイデンティティ地位モデルを提案し，青年期のアイデンティティ形成には，自分なりの目標や信念があるコミットメント（commitment）[1]と，目標に向けて悩んだりいろいろな可能性を考える危機（crisis）または探求（exploration）の経験が重要であることを指摘した。ここで使われる危機という用語は，個人の発達における「重大なターニングポイント」を意味するものであり，危険を意味するものではない。

マーシャはコミットメントと危機の2基準によってアイデンティティ形成プロセスをとらえるために，アイデンティティ確立の課題への対処の仕方を4つに類型化して「アイデンティティ地位（ego identity status）」と名づけた。そして半構造化面接（「アイデンティティ地位・面接」（identity status

---

[1] コミットメントは，「傾倒」（無藤，1979），「帰依」（砂田，1979），「自己投入」（加藤，1983）とも訳される。

interview))を考案し，アイデンティティの達成度について評定を行った。この半構造化面接では，あらかじめ危機とコミットメントの経験についての質問を大まかに準備し，青年期に重要な職業と宗教，政治に関する質問が設定された。

　2つの基準の組合せによって面接内容を分析し，①アイデンティティ達成（identity achievement），②モラトリアム（moratorium），③フォークロージャー（foreclosure）[2]，④アイデンティティ拡散（identity diffusion）の4種類のアイデンティティ地位を決める。

　無藤（1979）を参照し，4種類それぞれの地位の特徴をまとめると，①**アイデンティティ達成**は，危機を経験し，コミットメントしている状態である。幼児期からのあり方について確信がなくなり，いくつかの可能性について本気で考えた末，自分自身の解決に達して，それに基づいて行動している。②**モラトリアム**は，危機の最中であり，コミットメントしようとしている状態である。いくつかの選択肢について迷っているところで，その不確かさを克服しようと一生懸命努力している。③**フォークロージャー**は，危機は経験しておらず，コミットメントしている状態にある。自分の目標と親の目標の間に不協和がない。どんな体験も幼児期以来の信念を補強するだけになっている。硬さ（融通のきかなさ）が特徴的である。④**アイデンティティ拡散**には，2つの型がある。一つは，危機の経験がなく，コミットメントもしていないタイプである。今まで本当に「何者か」であった経験がないので，何者かである自分を想像することが不可能である。もう一つのタイプは，危機を経験しているが，コミットメントしていないタイプで，全てのことが可能であるし可能なままにしておかなければならないと感じている状態を指す。

　このように，地位を特定することによってアイデンティティの状況を理解することができる。

---

[2] フォークロージャーは，「早期完了」（村瀬，1972），「打ちきり」（加藤，1978），「権威受容地位」（加藤，1983）とも訳される。

5.3.4 アイデンティティ地位の測定

　加藤（1983）は，マーシャ（1966）が提示したアイデンティティ地位モデルをふまえ，客観的な判断を可能にする質問紙を作成した。その質問紙は職業，宗教，政治の領域を特定せず，現在の自己投入（コミットメント），過去の危機，将来の自己投入（コミットメント）の希求という3変数12項目からなり，3つの下位尺度の組合せにより，6つのアイデンティティ地位に分類するものである。

　また，マーシャ（1966）の4つのステータスの他に，新たに2つの地位を追加し，中程度の危機を経験したうえで高い水準の自己投入を示す者を「アイデンティティ達成‐権威受容地位（A-F中間地位）」とし，現在の自己投入の水準が中程度で未来の自己投入の希求の水準が「積極的モラトリアム地位」と「アイデンティティ拡散地位」との中間に位置する者を「アイデンティティ‐積極的モラトリアム中間地位（D-M中間地位）」と設定した（表5.1）。

　ここで，読者には，アイデンティティ地位の測定のために，表5.2の12項目の質問を読んでその内容が自分の生き方や気持ちにどのくらいあてはまるかを，まったくそのとおりだ・かなりそうだ・どちらかといえばそうだ・どちらかといえばそうではない・そうではない・全然そうでない，までの6段階で回答してもらいたい。

　次に，以下の手順で，得点の処理をし，アイデンティティ地位のタイプを確認してもらいたい。まず，3つの「下位尺度」ごとに評価点の合計を算出する。そして，逆転項目の処理をした後で，「現在の自己投入」の得点は，1から4の項目得点を合計する。「過去の探索・危機」の得点は，5から8の項目得点を，「将来の自己投入の希求」は，9から12の項目得点を合計する。最後に，「現在の自己投入」「過去の探索・危機」「将来の自己投入の希求」それぞれの合計得点を用いて，各アイデンティティ地位への分類の流れ図（図5.6）によってアイデンティティ地位のタイプを判定する。以上の手順でアイデンティティ地位の状況が明らかにされる。

表 5.1 6つのアイデンティティ地位の定義 (加藤, 1983より作成)

1. アイデンティティ達成地位	過去に高い水準の危機を経験したうえで, 現在高い水準の自己投入を行っている者
2. 権威受容地位	過去に低い水準の危機しか経験せず, 現在高い水準の自己投入を行っている者
3. A–F 中間地位	中程度の危機を経験したうえで, 現在高い水準の自己投入を行っている者
4. 積極的モラトリアム地位	現在は高い水準の自己投入は行っていないが, 将来の自己投入を強く求めている者
5. アイデンティティ拡散地位	現在低い水準の自己投入しか行っておらず, 将来の自己投入の希求も弱い者
6. D–M 中間地位	現在の自己投入の水準が中程度以下の者のうちで, その現在の自己投入の水準が同一性拡散地位ほどに低くはないが, 将来の自己投入の希求の水準が積極的モラトリアム地位ほどには高くない者

表 5.2 アイデンティティ地位尺度の項目 (加藤, 1983を基に筆者作成)

Ⅰ.『現在の自己投入』下位尺度
1. 私は今, 自分の目標をなしとげるために努力している
2. 私には, 特にうちこむものはない (R)
3. 私は, 自分がどんな人間で何を望みおこなおうとしているのかを知っている
4. 私は, 『こんなことがしたい』という確かなイメージを持っていない (R)

Ⅱ.『過去の探索・危機』下位尺度
5. 私はこれまで, 自分について自主的に重大な決断をしたことはない (R)
6. 私は, 自分がどんな人間なのか, 何をしたいのかということをかつて真剣に迷い考えたことがある
7. 私は, 親やまわりの人の期待にそった生き方をする事に疑問を感じたことはない (R)
8. 私は以前, 自分のそれまでの生き方に自信がなくなったことがある

Ⅲ.『将来の自己投入の希求』下位尺度
9. 私は, 一生懸命にうちこめるものを積極的に探し求めている
10. 私は, 環境に応じて, 何をすることになっても特にかまわない (R)
11. 私は, 自分がどういう人間であり, 何をしようとしているのかを, 今いくつかの可能な選択を比べながら真剣に考えている
12. 私には, 自分がこの人生で何か意味あることができるとは思えない (R)

(R) は逆転項目で全然そうではないときが6点になる。変換の仕方は, 「7－自分の回答の数字＝逆転した後の点数」になる。

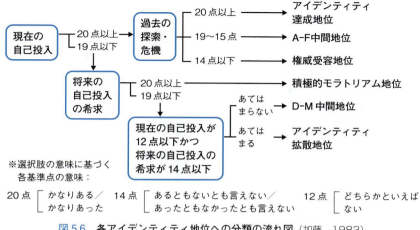

図 5.6　各アイデンティティ地位への分類の流れ図（加藤, 1983）

　青年期のアイデンティティ地位の全般的な傾向をとらえるために，加藤（1997）の高校生，大学生，社会人を対象にしたアイデンティティ地位の調査結果を参照してみる（図 5.7）。高校生から大学生にかけて，D-M 中間地位がしだいに減少しつつも半数を占め，アイデンティティに対して消極的で不活発な状態が続く。一方で，権威受容地位およびアイデンティティ拡散地位は多くないことが示された。また，自己投入の対象を求めて探索し，試行錯誤する積極的モラトリアム地位も 1，2 割と少なく，過去の探索・危機を経て自己投入に至ったアイデンティティ達成＋A-F 中間地位の割合は大学 3 年生から大学卒業後 1 年目にかけて増加し，全体の半数に達していた。つまり，この時期がアイデンティティ地位の移行に重要であることがうかがえる。

　この研究は，青年期のアイデンティティ地位をそれぞれの発達の段階における様態を横断的にみたものであるが，ウォーターマン（Waterman, A. S., 1982）は，アイデンティティの発達を青年期から成人期まで範囲を拡げてアイデンティティ地位の発達経路について論じた。そこでは，発達に関わる心

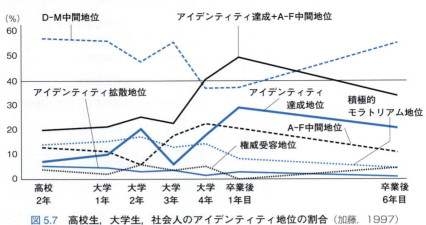

図 5.7　高校生，大学生，社会人のアイデンティティ地位の割合（加藤，1997）

理的背景によっては，発達に伴ってアイデンティティの地位が高次の地位に移行するだけでなく，低次への移行もあり得ることを指摘し，アイデンティティ次元は固定的なものでないことが示された。また，アイデンティティは成人期を過ぎてからも一生をかけて変化し続けるプロセス（岡本，2002）であり，アイデンティティの探求は生涯を通じて取り扱うテーマと考えておく必要がある。

5.4　おわりに

ここまで，自己のとらえ方，自己理解の進め方，ライフサイクルにおける青年期の位置，そして，青年期の発達課題としてのアイデンティティ形成について述べ，現在のアイデンティティ地位を確認した。

青年は，アイデンティティの感覚，つまり，自己の斉一性と連続性，それを認めてくれる他者や社会を認識しながら，アイデンティティの確立に向けてコミットメントと危機，探索をし続けていく。

このような自己とパーソナリティの発達についての理解をどのように日常の生活のなかに取り入れていけばいいのだろうか。

　たとえば，学校教育の場面を取り上げてみよう。図 5.8 は生徒指導が教育課程との関係でどのような関わりをもとうとするのかを示している。

　生徒指導は，校則を守るように指導することや不登校や問題行動への対応についてのイメージをもたれることが多い。しかし，生徒指導は，生徒の自己実現を目標にしており，教育課程の実践が円滑に進められるように機能的な側面から生徒の学校生活を支える役割を果たす。さまざまな観点からの生徒理解，基本的な生活習慣が確立するような働きかけ，また，学校生活における集団指導を通じて，教育課程の円滑な進行の基盤づくりをしている。規

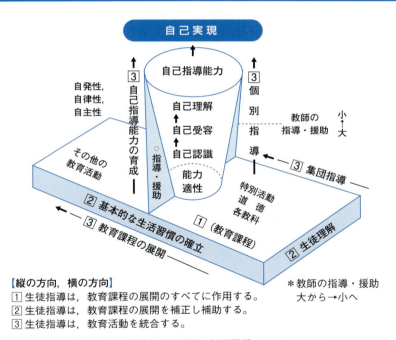

図 5.8　生徒指導と教育課程の相互関係（辻畑, 1993）

則正しい生活を心がけ，遅刻をしないよう，忘れ物をしないように指導することは，良いコンディションで授業へ参加できるようにするための働きかけである。

生徒は，学校生活のなかで，授業の場面や部活動などの機会を通じ，自己の興味関心に気づき，能力や適性に触れ，それらを確認し，検討し，認識し，判断していく経験であることを理解する必要がある。進路に関わる選択科目やコースの決定，部活動の選択，職場体験における実習先の選択，アルバイトの職種選択なども，まさにコミットメント，危機，探索の機会である。自己認識，自己受容，自己理解へと展開し，自己指導能力を発揮する段階に進めていくことが期待される。

教師においては，授業の場面は，生徒の自己実現につなげる重要な機会であることを認識し，授業の時間が生徒にとって，安全で安心な場面になるような環境調整を行うこと，興味や関心につながるような授業の展開に心掛けることが求められる。また，授業の場面と並行して，興味，関心，特性，能力，適性について気づくこと，つまり，自己認識することを支援し，さらに，その内容について自己受容するために助言や相談にのり，意思決定につながる自己理解に適切な距離を置きながら見守る役割を認識する必要がある。進路指導の枠組みでも同様であり，授業のなかでの学習指導や授業時間外の個別の指導のなかで進められる。

このように，自己とパーソナリティの発達についての知見を生かし，教師が生徒にアイデンティティを意識させる取り組みのなかで，生徒が自己の探索，個性の追求をすることで，自己認識へとつながり，現実吟味をすることで，さらなる努力や研鑽，自己受容へとつながっていく。こういった模索の過程で，保護者や教師など大人は，悩みの相談相手になるなど，青年に寄り添い，実質的に生徒指導や進路指導の関わりをもつことが重要になる。

第III部

対人関係と自己・パーソナリティ

家族関係と自己・パーソナリティ 6

　自己・パーソナリティの形成に大きく影響を及ぼす環境。そのうち，人間にとってもっとも重視すべき環境といえるのが，人的環境である。私たちは，この世に生まれ，死に至るまでの間，実に多くの人から影響を受けて成長を遂げていく。とくに，小さい頃から多くの時間を共有し，密接な関わりをもつ家庭環境・家族関係が，人間の発達においてきわめて重要な鍵を握っていることは間違いない。

　なお，これまでの自己・パーソナリティの形成に関する研究のなかで，主に扱われてきた家庭に関連する要因としては，親の養育態度・家族の雰囲気，発達期待，愛着や，きょうだい関係，などがあげられる。本章においては，これらの家族関係と，自己・パーソナリティの発達についてみていくこととする。

6.1 親子関係

6.1.1 養育態度・家庭の雰囲気

　子どもの，初期のパーソナリティ形成に大きく貢献する要因の一つとして，親がどのように働きかけるかがあげられる。父親や母親によるしつけの仕方・方針，つまり養育態度や家庭の雰囲気と，子どものパーソナリティとの関連は古くから注目され，研究が行われてきた。

　たとえば，サイモンズ（Symonds, P., 1939）は，親の**養育態度**を支配─服従，受容─拒否の2軸で分類を行い，親の態度が2つの軸のそれぞれどちらに偏るかによって，①過保護型，②甘やかし型，③残酷型，④無関心型という4つのタイプを見出した（図 6.1）。さらに，子どものパーソナリティとの関係を調べたところ，支配─服従の軸においては，支配的な親の子どもは，服従的な親の子どもに比べ，礼儀正しく正直ではあるが，自意識が強く

図 6.1　サイモンズによる養育態度の分類（依田，1976 を改変）

内気な傾向が認められた。これに対して，服従的な親の子どもは，支配的な親の子どもに比べて，不従順で攻撃的であったが，独立心が強く友人関係が良いことが明らかにされている。また，受容—拒否の軸においては，受容的な親の子どもは，情緒的に安定し，よく社会化され，おだやかであったのに対して，拒否的な親の子どもは，情緒的不安定，反抗的，活動過多の傾向がみられたという。

さらに，ラドケ（Radke, M. J., 1946）が，親の養育態度や家族の雰囲気などと，子どものパーソナリティ傾向との関連を検討したところ，民主的な家庭の子どもは，専制的な家庭の子どもに比べて，思いやり・協調性・情緒安定性が高いことを見出した。また，自由な雰囲気の家庭の子どもは，束縛の多い家庭の子どもよりも，競争心が少なく，友人の人気が高いこと，寛大な家庭の子どもは，罰が厳しい家庭の子どもに比べて，思いやりがあり，他者の批評に敏感であること，子どものしつけに対して両親が平等に責任を分担する家庭の子どもは，指導的な傾向にあることが明らかとなっている。

このように，サイモンズやラドケによる研究において，親の養育態度と子どものパーソナリティの間には一定の関連が認められた。しかし，親の養育態度といっても，両親揃ってなのか，親の態度はどの程度一貫したものなのか，家庭の雰囲気は誰によって判断されるかなど，疑問も多く残されている

（鈴木，2006）。

　我が国においては，親の養育態度をアセスメント（査定，評価；第9章，p.175参照）するための心理検査として，サイモンズの研究を参考にして開発された「TK式診断的新親子関係検査」が用いられている。そこでは，養育態度を「拒否」「支配」「保護」「服従」の4領域8型に分け，それぞれの養育態度と，それに対応して形成される子どものパーソナリティの特徴を整理している（図6.2）。

　また，親の養育態度が，子どものパーソナリティに直接影響を与えている

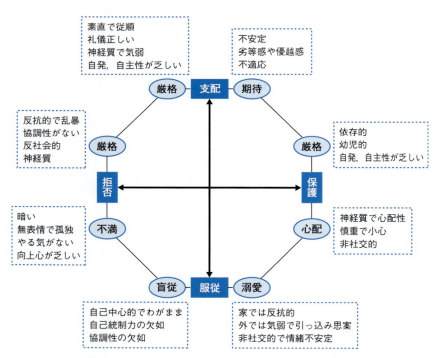

図6.2　**親の養育態度と形成される子どものパーソナリティ特性**（外山，2010）
　楕円が親の養育態度，点線の囲みが子どものパーソナリティ特性を表す。

一つの例として，タイプA特性をもつ親には，タイプA特性を有する子どもが多いという報告（Yamasaki, 1994 ; Weidner et al., 1988）があげられる。**タイプA**の特性を強くもつ者は，いつも時間に追われイライラしており，達成努力意識と競争意識が高く，相手に対しことばや態度で攻撃性を示す傾向が強いという特徴をもつ。山崎（1996）によると，タイプAを直接的に形成することが考えられる親の養育態度として，賞罰の多用（とくに罰），厳格，努力や達成への激励，子どもへの高い要求水準，他人との頻繁な比較，曖昧な評価基準があげられている。さらには，親自身がタイプA特性を強くもつと，自分自身の関心事に多忙となり，子どもへの養育に時間を費やすことが少なくなることも間接的要因として考えられている。したがって，タイプA特性が親子で類似してみられるという従来の研究結果は，養育態度や，親自身のパーソナリティ特性が複合し，親が自分自身の関心事に多忙であるからこそ，子どもとの接触では短時間で見かけ上強い効果がある賞罰を多用したり，他人と比較したり，厳しく接したりという直接的な養育態度も生まれやすいことに起因していることが考えられている。

6.1.2 発達期待

　子どもの教育に携わる人間は，誰でも「こういう人間になってほしい」「こういう力を身につけるべきである」というイメージをもって子どもに接している。人によって，「思いやりのある優しい子になってほしい」「自分の考えをきちんと言えるようになるべきである」「誰からも好かれる明るい子になってほしい」など，それは教育・しつけにあたる人間の数だけ存在するともいえる。こうした期待感は，子どもとの関わりにおいて自然とにじみ出，たとえば子どものどういった行動にどのような言葉かけをするのかなどへ影響してくる。このような，子どもの発達において，周囲が期待する願望・理想のことを，**発達期待**（第3章，p.53参照）という。とくに，子どもは言葉も話せないうちから，親の表情や気分を読みとり，親が自分にどうしてほしいのかを敏感にキャッチしている（柏木，2000）。そういった点を考える

と，親による発達期待の影響は大きいといえるだろう。

6.1.3　親を通じた文化の影響

　この，発達期待の特徴として，多分に文化の影響を受けていることがあげられる。たとえば，東ら（1981）は，日本の親たちが子どもに抱いている発達期待の特徴を，アメリカの母親との比較のなかから浮き彫りにしている（表6.1）。これによると，日本の母親は，アメリカの母親に比べて，「悪いことをしていて注意されたら，すぐやめる」に代表されるような「従順」，「大人に何かたのむとき，ていねいな言い方をする」に代表されるような「礼儀」，「やたらに泣かない」に代表されるような「情緒的成熟」，「大人に手伝ってもらわずに1人で食事ができる」に代表されるような「自立」において期待していることが明らかにされている。他方で，アメリカの母親は，日本の母親に比べて，「自分のおもちゃを友だちにも貸してあげて，一緒に遊べる」に代表されるような「社会的スキル」，「意見や希望をきかれたら，はっきり述べる」に代表されるような「言語による自己主張」において期待していることが示された。

　こうした結果をふまえて，東（1994）は，日本で期待されるのは，従順で，決まりに従い，行儀が良いなど，家庭での共生を前提とした，一緒にいるのに差し障りにならない性質であり，一方アメリカで期待されるのは，1人で人のなかに出ていくのを前提とした，自分をしっかり立てていける性質であるとした。もちろん，母親ごとに発達期待の個人差があることも留意する必要はあるが，このような日本とアメリカの母親における発達期待の特徴は，それぞれの文化において高く価値づけられ，「いい子」として備えるべき特性を反映している。つまり，人との調和を重んじる日本と，自分を強く押し出すことを重視するアメリカとの，文化的自己観の違いを映し出しているといえるだろう。

　また，柏木（1988）は，日本の幼児の社会性の発達について，「自己主張・実現」と「自己抑制」の2つの側面を見出している。自己主張・実現の側

表 6.1 日米の母親の発達期待 (東ら, 1981)

	日本 (SD)	アメリカ (SD)	日米差
学校関係スキル 34. 30 ページぐらいの絵の多い童話を一人で読み通せる。 37. 時計がよめる (15 分単位ぐらいまで)。 41. 興味のあることを図鑑や事典でしらべる。	1.24 (0.26)	1.36 (0.43)	
従　順 6. 呼ばれたらすぐ返事をする。またはすぐ来る。 13. おもしろい本やテレビをみているのに、お母さんの手伝いをたのまれたときすぐやめて手伝う。 20. 悪いことをしていて注意されたら、すぐやめる。 26. いいつけられた仕事は、すぐにする。 36. 親からいけないといわれたら、なぜなのかわからなくてもいうことをきく。	2.16 (0.34)	1.97 (0.43)	**
礼　儀 3. 大人に何かたのむとき、ていねいな言い方をする。 10. 朝、家族に"おはよう"とあいさつする。 28. テーブルなどに足をのせたり、足を動かしたりしない。	2.49 (0.37)	2.30 (0.49)	*
情緒的成熟 4. やたらに泣かない。 24. 欲求不満になった時でも泣かずにがまんできる。 29. いつまでも怒っていないで、自分で機嫌を直す。 39. 赤ちゃんことばは使わなくなる。	2.49 (0.38)	2.08 (0.35)	**
自　立 1. 大人に手伝ってもらわずに 1 人で食事ができる。 2. お小遣いを大事にちゃんと使える。 8. 自分の脱いだ服を始末できる。 9. 外に 1 人で遊びにゆける。 15. きまったお手伝いができる。 16. 1 人遊びができる。 22. 1 人で電話がかけられる。 27. 1 時間ぐらい、1 人で留守番ができる。	2.02 (0.24)	1.86 (0.17)	**
社会的スキル 5. 自分のおもちゃを友だちにも貸してあげて、一緒に遊べる。 12. 友だちを説得して、自分の考え、したい事を通すことができる。 19. 友だちと考えが合わない時、けんかをせずに適当な解決をつけられる。 30. 友だちと遊ぶ時、リーダーシップがとれる。 35. ゲームをしている時、自分の番まで待てる。 38. 友だちの気持ちに思いやりをもつ。	1.86 (0.31)	2.18 (0.36)	**
言語による自己主張 7. 納得がいかない場合は説明を求める。 14. 意見や希望をきかれたら、はっきり述べる。 21. 質問されたら、はきはき答える。 25. 自分の考えを他の人たちにちゃんと主張できる。 40. 自分の考えや、その理由を、他の人にわかるように説明できる。	1.73 (0.45)	2.17 (0.36)	**

*$p<.05$, **$p<.01$

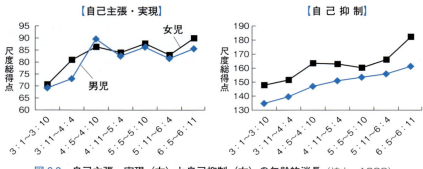

図 6.3　自己主張・実現（左）と自己抑制（右）の年齢的消長（柏木，1988）

面は 25 項目，自己抑制の側面は 46 項目について，教師に評定してもらい，年齢段階・性別による，自己主張・実現，自己抑制の発達を明らかにしている。その結果，図 6.3 のように，両側面とも上昇・発達の傾向をたどっているが，注目されるのは，自己主張・実現の伸びが 4 歳半以降に停滞をみせている点であり，3 歳から 7 歳に至るまでの 4 年間における変化において，自己抑制のほうが大きいことは特筆すべきである。このことは，「自己抑制」が日本においてより重視される発達期待に呼応するものであり，よりスムーズに獲得される可能性を示している。

6.1.4　発達期待と自己評価

　また，こうした発達期待は，子ども自身がどのように自己を認識するかということにも関連しているとされる。たとえば，小学 6 年から中学 2 年の，学業成績の良い子どもに，根気がある，積極的，自立的などの望ましい特徴についての自己評価を行わせたところ，全然ダメだ（4 段階の 1 と評価）と反応することがかなり多かった（日本放送協会放送世論調査所編，1980）。さらに，古澤とシャンド（Kosawa, S., & Shand, N., 1995）が行った日米の 10 歳の子どもを対象とした比較研究では，日本の子どもがアメリカの子

どもに比べて，自己のあり方（尺度を用いた社会性や道徳の比較研究）を現在のままでは十分ではないとする傾向があることが示されている。このような日本の子どもの自己評価の低さについて，古澤（1996）は，日本の子どもが，自分はまだ他者がとらえている領域まで達していないという見方をし，それだけ他者を意識した自己意識を発達させているとしている。また，柏木（Kashiwagi, 1986）は，6 カ国の調査（総理府青少年対策本部編，1979）において，日本の子どもがアメリカの子どもと比べて自己評価が低いことについて，謙虚であることが奨励される日本文化の発達期待の影響を強く受けていると述べている。このように発達期待は，文化の影響を色濃く反映するものであり，親を通じて，自己の社会化の方向性や照準を規定しているといえる。

6.1.5　性別しつけ

また，日本の発達期待の特徴としてあげられているのは，性別によるしつけの違いである。前述の柏木（1988）の研究において，自己抑制は女児において高く認められるが，一般社会が女性に期待する特性のなかにも「従順」など自己抑制に関連するものがみられている（伊藤，1978）。たとえば，新生児の親は，自分の娘はやさしく繊細な顔つきをしているとし，息子は力強くたくましいととらえているが（伊藤，1992），これは，性別によって，親が子どもに対する接し方に違いが表れることを示唆するものである。

柏木（1985）によると，小・中学生の母親は，男子に対しては知的達成，活動性，積極性を重視したしつけを行い，女子に対しては，従順さ，温和さ，家事的技能を重視したしつけを行う傾向があることを見出している。第 2 回青少年の生活と意識に関する基本調査（内閣府政策統括官編，2001）の調査結果（図 6.4）からも，性別しつけを肯定する傾向は認められ，これは，総理府青少年対策本部（1996）の調査結果と大きく変わっていない。回答の仕方も異なっているため単純な比較はできないが，それを差し引いても，性別による発達期待の違いは根強いものと考えられ，こうしたしつけの違いが，

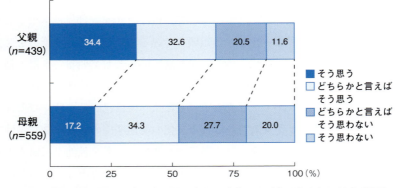

図 6.4 「男の子は男らしく，女の子は女らしく育てるべきである」に対する回答
（内閣府政策統括官編，2001）

子どもの自己・パーソナリティの形成に影響すると考えられる。

6.2 親と子の相互作用

6.2.1 気質からパーソナリティへ

以上で触れてきたのは，子どものパーソナリティの形成に関連すると考えられている親側の要因である。しかし，子どもが発達・成長を遂げる際には，決して親からの影響を受けているだけではなく，子ども側の要因とも複雑に絡み合い，作用していると考えられている。その，子ども側の要因のうち，もっとも基本的なものとしてあげられるのが，**気質**（第 2 章，p.18，第 3 章，p.44 参照）である。

人間は生まれたときからすでに個人差がある。たとえば，たえず活発に動き回る子がいる一方で，スヤスヤと眠って過ごす子がいる。また，一日中ニコニコ笑っている子がいれば，揺すられてあやされていても泣き叫ぶ子もいる。このように，生後まもない状態においても，すでにそれぞれ個性をもっ

ているものである。パーソナリティは，この生まれながらにして備わっている気質が，環境と相互作用することで形成されると考えられている。

トーマスら（Thomas, A. et al., 1963）によるニューヨーク縦断研究においては，乳幼児期の間は，子どもたちの気質的特徴に連続性がみられたが，成人期における行動様式とは一貫していないことが指摘されている。つまり，パーソナリティとは，遺伝と環境の不断な相互作用の産物であるといえるだろう。とくに，本能的な行動様式は生後6カ月頃までに消失し，経験・学習によって新たな行動様式を形成していくことを考えると，その経験や学習の中心的な場となる親子関係の影響は大きい。

また，トーマスら（1963）は，気質のタイプを3つに分け，親との関わり方による子どものパーソナリティの形成にも言及している（第3章，p.46参照）。まず第1に，手のかからない子（easy type）は，どんなタイプのしつけにも素直についていく点が特徴である。しかし他方で，そのことが問題となる場合もある。たとえば，親があまり関わらないと，孤立傾向の強い子どもになったり，親が神経質に接すると，子どもも神経質な傾向が強くなったりするとされる。第2に，**扱いにくい子**（difficult type）は，親の我慢強さと方針の一貫性が重要であり，罰の与えすぎによって子どもが反抗的になるとされている。第3の出だしの遅い子（slow to warm-up type）は，子どもが自分のペースで環境に順応できるよう配慮することが重要であり，急激な変化は引っ込み思案を強めることになるという。

このように，子どもに対する親の関わりだけではなく，その子のもつ特定の気質も，初期のパーソナリティの形成に重要な役割をもつと考えられる。

6.2.2 相乗的相互作用モデル

このような初期のパーソナリティ形成過程において，とくに気質と環境が影響を互いに与え合うことを強調したのが，サメロフ（Sameroff, A. J., 1975）の**相乗的相互作用モデル**（transactional model）である。母親（環境）との相互作用を通して，子どもが発達していくプロセスをこのモデルに

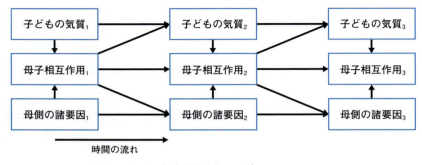

図 6.5　発達の相乗的相互作用モデル（三宅，1990）

基づき，三宅（1990）がわかりやすく示したものが図 6.5 である。

　ここでいう，母側の諸要因とは，母親のパーソナリティ，育児に対する考え方，健康などが含まれる。たとえば，育児に対する不安が高かったり，健康状態の良くない母親（母側の諸要因$_1$）であったとしても，扱いやすい子ども（子どもの気質$_1$）であれば，育児も比較的楽なものとなり，親子における関わり合い（母子相互作用$_1$）がうまく行く可能性が高まる。そうすると，母親の心身における状態（母側の諸要因$_2$）も上向きになることがありうる。また逆の例として，扱いにくい子ども（子どもの気質$_1$）であったとしても，育児に対する不安が低かったり，健康である母親（母側の諸要因$_1$）であれば，子どものことを受け容れやすくなり，親子の関わり合い（母子相互作用$_1$）がうまく行くことにより，子どものパーソナリティ（子どもの気質$_2$）に肯定的な変化をもたらす可能性がある。

　このように，親と子どもの相互作用がうまくいくかどうかは，決して子どもの「扱いやすさ」「扱いにくさ」だけで決まるわけではなく，同じ気質の子どもであっても，親が肯定的・受容的にみるか，否定的・拒否的にみるかによって，親の接し方が変わり，子どもの気質的特徴も変化していくといえる。

発達のプロセスを考えるうえでは、親の働きかけによる子どものパーソナリティ形成の側面だけではなく、子どもが親に与えている影響にも目を向け、こうした双方向的な影響を理解していく必要がある。

6.2.3 愛着と自己・パーソナリティの発達

このような親子の相互作用を通じて、生後半年を過ぎる頃になると、主な養育者となる母親との関係は特別なものとなっていく。たとえば、母親が自分から離れていくと泣き出し、他の人があやしても泣きやまないのに、母親が戻ってくると安心して泣きやんだりする。子どもにこのような行動がみられるようになるのは、母親と子どもの間に愛着（アタッチメント；第3章，p.52，第7章，p.131参照）という、特別な心の結びつき・絆が形成されているからである。たとえ自分を生んでくれた母親であっても、生まれて間もない頃には、このような母親に対する特別な愛情を示すことはない。それが、生まれて半年ほど、親と子どもの間でやりとりを繰り返すことによって、「この人は信頼できる人だ」「この人とずっと一緒にいたい」という気持ちが芽生えてくる。これを、ボウルビィ（Bowlby, J.）は愛着と呼び、将来的なパーソナリティ形成・メンタルヘルスにおいて、重要な要因となりうるとした。また、このような特別な結びつきに基づいて現れる行動を、愛着行動という。

6.2.4 愛着と親の関わり方

エインズワースら（Ainsworth, M. D. S. et al., 1978）は、ストレンジ・シチュエーション法という、はじめての場所・知らない人の出現・愛着対象である母親の不在といった事態での子どもの行動を観察する手法を用いて、大きく3つの愛着のタイプを見出している。

1つ目が、Aタイプ（不安定性／回避型）であり、親が部屋を出て行ってもぐずることがなく、親が戻ってきても嬉しそうな様子を示さない、親に対して無関心なタイプである。2つ目は、Bタイプ（安定性愛着型）であり、

親がいることで,はじめての場所でも安心し,活発に探索を行う。しかし,親がいなくなると,探索をやめ泣きだすが,再会すると,嬉しそうに迎えて活発な探索がはじまるタイプである。3つ目は,Cタイプ(不安定性／抵抗型)であり,親との分離に強い不安を示し,再会後に接近・接触を求めるが探索への回復が認められず,親に対する怒りの感情を表現するタイプである。エインズワースら(1978)は,こうした愛着のタイプと,日常的な親の子どもに対する関わり方,とくに子どもの欲求やシグナルへの感受性(sensitivity)との関連について検討を行い,各タイプの子どもの親の関わり方・感受性には,表6.2のような特徴があることを明らかにしている。Aタイプや

表6.2 各子どもの愛着のタイプと親の関わり方 (遠藤・田中,2005を改変)

子どもの愛着タイプ	親の日常の関わり方
Aタイプ(不安定性／回避型)	●全般的に子どもの働きかけに拒否的にふるまうことが多い。 ●他のタイプの養育者と比較して,子どもと対面しても微笑むことや身体接触することが少ない。 ●子どもが苦痛を示していたりすると,かえってそれを嫌がり,子どもを遠ざけてしまうような場合もある。 ●子どもの行動を強くコントロールしようとする働きかけが多くみられる。
Bタイプ(安定性愛着型)	●子どもの欲求や状態の変化などに相対的に敏感。 ●子どもに対して過剰なあるいは無理な働きかけをすることが少ない。 ●子どもとの相互交渉は,全般的に調和的かつ円滑であり,遊びや身体接触を楽しんでいる。
Cタイプ(不安定性／抵抗型)	●子どもが送る愛着のシグナルに対する敏感さが相対的に低い。 ●子どもの行動や感情状態を適切に調整することがやや不得手。 ●子どもとの相互交渉では,子どもの欲求に応じるというよりは,親の気分や都合に合わせたものが多く,子どもが同じことをしていても,それに対する反応が一貫していなかったり,応答のタイミングが微妙にずれたりすることが多い。

Cタイプの親に比べて，Bタイプの親は感受性や情緒応答性が高く，しかもそれが一貫して予測しやすいため，子ども側からすれば，こうした親の働きかけには強い信頼感を寄せることができる。

6.2.5　内的ワーキング・モデルと自己の発達

　また，親子の相互作用により，こうした愛着の個人差が認められることについては，自分や，重要な他者である親に対してどのような像・表象を形成しているかに大きく関係していることが考えられている。ボウルビィ（Bowlby, 1973）によると，個人の愛着の状態は，自分自身と他者をどうとらえているかを反映しているとされ，愛着対象（養育者など）との持続的な関わり合いを通して，人の内部に形成される愛着対象や自己に関する心的表象を**内的ワーキング・モデル**（第7章，p.131参照）と呼んだ（表6.3）。

　たとえば，安定型であるBタイプの子どもにとって，母親は「いつも守ってくれるし，求めればいつでも受け容れてくれる存在」であり，それに対応する形で，自分に関しては「いつでもお母さんから守り受け容れられる価値のある存在」という内的ワーキング・モデルを構築している。また，その

表6.3　内的ワーキング・モデル（藤岡，2008）

	対象	内的ワーキング・モデル
安定性愛着	自己	「私はよいし，望まれているし，価値があり，能力があり，愛されうる。」
	養育者	「これらの人たちは，私の欲求に対して適切に返してくれるし，敏感性が豊かであり，保護的であり，信頼に値する。」
	人生	「この世は安全で，人生は生きていくのに値する。」
不安定性愛着	自己	「私は悪いし，期待されていないし，価値がないし，無力であり，愛されない。」
	養育者	「これらの人たちは，私の欲求に応えてくれないし，敏感性が低く，人のことを傷つけるし，信頼に値しない。」
	人生	「この世は安全でなく，人生は生きるに値しない。」

ような自己と他者がいる世界は，居心地の良い世界であるというイメージが子どものなかに形成され，この仮説をもって新しい他者・世界に接近していく。したがって，恐怖事態に遭遇しても，信頼できる人に効果的な援助を求めながら，適切に対処することができる。しかし，AタイプやCタイプのような不安定な愛着を形成している子どもにとっては，母親は「必要なときにいないし，自分のことを受け容れてくれない存在」であり，自分自身も「自分は守ったり助けられたりするのに値しない存在」という内的ワーキング・モデルが構築される。また，このような自己や他者のいる世界については，冷たく厳しいイメージを形成し，個人はその仮説をもって，新しい他者・世界との交わりをもつのである。

　幼児期後半・児童期・青年期へと成長するにしたがって，愛着行動そのものはしだいにみられなくなるが，重要な他者である親との間で形成された愛着の質は，他者との相互交渉を通じて自己をどうとらえ，どのように自己形成するかに大きな方向付けを与えていく。たとえば，アメリカのミネアポリスの低所得層の家庭を対象とした研究において，乳児期に安定した愛着を形成した子どもは，幼児期になると共感的な行動が多く観察され，幼稚園教諭の評定から，自己評価や情緒的な健康度が高く，より従順で，ポジティブな情動表出が多いことが明らかとなっている（Kestenbaum et al., 1989 ; Sroufe, 1983 ; Sroufe et al., 1983 ; Sroufe & Egeland, 1991 ; Sroufe et al., 1984）。また，同じ子どもたちが10歳になったときにも評定を行ったところ，やはり自己評価，自己信頼感，情緒的健康度が高いことが示されている（Elicker et al., 1992）。こうした結果は，乳児期に形成される愛着の質が，幼児期・児童期を通して子どもの自己・パーソナリティの発達に影響しうることを示唆している。

　しかし，人生の早期に形成された愛着が，その後のパーソナリティの発達をどの程度決定づけているのかについては十分明らかではない。たとえば，愛着の連続性に関する研究には，青年期・成人期まで愛着の質が高い割合で維持されるという結果を示すものもあるが（Waters et al., 2000），他方で，

ハイリスク・サンプル（片親家庭・低所得・高ストレス・低サポートなど）では，必ずしも認められていないという報告もある（たとえば，Weinfield et al., 2000）。こうしたハイリスクの家庭は，経済的困窮や家族成員の頻繁な入れ替わりをはじめ，ストレスフルな状況下にあるため，環境の変化を被りやすい。こうした結果を総合すると，パーソナリティ発達に対する愛着の影響力は，子どもの環境の変化に応じてある程度加減され，内的ワーキング・モデルにのみ拠っているのではなく，相対的に高い連続性のある環境や親の養育態度などによっても影響を受けると考えるほうが自然とされる（安藤・遠藤，2005）。

6.3 きょうだいの影響

きょうだいとは，同じ親から生まれた間柄のことをいう。親と子どもが「タテ」の関係，友人との関係が「ヨコ」の関係とするならば，きょうだい関係は「ナナメ」の関係ともいえるだろう（依田，1990；図 6.6）。これまでみてきたように，親による影響は大きいが，同じ親に生まれても，決して同

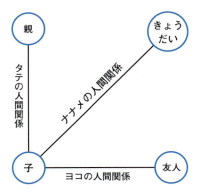

図 6.6　それぞれの人間関係の位置（依田，1990 を改変）

じようなパーソナリティを形成するわけではない。もちろん，それは生まれつきの個人差など諸々の要因が関連しているためであるが，家庭環境・家族関係のうち，もう一つの大きな要因としてきょうだい関係も注目される。

きょうだい関係を規定する要因は多く，きょうだい数，性別構成，出生順位，年齢，きょうだい間の年齢差などがあげられている。実際には，それぞれが複合的に絡み合っていると考えられるが，ここでは，出生順位とパーソナリティの関連について中心的にみていくこととする。

6.3.1　出生順位とパーソナリティ

たとえ同じ親に生まれ，同じ家庭環境に育ったとしても，長子，中間子，末っ子の生まれ育つ状況がかなり異なるものであることは否定できない。親の子どもに対する接し方もそれぞれに違い，子どもの置かれている環境もまた違っているといえる。

たとえば，弟妹に比べておっとりしている長子のことを「総領の甚六」といったり，末っ子は「甘えん坊」といったりすることは世間一般的にも多い。これは，きょうだいの何番目に生まれたかということが，家庭内での位置・役割・人間関係を規定し，パーソナリティに影響を与えているという考えに由来しているといえる。サロウェイ（Sulloway, F. J., 1997）は，第1子のパーソナリティが保守的であるのに対して，創造的な仕事を達成した者には第2子が多く革新的な傾向にあるとしたが，これについて，第2子がはじめに生まれた第1子との競争のなかで親から資源を勝ち取るためにとらねばならない適応戦略だからであると説明している。

6.3.2　長子的パーソナリティと次子的パーソナリティ

出生順位とパーソナリティの関連について，日本においては，依田（1967）が，1962年に以下のような調査を行っている。小学4年生から中学2年生の，2人きょうだいの子どもと，その母親各145名，計290名を対象として，パーソナリティ特性に関する51項目についての回答を求めた。

たとえば，子どもの場合は「あなたと，あなたのきょうだいとくらべてみて，おしゃべりなのは，ふたりのうちどちらですか」という問に対して自分かきょうだいかを答えてもらい，母親の場合は「あなたのふたりの子どもをくらべてみて，おしゃべりなのは，ふたりのうちどちらですか」という問に対して上の子か下の子かを回答してもらう。こうして得られた親子の回答を整理し，親も子も，長子がそうであると回答した項目（子どもの場合は，自分が長子であれば「自分」と，自分が次子であれば「きょうだい」と答えた項目）と，次子がそうであると回答した項目（子どもの場合は，自分が長子であれば「きょうだい」と，自分が次子であれば「自分」と答えた項目）のみをピックアップし，それぞれを長子的性格，次子的性格とした。また，これと同じ調査を 18 年後の 1980 年にも行い，2 回の調査に共通して見出された，長子的なパーソナリティと次子的なパーソナリティを表 6.4 に示してい

表 6.4　出生順位とパーソナリティの特徴（依田，1990 を改変）

出生順位	パーソナリティの特徴
長子	あまりしゃべらないで，人の話を聞いていることのほうが多い もっと遊んでいたいときでも，やめねばならないときにはすぐにやめる 仕事をするとき，ていねいに失敗のないようにする 面倒なことは，なるべくしないようにする 何かするとき，人の迷惑になるかどうかよく考える おしゃべり
次子	お父さんにいつも甘ったれる お母さんにいつも甘ったれる お母さんに告げ口をする お父さんに告げ口をする 無理にでも自分の考えを通そうとする 少しでも困ることがあると，人に頼ろうとする 人のまねをするのが上手 食べ物に好き嫌いがたくさんある 人にほめられたりすると，すぐに調子に乗ってしまう とてもやきもちやき 外へ出て遊んだり，騒いだりするのが好き すぐ「ぼく（私）知っている」などと言って，何でも知っているふりをする

る。

　18年の歳月が流れる間に，子どもをめぐる社会的環境の変化，たとえば，きょうだいの数が減少したことや，「長幼の序」という価値観が重視されなくなったことなどを考え含めると，2回の調査を通じて得た結果は，明らかに長子と次子がパーソナリティ上の相違を呈していることを示しており，またそれらが，時代の変化によって影響を受けないことを明らかにしている（依田，1990）。

　こうした出生順位によるパーソナリティの特徴は，上の子と下の子とでは親の期待・関心が異なることや，親の育児に対する慣れ，第2子が生まれることによる第1子の家庭内での位置や役割の変化などの要因により形成されると考えられている（鈴木，2006）。たとえば，親の期待については，弟妹が誕生すると，下の子の世話に労力を割く必要があるため，上の子には自律や独立を促進する方向に期待することとなる。しかし，末っ子の場合には，「この子が最後」という気持ちがあるため，甘えや依存を受け容れ，保護する態度がより強くなるといえるだろう。実際，幼児期のきょうだいと母親との関係には，以下の3つの傾向がみられるとされる（飯野，1998）。1つ目は，次子より長子に早い発達を期待すること，2つ目は母親の子どもに対する満足度は長子より次子に対して高いこと，3つ目は，子どもに対して「満足していない」とき，母親は長子に対しては改善するように働きかけ，次子に対してはあきらめることが多いこと，である。

6.3.3　中間子的パーソナリティ

　こうした長子や末っ子に関する特徴に比べて，中間子のパーソナリティについては不明確な部分が多い。依田（1990）によると，前述の2人きょうだいに関して行った調査と同様の手続き・処理を用いて，3人きょうだいについても調べたところ，長子・末子的パーソナリティは，2人きょうだいと同じように独特のパーソナリティをもっていることが明らかになった。

　これに対して，中間子的パーソナリティは，「気に入らないと，すぐ黙り

こむ」「よく考えないうちに仕ごとを始めて，失敗することが多い」「面倒がらないで仕ごとを一生けんめいにする」の3項目しかあげられず，それほど特徴が見出されなかった。その理由としては，3人きょうだいの場合は，出生順位と性別構成を組み合わせると，2人きょうだいよりも複雑であること，3人の年齢差も加えると，生育環境は各家庭によってかなりの相違があることがあげられている。つまり，長子や末っ子に比して，すべての中間子に共通する部分は少ないためと考えられる。

　しかし，以上の依田による一連の研究結果は，「(ある特性が) きょうだいのどちらによりあてはまるか」ときょうだいの間で比較する，相対的判断方法を用いた場合にのみ現れる現象であるとも指摘されている (鈴木, 2006)。たとえば，一般的なパーソナリティ検査 (この場合は一般的な他者との比較になる) に基づくと，きょうだい関係とパーソナリティとの間には一貫した傾向がみられないという報告 (白佐, 1996) もあることは留意される。

　子どもの自己・パーソナリティ形成に関わる家庭要因は，本章で主に触れた，親の養育態度や発達期待，形成された愛着関係，きょうだい関係などの他にも，多数あげられうる。これらの要因は複雑に作用し合い，単純な因果関係を見出すことは難しい。したがって，家族システム全体のなかで子どもの自己・パーソナリティの発達をとらえることが重要である。また，方法論の問題もある。現在では，質問紙法や面接法を使うだけでなく，観察法や実験法も用いて，子どもの社会化のプロセスをより精密に，長期間にわたって，家庭内の相互作用を縦断的に検討していくような研究も行われている。

友人関係・恋愛と自己・パーソナリティ 7

　青年にとって友人や恋人は，共に活動して楽しみや悲しみを分かち合うだけでなく，相手との関係性のなかで自己を成長させ，パーソナリティの発達を促し合う存在でもある。本章では，友人関係や恋愛関係と，自己・パーソナリティとの関連について，とくに青年期の友人関係・恋愛関係に焦点をあてて述べる。

7.1　対人関係における重要な他者

　あなたにとって，友人や恋人とはどのような存在であろうか。どんなときでも自分の味方でいてくれる「かけがいのない存在」や，互いに切磋琢磨する「ライバル」と答える人もいるであろう。自分にないものをもった「目指すべき存在」や，一緒にいて疲れない「気心の知れた存在」と答える人もいるかもしれない。いずれにしろ，社会的な活動を行い，他者との人間関係から切り離されて生活することの困難な現代人にとって，友人や恋人は，家族を除いた人間関係のなかではもっとも身近な存在であると共に，一緒にいて安心感を与えてくれたり，その相手との関係のなかでさまざまな成長の機会を与えてくれたり，自分に欠けたものを気づかせてくれたりするといった多く影響を与え得る存在といえよう。

　サリヴァン（Sullivan, H. S., 1953）は，意思決定や社会的比較などの場面において，個人がその対象の態度や意見，行動を自分の判断の根拠とみなし，それに準拠しようとする具体的な対象のことを，**重要な他者**（significant others）と呼んだ。幼児期の子どもにとって，重要な他者とは，もっとも身近な存在である親（とくに母親やそれにかわる養育者）や家族である。

幼い子どもにとっては，親をはじめとした家族が世界の中心であり，親にほめられるように，そして親に叱られないように行動することによって，基本的な生活習慣を身につけパーソナリティの基礎が形成されていく。児童期から青年期にかけては，徐々に重要な他者として家族が占める割合が減少し，友人やその他の存在が多くを占めるようになる。青年期になると，身近な友人，学校の教師や先輩，歴史上の人物や架空の人物など，多様な対象が重要な他者として個人の発達に影響を及ぼす。また，幼児期において母親や父親といった単独の対象であった重要な他者は，年齢と共に対人関係が多様化するなかで複数の対象に拡大していく。そして，成人期以降は，再び恋人や家族といった身近で少数の対象が重要な他者となる。

7.2 友人関係とは何か？

友人関係とは，友情（friendship）と呼ばれる親密な感情によって支えられた互恵的相互的な人間関係であり（楠見・狩野，1986；山本，1986），とくに青年期以降，その対象は重要な他者であることが多い。西島（1999）は，高校生を対象とした調査から，親友とはどのような存在であるかを検討した。その結果，「本当の自分を見せることができること（71.5％）」「お互いに悩みを話せること（69.1％）」「気が合うこと（68.8％）」「一緒にいて疲れないこと（62.5％）」が親友の条件として上位にあがることが明らかにされた（図7.1）。この結果から，親しい友人とは，お互いに頼ったり頼られたりしながら，安心して素の自分を見せることのできる重要な存在であることがうかがえる。

それでは，友人の存在は，青年にどのような影響を与えるのであろうか。青年期は，児童期までの家族を中心とした対人関係から，成人期の職業生活を中心とした対人関係への橋わたしとなる期間である。松井（1990）は，青年期の友人関係が社会化に果たす機能を以下の3点に整理した（図7.2）。

第1に，安定化の機能である。青年期は，第2次性徴（第4章，p.60参

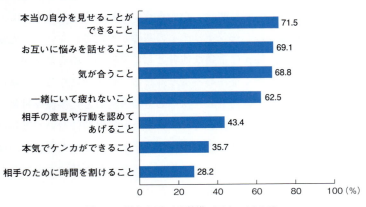

図 7.1　親友と呼べる基準（西島，1999）
図中の数値は「とてもそう思う」と答えた割合である。

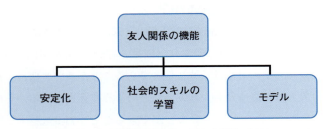

図 7.2　青年期の友人関係が社会化に果たす機能（松井，1990）

照）にはじまる自身の身体面での変化や，両親から心理面で自立する**心理的離乳**（psychological weaning）にはじまる対人関係の変化など，さまざまな変化に起因する悩みや苦悩が多い時期である。友人は，青年の悩みを聞き，相談にのることによって，さまざまな不安や問題を軽減・解消するための助けとなる。また，悩みを相談し，助言を得るといった直接的な援助を受けるだけではなく，不安定な自分自身をそのまま受け入れてくれたり，一緒に遊んでストレスを解消してくれたりといったような，心理的な支えとなる役割も果たしている。このように，さまざまな側面で青年を支えるソーシャル・

サポート（福岡，2006）を提供することが安定化の機能である。

　第2に，社会的スキルの学習機能である。児童期までの家族を中心とした対人関係のなかでは，ある意味「以心伝心」によって考えや気持ちが伝わってしまうような親密な関係性が構築されている。このような気心の知れた家族関係から，青年期以降，友人関係や先輩―後輩関係，目上の人との関係や，職場における同僚との関係など，以心伝心の困難な対人関係へと人間関係が発展していく。家族以外の人間とのコミュニケーションは，身内と接するときのような甘えは許されず，自分自身の思いを伝えるだけでもどんな言葉で，どのように伝えるのかを考えなくてはならない。このように他人と付き合うためには，身内とは異なった付き合い方の技術，すなわち**社会的スキル**（social skill）が必要となる。友人関係は，他人と付き合うための一般的な相互作用の技術である社会的スキルを学ぶ機会を青年に提供する。

　第3に，**モデル**機能である。青年期に入り，重要な他者が両親から友人をはじめとした他の対象へと拡大するのにしたがって，生き方の手本となる対象も家族から，友人をはじめ，さまざまな対象へと変化する。そのなかでも，対等な立場にない教師や先輩，憧れることは出来ても手がとどかない著名人や歴史上の人物とは異なり，友人は年齢や立場のうえで対等である。そして，自分にないものをもち，今まで知らなかった生き方や考え方，価値観を教えてくれるモデルになりやすい。両親からの自立の過程において自己を確立していくなかで，友人は重要なモデルとなって青年のアイデンティティやパーソナリティに影響を与える。

　このように，青年にとって友人は，「精神的な健康を維持し，自我を支え，対人的スキルを学習させ，生き方の指針を与えるモデル」（松井，1990）となって，学校や社会における適応的な生活を支えているのである。

7.3　友人関係と自己

　友人関係は，自分と相手との**社会的比較**（social comparison）を通し，自

身を相対化する機会を提供する。青年期において，児童期までの家族を中心とした重要な他者によって承認されてきた自己像が，「内面から湧き出る実感」としての自己像へと変化していく（古沢，1973）。このような自己像の再構成の最中にある青年にとって，「自分とは何か」「自分はどうありたいのか」を問い直すときに，対等な関係である友人は重要な存在となる。

　岡田（1987）は，自己概念と友人関係との関連を検討するために，現在の自分自身である現実自己像と，こうありたい・こうあるべき姿である理想自己像と，もっとも親しい同性の友人像（親友像）との関連について，中学生から大学生までを対象とした質問紙調査を行った。その結果，向性（愉快さや陽気さ，明るさを表す）と強靱性（たのもしさや強さ，たくましさを表す）について，中学生期においては理想自己像と親友像との間に高い関連性がみられ，高校生期以降は現実自己像と理想自己像との間に高い関連性がみられることが示された（図 7.3）。このことから，青年期前期に親友像が理想自己像のモデルとして取り入れられ，取り入れられた理想自己像が青年期中期以降，現実自己像に対する比較対象として機能することが示唆された。

　また，岡田（1995）は，友人との付き合い方と自己像の関連について，大

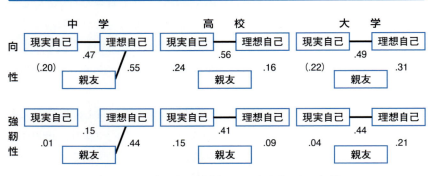

図 7.3　現実自己像，理想自己像，親友像の間の相関
（岡田，1987 を基に作成）
数値は相関係数，（数値）は偏相関係数，黒色の罫線で結ばれた部分は .35 以上の高い相関関係を表す。

学生を対象とした質問紙調査を行った。友人との付き合い方に関する友人関係尺度（**表7.1**）の得点に対するクラスター分析によって回答者を分類したところ，対人関係が深まることを避けようとする「関係回避群」，お互いに気を遣い相手との関係を大切にする「気遣い関係群」，楽しさを求めて友人といつも一緒にいようとする「群れ関係群」の3群が見出された。自己像との関わりをみると，対人関係を避けようとする「関係回避群」の青年は自己像と親友像との関連がみられなかったものの，対人関係を指向する「群れ関係群」や「気遣い関係群」の青年は現実自己像と親友像との関連がみられた。これらの研究から，すべての青年が友人との関わりのなかで自己を形成するわけではないにしても，一定数の青年が，友人を「こうなりたい自分」としてモデルにし，自分自身と友人を比較することによって自己をとらえていることがうかがえる（岡田，2010）。

自己概念と共に，「自分とは何か」という問に関わる概念として，**アイデンティティ**（Erikson, E. H., 1959）があげられる（第5章，p.87参照）。友

表7.1　友人関係尺度の代表的項目（岡田，1995）

気遣い因子
　相手の考えていることに気をつかう
　互いに傷つけないよう気をつかう
　自分を犠牲にしても相手につくす
　お互いの約束は決してやぶらない

ふれあい回避因子
　お互いのプライバシーには入らない
　お互いの領分にふみこまない
　相手に甘えすぎない
　相手の言うことに口をはさまない

群れ因子
　冗談を言って相手を笑わせる
　ウケるようなことをよくする
　みんなで一緒にいることが多い
　楽しい雰囲気になるよう気をつかう

ここにあげた項目は，各因子の因子負荷量の高い4項目である。

人関係とアイデンティティとの関連について検討した研究として，宮下・渡辺（1992）や宮下（1998）は，アイデンティティの確立の程度と中学生・高校生・大学生の各時期における対人関係の良好さとの関連について，大学生を対象とした回想法の質問紙調査を行った。その結果，男子学生においては，高校生の時点でのアイデンティティと父親との対人関係が関連し，大学生の時点でのアイデンティティと教師との対人関係が関連する一方で，女子学生においては，高校生および大学生の時点でのアイデンティティと友人との対人関係が関連することが明らかにされた。このことから，男子学生にとっては，アイデンティティを問題にする際に自身の将来の職業や生き方といった点が強調されるがために，目指すべき存在として父親や教師をモデルにすることが多い反面，女子学生にとっては，豊かな交友関係を築いていくことがアイデンティティの確立にとって重要な位置を占めるのではないかと考察されている。

　これらの研究が示すように，青年期の友人は，アイデンティティの確立にあたって，自分自身を見つめるための鏡となるとともに目指すべき存在として自己の成長に関わっているといえる。

7.4　友人関係とパーソナリティ

　友人関係と一口にいっても，そのあり方は個人によってさまざまである。恥ずかしがり屋な人はなかなか友人を作れないかもしれないが，自分に自信のある人はどんどん友人関係を広げられるかもしれない。以下では，友人関係と関連の深いパーソナリティであるシャイネス（石田，1998，2003），自己愛傾向（小塩，1998，1999）について紹介し，最後に友人との付き合い方とパーソナリティとの関連を検討した岡田（2007）の研究を紹介する。

　シャイネスとは，「社会的状況を回避し，社会的接触場面に適切なやり方で参加することに失敗し，対人的相互作用場面で不安，苦痛，負担を感じる傾向」と定義される（相川，1991）。石田（1998）は，友人関係の形成とシ

ャイネスとの関連について，大学新入生を対象とした質問紙調査を行った。その結果，シャイな人は新たな友人と多くの相互作用を展開させることができず（図7.4），さらに関係の親密性を実際の相互作用の少なさ以上に過小評価していることが明らかにされた。また，石田（2003）は，大学入学後の友人関係の親密化とシャイネスとの関連について，入学後1カ月と3カ月の2時点の縦断調査を行った。その結果，シャイな人はシャイではない人に比べて特定の友人との親密化が進行しづらいことが示され，その違いがその後も継続されることが示唆された。さらに，シャイな人が友人関係を形成しづらい原因について，シャイな人に比べてシャイではない人のほうが，実際の友人との相互作用に基づかないポジティブに歪んだ親密性の評価をし，それによって自己成就予言のようにシャイではない人は関係を進展させると考察された。これらの研究から，シャイネスの程度によって，友人関係の親密化の進行が異なること，そして対人場面における相互作用の評価が異なることがいえるであろう。

小塩（1998）は，自己愛人格障害ではなく，青年期特有のパーソナリティとしての**自己愛傾向**を，「自分自身への関心の集中と，自信や優越感などの

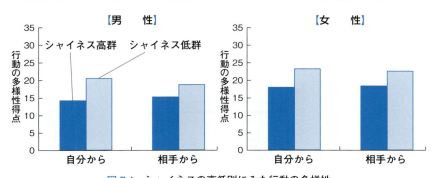

図7.4　シャイネスの高低別にみた行動の多様性
（石田，1998を基に筆者が作成）
原著では，居住状況の要因が含まれていたが，有意な効果がみられなかったため当図では省略した。

自分自身に対する肯定的な感覚，さらにその感覚を維持したいという強い欲求によって特徴づけられる傾向」と定義した。そして，自己愛傾向および，類似概念である自尊感情（自分を肯定的に評価し，価値がある人間であると思えること；Rosenberg, M., 1965；山本ら，1982；第 1 章，p.6，第 10 章，p.191，第 11 章，p.208 参照）と，友人関係のあり方との関連を検討するために，大学生および専門学校生を対象とした質問紙調査を行った。友人関係尺度を用いて友人関係のあり方を検討したところ，「狭い─広い」関わりの次元と，「浅い─深い」関わりの次元の 2 次元が抽出された。そして，この 2 次元を組み合わせ，「狭く浅いつき合い方」「狭く深いつき合い方」「広く浅いつき合い方」「広く深いつき合い方」の 4 群の友人関係のあり方を見出している（図 7.5）。また，この 2 次元と自己愛傾向・自尊感情との関連をみると，「広い」友人関係を報告する青年ほど自己愛傾向が高く，「深い」友人関係を報告する青年ほど自尊感情が高いことが示された。自己愛傾向と自尊感情はともに，自己を肯定的にとらえている点で類似したパーソナリティであるが，友人関係のあり方に対して異なる関連をもつことは興味深い。同様に，自己愛傾向と友人関係のあり方との関連を検討した小塩（1999）は，

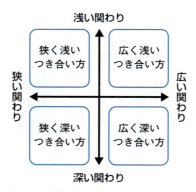

図 7.5　友人関係のあり方の 4 型（小塩, 1998）

男子高校生を対象とした調査を行い，自己評価に加えて他者評価を行った場合であっても，自己愛傾向と広い友人関係との間に関連が見出されることを明らかにした。

　岡田（2007）は，友人との付き合い方のパターンとパーソナリティとの関連について，大学生を対象とした調査を行った。友人との付き合い方に関しては，友人関係尺度による友人関係のパターンに基づいて，調査対象者を，内面を開示する友人関係をとり，相手との関係を大切にする群（第1クラスター），友人関係から回避する傾向をもつ群（第2クラスター），自分も相手も傷つくことを回避しながら円滑な関係を求める群（第3クラスター）に分類した。パーソナリティに関しては，**自己愛人格目録**（**NPI**；Raskin & Hall, 1979；小塩，1998）から，強い自己肯定を表す「優越感・有能感」，他者の注目の的になったり権力を志向したりする「注目・賞賛欲求」，意見や決断力を表す「自己主張性」の3尺度を用いた不適応的なパーソナリティに関する尺度として，病理的自己愛尺度（Lapan & Patton, 1986；岡田，1999）から，他者からどう思われているのかを過度に気にする「他者評価過敏」の下位尺度と，境界性人格障害傾向を測定する**ボーダーライン・スケール**（**BSI**；Conte et al., 1980；町沢，1989）を用いた適応的なパーソナリティに関する尺度としては，自尊感情尺度を用いて測定した。友人との付き合い方とパーソナリティとの関連をみると（図7.6），第1クラスターの青年は，他のクラスターに比べて自尊感情が高く，他者評価過敏や境界性人格障害傾向が低く，全体的に適応的な傾向がみられた。一方，第2クラスターの青年は，自尊感情が低く，境界性人格障害傾向が高く，全体的に不適応的な傾向が高かった。また，第3クラスターの青年は，注目・賞賛欲求や他者評価過敏，境界性人格障害傾向が高く，他者からの賞賛を求めつつそれが満たされないことで傷つくことを恐れる傾向が示唆された。

　これらの研究から，友人関係は，パーソナリティと密接な関連をもちながら，青年の適応的な生活に対しても影響を及ぼすものであることがうかがえる。

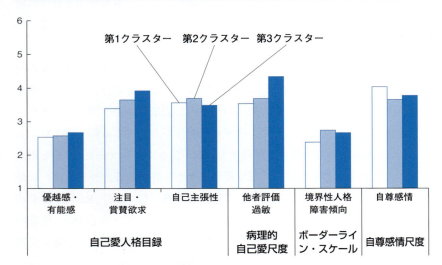

図 7.6　友人との付き合い方とパーソナリティとの関連
（岡田，2007 を基に筆者が作成）
原著では，尺度項目の単純加算による合成得点が用いられていたが，当図では項目数で割ったものを用いている。

7.5　恋愛における自己

　恋愛関係は，友人関係と同様に親密な感情によって支えられた人間関係である。ただし，友人関係とは異なり，「友情ではなく，愛情によって支えられる」「性の問題が関わる」「関係の開始と終了が明確」などの特徴をもつ（立脇，2009）。さらに，友人は同時に複数人存在しうるが，恋人はある時点において原則として1人であり，必ず1対1の人間関係である。そのため，恋愛関係における自己の問題は，自己と他者（恋人）の関わりが問題となる。

7.5.1　自己開示

　恋愛に限らず，親しい関係を築くためには，お互いについてよく知ること

が必要である。この際，自己に関する情報を言葉によって相手に伝える**自己開示**が重要な役割を果たす。ただし，自己に関する情報といってもさまざまな種類がある。

アルトマンとテイラー（Altman, I., & Taylor, D. A., 1973）の**社会的浸透理論**は，関係の進展に伴う自己開示の内容の変化を，広さと深さの次元で整理している。広さとは，家族の話題や趣味の話題など開示する領域の多さを表す。深さとは，開示内容が自己の内面に関わる程度のことである。たとえば家族の話題の場合，人数などの客観的な事実は浅い内容であり，昔から続く親子関係の悩みなどは深い内容である。関係の進展に伴って自己開示の内容は，図7.7のように，関係の初期は狭い領域で浅い話題が中心であるが，関係の後期になるとさまざまな領域で自己の内面に関わる個人的な話題さえ話されるようになっていく。

個人的な情報の開示は，自己の弱さを相手にさらすなどの危険を伴う。とくに自分が深い開示をしても，浅い開示しかしない相手に対しては，不安を感じる。ただし，一般的には，ある人が自己開示をした場合，今度は開示された人が同程度の深さの自己開示を返すという，**自己開示の返報性**がみられる。関係の初期には表面的な自己開示で，関係の中期には内面的な自己開示で，それぞれ返報性が求められる。しかし，関係が十分に進展した後では，すでに相互に信頼しているため，返報性がそれほど期待されなくなる（Alt-

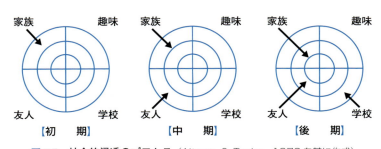

図7.7 社会的浸透のプロセス（Altman & Taylor, 1973を基に作成）

man, 1973)。このように不安を伴いながらも自己の内面を相互に開示し、十分に理解し合うことで、関係が深まっていくのである。

7.5.2 自己拡張モデル

恋愛中は、1人では行かないような場所に2人で行ったり、相手の趣味にいつのまにか相手以上に熱中したりと、相手の考えなどを取り込み、自己の世界が広がることがある。アロンとアロン（Aron, A., & Aron, E. N., 1986）の自己拡張モデルでは、自己を広げたいという動機（自己拡張動機）が恋愛関係の開始や維持に強く関わっていると考えられている。自己拡張モデルによれば、人間は自己拡張動機を満たすために、物を所有したり、知識を習得したりする。恋愛関係を形成・維持できれば、相手の資源、考え方、特性などを取り込み、自己を広げることが期待できる。恋愛関係の初期には、自己開示などを通して相手に関する新しい情報を大量に入手するため、急速に自己が拡張する。その結果、自己拡張動機が満たされ、関係に満足しやすい。しかし関係が進展し、相手の多くを取り込んでからは、相手に関する新たな情報が得にくくなるため、刺激的な活動など自己拡張しやすい活動を2人で共有することが必要になる。

またアロンら（Aron et al., 1992）は、自己拡張モデルの考えをもとに、

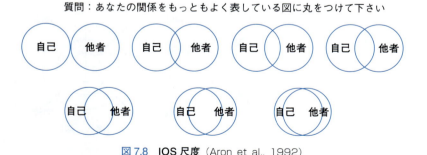

図7.8　IOS 尺度（Aron et al., 1992）

相手を自己の一部とみなし，自他が重なっている程度によって親密さを測定する **IOS 尺度**（The Inclusion of Other in the Self Scale）を開発している（図7.8）。この尺度は，わずか1項目でありながら，他の恋愛に関する尺度と同程度，カップルの別れを予測することができる（Le et al., 2010）。

7.5.3 成人の愛着理論

恋愛関係では，相手と離れる際に激しく泣いたり，相手を抱きしめたりすることがある。これらの行動は，大人同士の人間関係ではめったに行われないが，幼い子どもと親との関係では頻繁にみられるものである。

ハザンとシェイバー（Hazan, C., & Shaver, P. R., 1987）は，恋愛関係と親子関係との間に多くの共通点が存在することに注目し，**成人の愛着理論**を提唱した。愛着とは，もともと乳幼児期の親子関係を研究したボウルビィ（Bowlby, J., 1969）が考えた概念であり，母親など重要な他者に対する情緒的な絆のことである（第3章，p.52，第6章，p.109参照）。愛着が形成されている関係では，**表7.2**のような特徴がみられるようになる。これらの特徴は，いずれも恋愛相手にもあてはまることから，恋愛関係を愛着関係の一つと考えている。

成人の愛着理論では，乳幼児期の愛着関係によって**内的ワーキング・モデル**（第6章，p.111）と呼ばれる自己や他者に関する信念が形成され，それが成人期以降の愛着関係にも影響を与えると考えられている。自己モデルは，自分が相手に受け入れられる存在かを表し，否定的な場合には関係への不安

表7.2 愛着関係の特徴

近接性の探索	相手の近くにいたり，相手の身体に触れたりしたいと感じる。
分離苦悩	相手から離れると寂しいと感じる。
安全な避難所	不安やストレスを感じたりした際に安らぎや助けを求める。
安全基地	相手との関係が存在することで，関係以外の活動に取り組める。

7.5 恋愛における自己

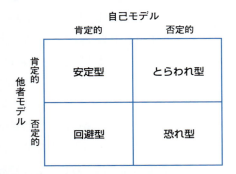

図 7.9　成人の 4 つの愛着スタイル（Bartholomew & Horowitz, 1991 を一部改変）

が強まる。一方他者モデルは，相手が自分の要求をかなえる存在かを表し，否定的な場合には親密な関係の形成から回避するようになる。自己モデルと他者モデルの組合せにより，図 7.9 にある 4 つの愛着スタイルに分類することができる（Bartholomew & Horowitz, 1991）。

　安定型は，恋人を信頼しながらも過剰に依存しない。とらわれ型は，恋人を大切な存在と考えるが，自分に自信がないため，過剰に依存してしまう。回避型は，自分の自信を保つために，恋人と親しくなることや恋人への依存を避けようとする。恐れ型は，恋人から拒否されないよう，親しくなること自体を避ける。その後の研究で，4 つの愛着スタイルは，恋人への自己開示や愛情など恋愛中の多様な相互作用に影響することが明らかにされている（金政・大坊，2003；Mikulincer & Nachshon, 1991）。

7.6　恋愛におけるパーソナリティ

　心理学の分野では，恋愛が本格的に研究される以前から，「どのようなパーソナリティの人を好きになるのか」という問題が議論されてきた。その結果，類似説，相補説，社会的望ましさ説という 3 つの説明が提唱されている。

図 7.10　自他のパーソナリティと魅力を説明する理論

図 7.10 はそれぞれの説明の概要を模式的に示したものである。類似説によれば，明るい人は明るい人を好きになるが，暗い人は暗い人を好きになる。類似説と逆に相補説は，明るい人は暗い人を好きになり，暗い人は明るい人を好きになると予測する。社会的望ましさ説では，明るい人も暗い人も明るい人を好きになると説明される。

7.6.1　類似説

類似説は，自分に似た特徴の人を好きになるという説である。「似たもの夫婦」「類は友を呼ぶ」という言葉があるように，自分と似ている人に魅力を感じやすいことはよく知られている。バーン（Byrne, D., & Nelson, D., 1965 など）は類似説を検証した一連の実験を行った。実験参加者は，まず喫煙や学生結婚などの質問に，賛成か反対かで回答するよう求められた。次に自分の回答と類似度が異なる，偽の実験参加者の回答が提示され，その人へ感じる魅力の程度を回答した。バーンは同様の実験を何度か実施し，態度の類似性が高い相手に対し，魅力を感じやすいという結果を得ている（図 7.11）。ただし，これらの実験はいずれも初対面の人同士の「態度」の類似性を扱ったものである点に注意が必要である。

7.6.2　相補説

相補説では，自分にない特徴の人を好きになると説明する。パーソナリティが正反対の人同士では，お互いに不足している部分を補うと考えられる。

7.6　恋愛におけるパーソナリティ

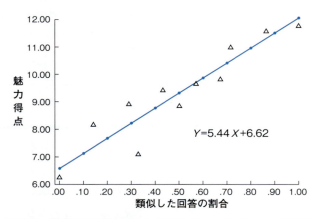

図 7.11　態度の類似性と魅力との関連（Byrne & Nelson, 1965）

ウィンチら（Winch, R. F. et al., 1954）は，25 組の新婚カップルにアンケート調査を実施した。その結果，カップルの一方の主張欲求が高いほど，もう一方の主張欲求は低く，受容欲求は逆に高いことが明らかにされている。しかし，この研究はデータ数が少ないという批判に加え，後の研究で結果が再現されないなどの問題も指摘されている（Levinger et al., 1970 など）。

7.6.3　社会的望ましさ説

　社会的望ましさ説は，多くの人から共通して好まれる，社会的に望ましいパーソナリティの人を好きになるという説である。たとえば，外向的な人と内向的な人を対象に，初対面の人への魅力を検討した実験では，どちらの人も外向的な人に好意を抱くという結果が一貫して得られている（Hendrick & Brown, 1971；中里ら，1975 など）。

　望ましいと考えられているパーソナリティは，外向性以外にも存在する。豊田（2004）は，同性と異性それぞれから好かれる人物像について調査している。このうち，異性から好かれる人の特徴を性別にまとめたものが表 7.3

表7.3 異性から好まれる特性 (豊田, 2004 を基に作成)

順位	男性の特性	女性の特性
1	信頼できる	優しい
2	優しい	思いやりがある
3	思いやりがある	話しやすい
4	話しやすい	清潔
5	しっかりしている	性格に裏表がない
6	友達を大切にする	正直である
7	明るい	明るい
8	性格に裏表がない	容姿がよい
9	正直である	気配りができる
10	おもしろい	信頼できる

である。表をみると,「しっかりしておもしろい」男性や「清潔で容姿が良い」女性が好まれるなどの性差もみられた。しかし,大半の特徴は男女で共通しており,「明るい」などの外向的な人の他に,「正直で性格に裏表がない」など誠実な人,「優しく思いやりがある」など調和的な人が好まれていた。また,嫌われる人の特徴を扱った豊田（1999）では,男女とも「信頼できない」「思いやりがない」など好かれる人とは正反対の特徴が多くあげられていた。さらに,「男（女）たらし」「かっこつけ」「ぶりっこ」など異性に媚びる人も嫌われており,とくに「異性の前で態度が違う」女性は女性から嫌われていた。

7.6.4 実際の恋愛では

3つの説の代表的な研究は,初対面の人を対象としていたり,再現性の問題が指摘されたりしていた。それでは,実際の恋愛関係ではどのようなパーソナリティの人が好かれるのであろうか。

シュプレッヒャー（Sprecher, S., 1998）は,現在の恋人に対して最初に魅力を感じたきっかけを調査している。その結果,「相手の望ましいパーソナリティ」「相手の優しさや思いやり」がもっとも多く,次いで「好意の返

報性」「態度と価値の類似性」が多かった。一方，「相手の外見的魅力」「物理的近接性」「パーソナリティの相補性」などをきっかけと回答する人は少なかった。

　カップルのパーソナリティをビッグ・ファイブによって測定した研究では，一部で類似説と一致する結果が得られているものの，結果は一貫していない（Botwin et al., 1997 ; Neyer & Voigt, 2004 ; Watson et al., 2000 など）。このうちボトウィンら（Botwin, M. D. et al., 1997）の研究では，表7.4に示したように，パーソナリティよりも，年齢，アルコールや喫煙の量などのほうがカップルで類似していた。さらに相手のパーソナリティは，自分のパーソナリティよりも理想とする異性のパーソナリティと類似していた。

　したがって実際の恋愛では，パーソナリティの類似説と社会的望ましさ説とが合わさって相手を選択していると考えられる。

表7.4　恋愛関係における類似性（Botwin et al., 1997を基に作成）

パーソナリティとの相関係数	
外向性	.11
協調性	−.03
誠実性	−.08
情緒的安定性	−.24
経験への開放性	.12
その他の特性との相関係数	
年齢	.55
体重	−.03
身長	−.07
アルコールの摂取量	.46
喫煙量	.89
政治的見解	.15
宗教	.44
大学入試の成績（言語）	.41
大学入試の成績（数学）	−.10
高校時代の成績	−.08

コラム 7.1　高齢者の友人関係

　人間は多くの場合，乳幼児期にはじめて友人関係が形成される。この友人関係は「家族以外の同年代の他者との対等な親密関係」である。児童や青年にとって友人関係は，社会との関わり方を学習し，自己を発達させていく大切な場面となっている。一方で，人格が形成され社会で独り立ちする成人期に入ると，徐々に友人関係の役割が薄れていく。

　友人関係の役割が薄れていく理由として，以下の3点があげられる。①恋愛関係や家族関係といった他の親密関係の重要度が増すことで，相対的に友人関係の重要度が下がる。②青年期までは学校場面などの友人関係が形成されやすいインフォーマルな場を主な生活環境としているが，成人期以降は職業場面などの友人関係が形成されにくいフォーマルな場を主な生活環境とするようになる。③仕事や結婚等の都合で転居が生じると，それまでに形成された友人関係が希薄になりがちとなる。以上の理由から，成人期はそれまでの時期と比べると，友人関係の重要度が下がり，友人との付き合いも希薄になりがちとなる。

　一方で老年期になると，成人期とは友人関係の様相がまた異なってくる。藤田（2000）は，30～40歳の壮年者と70歳以上の高齢者を対象に社会的動機の自己評価を測定したところ，高齢者のほうが壮年者よりも高い親和欲求をもっていることが明らかにされた。この結果から藤田（2000）は，老年期には成人期よりも親しい対人関係のなかに安住の地を求める傾向にあると考察している。さらに，老年期になると，成人期よりも友人と活動する場面が増える。多くの高齢者は職業場面などのフォーマルな場から離れ，それまでよりも余暇活動を行う時間が増える。そして「近所付き合い」「老人サークル」「ボランティア集団」といったインフォーマルな場面において，新たな友人関係を形成するようになるのである。それとともに，「同窓会」「年賀状のやりとり」などを通じて，かつての旧友と関係を温める傾向が増す。

　コニディスとデイビス（Connidis, I. A., & Davis, L., 1992）は，高齢者の親密な対人関係を心から信頼する相手（confidants）と活動や娯楽を共有する相手（companions）に区分している。藤崎（1998）や丹野（2008）もまた，現代日本の高齢者が「長くつきあっていて，めったに会えなくても親しいままの友人関係」と「ふだんからよく会う，趣味や興味が近い友人関係」の2種類の友人関係を作り分けていることを明らかにしている。すなわ

ち高齢者は，新しい友人関係の構築と，古くからの友人関係の維持の2種類の方略により，友人関係ネットワークを再編成しているのである。

では高齢者が構築している2種類の友人関係は，それぞれ高齢者に対してどのような役割を果たしているのであろうか。高齢者の対人関係の役割を調査した前田（1992）や西村ら（2000）は，高齢者の友人関係は他の対人関係と比べて「ふだん一緒に趣味や会話を楽しみ，余暇を過ごす」といった「交流」の役割を特長的に果たしていることを示した。また，アラン（Allan, 1989）は高齢者の友人関係の特徴について「長く時間を共有し，昔からの自分を知っている存在」であり「友人と自分の経験を確認して認め合うことによって，自分の意味や連続性を提供する機能を果たしている」と論じている。丹野（2008, 2010）は，高齢者の友人関係が精神的適応に果たす機能について，ふだんよく会う友人との付き合いによって充実感や日常の安心感が促進され，めったに会えない友人との関係性によって精神的健康や人生の受容が促進されていたことを明らかにしている。

以上をまとめると，「ふだんからよく会う，趣味や興味が近い友人」と日常的に活動や会話を楽しむことが充実した日常生活につながり，「長くつきあっていて，めったに会えなくても親しいままの友人」の存在によって自分の人生の確認や意味づけにつながっている。それぞれ2種類の友人関係は，異なる理由から高齢者の適応に対して重要な役割を果たしているのである。

ではなぜ高齢者は異なる2種類の友人関係を形成するようになったのか。かつての「ムラ社会」においては，1つのコミュニティのなかで，決まった友人・知人と緊密なコミュニケーションをとりつづけ，人生を共有しつづけてきた。つまり，かつてのムラ社会においては，「ふだんからよく会う友人＝長くつきあってきた友人」であり，2種類の友人関係を作り分ける必要はなかった。しかし現代社会では，進学・就職・転勤・結婚など，さまざまな理由により故郷のコミュニティを離れることが増えている。吉原（2006）は，かつてのムラ社会での高齢者は自然に故郷コミュニティ内の同年代集団を通じて，自らの人生を確認し意味づけることができていたと論じている。一方で，現代社会ではそのような場や他者を自然に得られるわけではなく，高齢者が自ら積極的にそのような場や他者を探し出す必要があると指摘している。すなわち2種類の友人関係によるネットワーク形態は，現代社会型のライフスタイルに応じて生まれてきたと考えられる。そしてかつてのムラ社会とは異なり，現代の高齢者は自分の人生の確認や意味づけのために，意識的・積

極的な友人関係ネットワークの構築を行うことが必要となっていると考えられる。

しかし，現代日本の高齢者は必ずしも適応的な友人関係ネットワークを構築できているわけではなさそうである。内閣府政策統括官（2007）は，日本，韓国，アメリカ，ドイツ，フランスの5カ国の高齢者に対して「家族以外に相談あるいは世話をし合う親しい友人がいるか」について調査を行っている（表 7.5）。その結果，日本（70.1％）と韓国（64.3％）のアジア2カ国は，欧米3カ国に比べて友人がいると回答した割合が低かった。また，総務庁長官官房老人対策室（1993）は日本とアメリカの高齢者男女に対して「壮年期に比べて親しい友人の数は増えましたか，減りましたか」と調査している（表 7.6）。その結果，日本の女性は「壮年期よりも友人が増えた」という回答と「減った」という回答の割合がほぼ同じであった（増えた 27.2％，減った 25.3％）。しかし，日本の男性は「壮年期よりも友人が減った」という割合が「増えた」よりも大きかった（増えた 15.1％，減った 42.0％）。我が国の男性は，老年期における友人関係のあり方について，早い段階から意識しておく必要があるのかもしれない。

表 7.5　高齢者の友人の有無の国際比較（％）（内閣府政策統括官，2007）

	日本	韓国	アメリカ	ドイツ	フランス
友人がいる	70.1	64.3	84.6	77.8	81.5
同性の友人がいる	50.4	55.1	41.8	29.3	24.0
異性の友人がいる	1.2	1.0	2.7	2.8	2.5
同性と異性の友人がいる	18.5	8.2	40.1	45.7	55.0
いずれもいない	29.9	35.8	15.2	22.0	18.4

調査対象はいずれも60歳以上の男女で，施設入居者は含まない。

表 7.6　高齢者の友人の増減（％）（総務庁長官官房老人対策室，1993）

	増えた	減った
日本		
男性	15.1	42.0
女性	27.2	25.3
アメリカ		
男性	23.2	34.5
女性	22.3	36.2

適 性
——職業適性を中心に

　人は勉強や仕事，趣味などさまざまな場面で，能力や性格などから「これは自分に向いてそうだ」「この役割にはあの人がふさわしい」というような判断を下している。このような，ある活動に適した性質をもっているかどうかを説明する概念が「適性」である。本章では，職業適性を取り上げ，適性を把握するための心理検査やその予測的妥当性，類似する概念の紹介を通じて，適性の現代的意味を解説する。

8.1 適性とは

8.1.1 適性の定義

　適性とは，「個人が将来ある分野に進んだ時に行う可能性がある能力や特性のことをいう。この場合，広い範囲に適用可能な一般的適性（例えば進学適性）と，ある特定の分野にのみ通用する特殊的適性（例えば音楽適性）がある。」と定義される（中島ら編，1999）。

　また，北脇（1965）は「適性は個人の人格的特性であるが，単なる一特性ではなくて，将来を予見する徴候としての特性の系列に対して与えられた概念である。」と述べ，適性は，個人の多様な特性の組合せによって決まるものであることを指摘している。

　適性という概念は，進学や職業，趣味の活動など幅広い場面において適用されるものであるが，本章では職業適性に限定して述べることとする。

8.1.2 職業適性

　職業適性とは，個人と職業との結合関係が適したものとなることが予測さ

れる「人」の側の諸特性のことである（雇用職業総合研究所，1988）。

人の諸特性にどのようなものが含まれるかについては，さまざまな説がある。

スーパーとボーン（Super, D. E., & Bohn, Jr., M. J., 1970）は，職業適合性のモデルを図 8.1 のように示している。ここでは，適性を職業適合性を構成する能力とパーソナリティのうち，能力の下位概念の一つとして定義している。

一方，日本において日常使われている「職業適性がある」ということの意味は，豊原（1958）を参考にすると以下の 6 つに整理される。

1. 仕事の量や質が，同じ仕事をする仲間の平均より高い。
2. 仕事における誤りや失敗が，同じ仕事をする仲間より少ない。

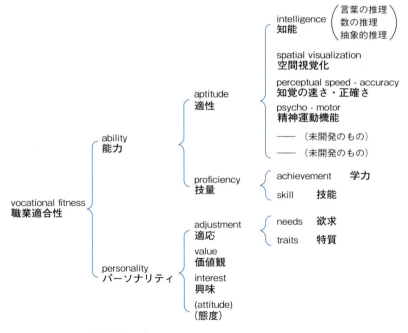

図 8.1 **職業適合性モデル**（Super & Bohn, 1970 藤本・大沢訳 1973）

表 8.1　適性の 3 側面モデル（大沢，1989）

適性次元	適性概念	諸機能				
職務適応–不適応	能力的適性	知能	知識	技能	感覚機能	運動機能
職場適応–不適応	性格的適性	気質	性格	興味		
自己適応–不適応	態度的適性	意志	意欲	興味	価値観	自己概念

3. ある職務において必要とする要件を最低限満たしている。
4. 仕事の習熟や進歩が速い。
5. 仕事や職場に不平不満を感じたり，意欲を失ったりしない。
6. 個人の知能，技能，性格など心身の特質に加えて，学歴や職歴，経済・家族等の状況も含めて総体として適している。

また，大沢（1989）は企業人の適性を 3 側面モデルで示している。これは，適性を職務適応，職場適応，自己適応によってとらえるものである（表 8.1）。

このように，日本の人事管理場面においては，性格的な側面も含めて適性ととらえられてきた歴史がある。

経営環境の変化が激しくなるとともに，現在では欧米においても，適性の概念が拡張され，知的能力のみを適性ととらえるのではなく，情動知能やコンピテンシー（p.152 参照）といった新しい概念が生まれている。これらの新たな概念の創出は，適性の概念が固定的な能力特性から可塑的な能力特性へ，また性格的特性へと拡大されてきていることを意味しており（大沢ら，2000），時代の変化が適性の概念の多様性につながっていると考えられる。

8.2　職業適性の測定

8.2.1　職業適性検査の種類

1. 採用選考場面で活用される適性検査

リクルートワークス研究所（2002）によれば，人材採用の場面において適

性検査を活用している企業の割合は65%[1]にのぼる。ここでは主に人材採用において広く活用されている職業適性検査を紹介する。

(1) 厚生労働省編一般職業適性検査

厚生労働省編一般職業適性検査（General Aptitude Test Battery；GATB）は，米国労働省によって開発された検査を，我が国の実情に合うように翻案したもので，1952年に初版が発表された。採用や配置における人事管理場面に加え，学校の進路指導や求職者への職業指導において幅広く用いられている。

GATBでは，前述の通りさまざまな職業分野において個人が仕事を遂行するうえで，必要とされる9種の能力（適性能；表8.2）を測定することにより，能力面からみた個人の特徴の理解や，個々の職業に対する適合性の評価を行うための情報を提供することを目的としている（雇用職業総合研究所，1988）。検査は，11種類の紙筆検査と4種の器具検査からなる。検査の結果明らかにされた適性能のパターンと，適性職業群とを比較することにより，どの職業に適性があるかを把握することができる。

なお，GATBには事業者用と職業・進路指導用の2種類が用意されており，事業所用と同じ測定内容の検査を，学校や公共職業安定所においても実施できるようになっている。

(2) 民間企業が提供する適性検査

総合検査SPI（Synthetic Personality Inventory）は，企業人適性の把握の観点から，個人の総合的人物理解をめざして株式会社日本リクルートセンター（現 株式会社リクルートキャリア）が1974年に開発，経営人事用に広く提供されている適性検査である（大沢ら，2000）。SPIは，性格的側面（行動的側面，意欲的側面，情緒的側面，社会関係的側面）と能力的側面から構

---

[1] 282社の人事担当者を対象とした「人事アセスメントの活用状況に関する企業アンケート」より引用。適性検査には，性格特性診断，基礎能力診断，行動特性・コンピテンシー診断，専門技能診断，組織適性診断が含まれる。

表 8.2　**GATB 適性能とその定義**（厚生労働省職業安定局，1995）

G-知的能力	一般的学習能力。説明，教示や諸原理を理解する能力。推理し，判断する能力。
V-言語能力	言語の意味およびそれに関連した概念を理解し，それを有効に使いこなす能力。言語相互の関係および文章や句の意味を理解する能力。
N-数理能力	計算を正確に速く行うとともに，応用問題を推理し，解く能力。
Q-書記的知覚	ことばや印刷物，伝票類を細部まで正しく知覚する能力。文字や数字を直観的に比較弁別し，違いを見つけ，あるいは校正する能力。文字や数字に限らず，対象をすばやく知覚する能力。
S-空間判断力	立体形を理解したり，平面図から立体形を想像したり，考えたりする能力。物体間の位置関係とその変化を正しく理解する能力。青写真を読んだり，幾何学の問題を解いたりする能力。
P-形態知覚	実物あるいは図解されたものを細部まで正しく知覚する能力。図形を見比べて，その形や陰影，線の太さや長さなどの細かい差異を弁別する能力。
K-運動共応	眼と手または指を共応させて，迅速かつ正確に作業を遂行する能力。眼で見ながら，手の迅速な運動を正しくコントロールする能力。
F-指先の器用さ	速く，しかも正確に指を動かし，小さいものを巧みに取り扱う能力。
M-手腕の器用さ	手腕を思うままに巧みに動かす能力。物を取り上げたり，置いたり，持ち替えたり，裏返したりするなどの手腕や手首を巧みに動かす能力。

成され，性格的側面と能力的側面の両側面から，職務適応性や組織適応性を判定している（リクルートキャリア，2015）。

総合適性テスト GAB は，日本 SHL が 1988 年に提供を開始した適性検査である。知的能力（言語・計数）とパーソナリティを測定し，将来のマネジメント適性や 8 つの職務適性を予測している（日本 SHL，2015）。

以上の他にも複数の民間企業により，多様な適性検査が開発，提供されている。

2. 個人の職業選択場面で活用される適性検査

将来の進路について考えたり，就職活動をはじめたりする際に，自己理解を深めることを目的として活用される主な適性検査を以下に紹介する。

(1) VPI 職業興味検査

VPI 職業興味検査（Vocational Preference Inventory）は，アメリカの心理学者であるホランド（Holland, J. L.）によって開発された VPI の日本語版で，1985 年に初版が発表された。主に大学生等に対する進路指導や就職ガイダンスの用具として，職業との関わりにおいて自己理解を深め，望ましい職業的探索や職業選択活動を促進するための動機づけや情報を提供することを目的としている（日本労働研究機構，1987）。自己採点が可能であり，キャリアカウンセリング等の場での個別実施だけでなく，就職ガイダンス等の場での集団実施にも適したものである。

VPI 職業興味検査では，160 の具体的な職業に対する興味・関心の有無を回答させることにより，6 種の職業興味領域に対する個人の興味・関心の強さを測定するとともに，あわせて個人の 5 種の心理的傾向について把握している（表 8.3）。

(2) 職業レディネス・テスト

職業レディネスとは，職業的発達における準備の程度を表す概念であり，「個人の根底にあって，（将来の）職業選択に影響を与える心理的構え」と定義される（労働政策研究・研修機構，2006）。職業レディネス・テスト（Vocational Readiness Test ; VRT）は，職業レディネスに含まれる基礎的志向性と職業志向性を測定する検査で，1972 年に初版が発表された。主に，中学・高校生を対象として，進路指導におけるツールとして，職業だけでなく日常生活における志向性から自己理解を深めることを目的としている。

職業レディネス・テストは 3 つの検査から構成され，6 つの職業領域への興味と，職務遂行への自信の程度，3 つの基礎的志向性について測定している（表 8.4）。

(3) キャリア・インサイト

キャリア・インサイトは，適性診断，適性と職業との照合，職業情報の検索，キャリアプランの 4 つの職業選択プロセスを経験できる，コンピュータを使ったキャリアガイダンス・システム（computer assisted careers guid-

表 8.3　VPI 興味領域尺度と傾向尺度（日本労働研究機構，1987 より引用して筆者作成）

興味領域尺度	R（現実的興味領域）尺度	機械や物体を対象とする具体的で実際的な仕事や活動に対する好みや関心の強さを示す尺度
	I（研究的興味領域）尺度	研究や調査のような研究的，探索的な仕事や活動に対する好みや関心の強さを示す尺度
	S（社会的興味領域）尺度	人に接したり，奉仕したりする仕事や活動に対する好みや関心の強さを示す尺度
	C（慣習的興味領域）尺度	定まった方式や規則を重視し，それに従って行動するような仕事とか，反復的な事務的色彩の濃い活動に対する好みや関心の強さを示す尺度
	E（企業的興味領域）尺度	企画とか，組織運営や経営などの仕事や活動に対する好みや関心の強さを示す尺度
	A（芸術的興味領域）尺度	音楽，美術，文学などを対象とするような芸術的領域での仕事や活動に対する好みや関心の強さを示す尺度
傾向尺度	Co（自己統制傾向）尺度	個人が自分の衝動的行為や考えをどの程度統制しているかを示す尺度
	Mf（男性-女性傾向）尺度	男女を問わず，一般に男性が好む職業に，どの程度強い関心を持っているかを示す尺度
	St（地位志向傾向）尺度	個人が社会的威信や名声，地位や権力などに対して，どの程度強い関心を持っているかを示す尺度
	Inf（稀有反応傾向）尺度	人々が，一般にあまり興味をひかないような仕事や活動に対する個人の関心の程度を示す尺度
	Ac（黙従反応傾向）尺度	多くの項目で，肯定的に反応する傾向を示す尺度。

表 8.4 **職業レディネス・テストの構成**（労働政策研究・研修機構，2006 より引用して筆者作成）

検査名	概　要	測定内容
職業興味	職業や仕事に対する直接的な好み	現実的職業領域・研究的職業領域・芸術的職業領域・社会的職業領域・企業的職業領域・慣習的職業領域 ※VPIと同じくホランドの理論に基づく職業領域を設定
職務遂行の自信度	各種の職業や仕事に対する自信の程度	
基礎的志向性	個人の職業選択行動と密接な関連を持つと仮定される志向性	D志向（対情報関係志向），P志向（対人関係志向），T志向（対物関係志向）

ance system）である（**図 8.2**）。2000 年に労働政策研究・研修機構により開発された。学生や若年求職者を対象とし，利用者自身による自己理解の促進や職業意識の啓発を目的としている。

キャリア・インサイトで測定されている適性は，能力，興味，価値観，行動特性の 4 種類である。

8.2.2 職業適性検査の妥当性

ハンターとハンター（Hunter, J. E., & Hunter, R. F., 1984）による，3万 2,000 人を超える労働者と 515 職種を対象とした分析の結果，一般知的能力は，業績に対して .51 の相関があるのに対し，職業興味と業績との相関は，.10 であった。職業への興味は，職業選択においては重要な指標となるが，実際の職務遂行上の業績との関連は低く，一般知的能力のほうが業績の予測力に優れていることがわかる。

日本においては，高橋と西田（1994）が，総合検査 SPI と人事評価との関連を検討し，一般的な知能と人事評価との間に .29～.42 程度の相関があることが確認された（**表 8.5**）。

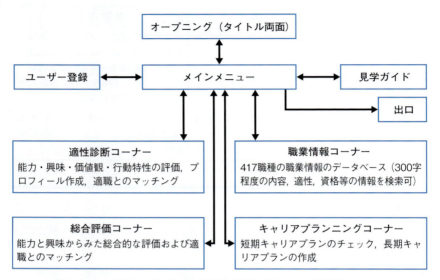

図 8.2 キャリア・インサイトの構成 (労働政策研究・研修機構, 2009)

表 8.5 知的能力検査の予測的妥当性 (高橋・西田, 1994 より一部を引用)

対象	対象者数	研究数	補正前の妥当性係数	補正後の妥当性係数
一般管理	195	13	.35	.42
営業	459	8	.22	.29
技術研究	225	12	.27	.32

一方,職種別に性格特性と人事評価との関連（図 8.3 および図 8.4）をみると,営業職における,社交性（SO 社会的内向性）,活動性（AC 身体活動性）,研究・開発職における理想の高さ（AM 達成意欲）などで統計的に有意な差がみられる。これらの結果から,おおむね職務内容に照らして納得感のある,職務遂行上有利な性格特性の存在を確認することができる（大沢ら,2000）。

		平均値（標準偏差）		40	50	60（標準得点）	t検定
		上位群 ○	下位群 ×				
	人　数	622	515				
行動的側面	SO 社会的内向性	44.4 (8.0)	45.8 (8.5)				***
	RE 内　省　性	45.7 (9.9)	46.1 (10.1)				
	AC 身体活動性	56.7 (9.6)	54.8 (10.1)				***
	PE 持　続　性	51.8 (11.6)	52.2 (10.8)				
	CA 慎　重　性	47.8 (10.6)	46.9 (10.5)				
意欲的側面	AM 達成意欲	54.8 (8.7)	54.1 (9.7)				
	VI 活動意欲	56.7 (9.9)	54.5 (10.5)				***
情緒的側面	NE 敏　感　性	47.5 (8.2)	48.2 (8.9)				
	DE 自　責　性	47.3 (8.2)	47.9 (8.9)				
	EW 気　分　性	48.4 (7.9)	49.3 (8.7)				
	IN 独　自　性	48.4 (9.4)	48.4 (9.2)				
	OA 自　信　性	53.3 (9.2)	52.8 (9.3)				
	HM 高　揚　性	55.5 (9.5)	55.1 (9.6)				

16社　1686名,中位群（549名）は割愛　　　　　　○群−×群間の t 検定
○―○ 上位群　622名　　　　　　　　　　　***　　0.5％の危険率で有意
×‥× 下位群　515名　　　　　　　　　　　**　　 1％の危険率で有意
　　　　　　　　　　　　　　　　　　　　　*　　　5％の危険率で有意

図 8.3　**人事評価別 SPI 平均プロフィール（営業）**
　　　　（人事測定研究所,1995 より一部を引用）

		平均値（標準偏差）		40		50	（標準得点） 60		t検定
		上位群 ○	下位群 ×						
	人　数	96	102						
行動的側面	SO 社会的内向性	50.2 (10.4)	52.1 (11.0)						
	RE 内　省　性	52.5 (10.1)	53.7 (9.6)						
	AC 身体活動性	49.0 (11.0)	48.4 (10.5)						
	PE 持　続　性	50.4 (11.2)	51.3 (9.9)						
	CA 慎　重　性	48.0 (10.9)	51.5 (9.9)						＊
意欲的側面	AM 達成意欲	55.6 (9.9)	52.3 (9.5)						＊
	VI 活動意欲	52.4 (10.5)	48.8 (10.0)						＊
情緒的側面	NE 敏　感　性	49.8 (9.0)	51.2 (9.4)						
	DE 自　責　性	48.6 (8.6)	52.3 (9.8)						＊＊
	EW 気　分　性	49.3 (8.1)	50.9 (10.4)						
	IN 独　自　性	49.6 (9.4)	51.9 (9.4)						＊
	OA 自　信　性	50.0 (9.7)	50.4 (11.2)						
	HM 高　揚　性	49.9 (10.7)	50.3 (10.7)						

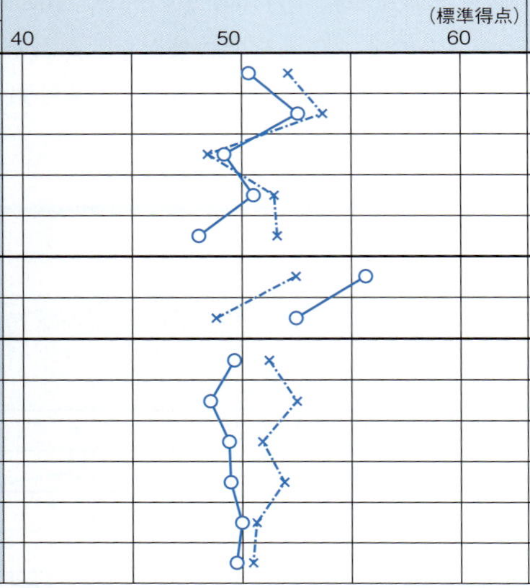

11社　269名，中位群（71名）は割愛
○─○ 上位群　96名
×─× 下位群　102名

○群─×群間の t 検定
＊＊＊　0.5％の危険率で有意
＊＊　1％の危険率で有意
＊　5％の危険率で有意

図 8.4　人事評価別 SPI 平均プロフィール（研究・開発）
（人事測定研究所，1995 より一部を引用）

8.3　適性検査の活用方法

　適材適所を実現するうえで，適性検査による多面的な人物理解や自己理解は重要な役割を果たす。しかし，ただ適性検査を実施するだけで，適材適所が実現されるわけではない。そこで，雇用主である組織や，職業選択を行う個人が，適性検査を活用する際にどのような点に留意する必要があるかを以下に述べる。

8.3.1 雇用主による適性検査の活用

人材を採用する側の雇用主は,あらかじめ職務分析などを行い,職務や職業において必要とされる要件を明らかにしたうえで,合理的な選考プロセスを組み立てることが望まれる。そして,目的に応じて適性検査を選定し,適性検査の結果のどの点に着目するのかを採用選考に携わるスタッフの間で十分に共有しておく必要がある。

適性検査の選定にあたっては,受検者にとって納得感のある内容かどうか,品質は確かかどうかなど,いくつかの確認すべきポイントに基づいて検討を行うことが望ましい(表 8.6)。

表 8.6 すぐれた測定ツール選択のためのチェックリスト(二村,1998)

提供・サービス会社のチェックポイント
- ☐ 会社,経営者は信頼できるか
- ☐ 事業理念はしっかりしているか
- ☐ 事業の実績は十分で,将来もサービスを継続して受けられるか
- ☐ 社員の10%以上を技術開発に割りあてており,技術水準は十分か
- ☐ データの蓄積や分析に熱心で,学界にも通じているか

ツールの品質のチェックポイント
- ☐ 信頼性係数の表示があるか。サンプル数や算出公式の表示があるか
- ☐ 標準化はどのように行われているか。メンテナンスは適切に行われているか
- ☐ 試験的に利用してみて,納得感のある結果が得られたか
- ☐ 測定内容は職務との関連性が十分あるか。関連性データの蓄積は十分か
- ☐ 問題(質問)内容は利用目的,対象者の特性から考えて適切か

サービスの品質のチェックポイント
- ☐ 解説書や利用の手引きは整っているか
- ☐ 結果の解釈や適用方法に関する技術的支援は得られるか
- ☐ 採点のデータ処理はどのように行われているか。トラブル対応力はあるか
- ☐ データの取り扱いは慎重で,機密が漏れるおそれはないか
- ☐ 料金,サービス内容はニーズにあっているか

8.3.2 個人による適性検査の活用

職業の選択において出発点となるのは，職業や環境の理解と自己理解である。適性検査の結果は，自分をより深くさまざまな角度から理解するための，情報源の一つとして活用できる。しかし，自己理解に役立つ情報は適性検査の結果だけではない。多様な手法（過去の経験の振り返り，周囲の自分に対する見方，これからの目標など）を用いて自分を知る必要がある。適性検査の結果と職業を直接結びつけるような用い方ではなく，あくまでも自己理解の参考情報として活用する姿勢が求められる。

8.4 職業適性に関連する概念

8.4.1 コンピテンシー

コンピテンシー（competency）は，1970年代にアメリカにおいて研究がはじまり，日本においては1990年代後半より人事管理場面において注目され，ブームともいえる勢いで浸透した概念である。

コンピテンシーの定義には定まったものはないが，たとえば，スペンサーとスペンサー（2001）によれば「ある職務または状況に対し，基準に照らして効果的あるいは卓越した業績を生む原因として関わっている個人の根源的特性」と定義されている。また日本では，太田（1999）が「ある状況または職務で高い業績をもたらす類型化された行動特性」と定義している。

研究者によって潜在的な特性に着目するか，顕在化された行動に着目するかという違いはあるものの，コンピテンシーが「職務遂行上，高い業績を生み出す個人特性である」という点では共通している。

コンピテンシーの概念は，人の能力を知的な側面に限定してとらえる傾向に対する疑問から生まれた。コンピテンシーのルーツの一つは，達成動機説で知られるマクレランド（McClelland, D. C., 1973）によるアメリカ国務省の外交官の選考に関する研究である。マクレランドは，卓越した業績をあげている人材の特徴を，行動結果面接（behavioral event interview）という方

法を通じて明らかにすることを試みた（Spencer & Spencer, 1993 梅津ら訳 2001）。

コンピテンシーに含まれる多様な個人特性は，前述のスーパーによる職業適合性（p.141 参照）とも重なる。しかし，コンピテンシーの特色は，より業績との関連を強調した点にある。さらに，コンピテンシーの測定は，行動観察や行動結果面接によって行われる。測定に心理検査を用いる職業適性とは異なり，実践的な職務遂行場面を通じた測定方法にもコンピテンシーの特色が表れている。

8.4.2 エンプロイアビリティ

日本経営者団体連盟教育特別委員会（1999）によれば，エンプロイアビリティ（employability）とは，雇用されうる能力であり，労働移動を可能にする能力（A）と当該企業のなかで発揮され，継続的に雇用されることを可能にする能力（B）の総和であると定義されている（図 8.5）。

また，フューゲイトら（Fugate, M. et al., 2004）は，エンプロイアビリティを「労働者がキャリアの機会を見極め，現実化するための仕事に関する積極的な適応力（active adaptability）」と定義している。さらに，エンプロイアビリティは，キャリアアイデンティティ（career identity），個人の適応力（personal adaptability），社会的人的資源（social and human capital）からなる概念であり，これら3つが重なる部分にエンプロイアビリティが位置づけられるとしている。

エンプロイアビリティにどのような能力や特性が含まれるかという点については，明確に定まってはいない。しかし，環境変化の激しい現代社会においては，1つの会社や1つの職業への就業を継続することだけを目指すのではなく，雇用を継続させるために，変化する環境に合わせて自らを変化させ，新たな雇用機会を獲得する力を高める必要性を論じているという点では諸説共通している。

また，職業適性が変化しづらい知的能力を中心とした，安定的な特性に基

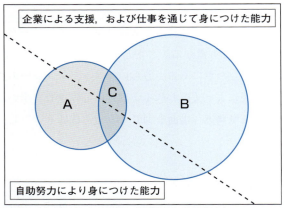

(説明) エンプロイアビリティ＝A＋B（雇用されうる能力）
A＝労働移動を可能にする能力
B＝当該企業の中で発揮され，継続的に雇用されることを可能にする能力
C＝当該企業の中と外の両方で発揮される能力
A－C＝当該企業の中では発揮することができない能力
B－C＝当該企業の中だけで発揮することができる能力

図 8.5　日経連によるエンプロイアビリティのモデル
（日本経営者団体連盟教育特別委員会編，1999 より一部を引用）

づく職業との適合度を把握しようとしているのに対し，エンプロイアビリティは，人の能力を変化するものとしてとらえ，職業や環境へ適応する可能性を多面的に把握しようとしている。エンプロイアビリティという概念は浸透してきているが，特定の測定手法と結びついていないのは，多くの要素を取り込んだ複合的な概念であることが一因であると考えられる。

8.5　今後の課題

前述の通り職業適性を拡張した概念として，コンピテンシーやエンプロイアビリティが注目されているが，現状では信頼性や妥当性の高い測定手法が十分に準備されているわけではない。今後，新たな職業適性の検討とともに，

その測定手法の開発が求められている。

　また，適性において重要視される特性が，固定的な能力特性から可塑的な能力特性へ変化していくとすれば，個人が自らの能力開発を通じて，適性を高められる可能性をもたらすと考えることもできる。すなわち，職業選択において，もともともっている能力や特性を生かすという発想に加えて，就いている職務，もしくはこれから就こうとする職務において求められる要件を満たし，高めるために主体的に能力開発に取り組むことが，自分に合った職業を獲得していくうえで鍵となると考えられる。

第IV部
自己とパーソナリティの異常

パーソナリティ障害

　1980年代後半以降，心理臨床や精神科医療のなかで，人格障害あるいはパーソナリティ障害（personality disorder）という用語が広く用いられるようになってきた。現在，パーソナリティ障害は精神科医療や福祉，教育に携わるうえで欠くことのできない分野であるといえるだろう。本章では，「境界例」「境界人格構造」を提唱した精神分析的視点に加え，認知・行動療法的視点，現在広く知られるようになった発達障害との相違や，薬物療法の知見も含め，さまざまな視点からパーソナリティ障害を把握する。精神科医療，福祉，教育に携わるうえで，実際の臨床場面で現在のパーソナリティ障害とどのように出会うのかを知り，そしてどのように関わっていくべきかを考えることが必要である。

9.1　パーソナリティ障害の概念の歴史

　「パーソナリティ障害」「人格障害」の概念が成立する以前にも，ヨーロッパでは，"性格の異常"，あるいは"異常人格"としてパーソナリティ障害が扱われていた。たとえば，古くは1801年ピネル（Pinel, P.）の記述「妄想・錯乱を伴わない狂気（manie sans delire）」や，1823年プリチャード（Prichard, J. C.）の示した「背徳狂（moral insanity）」，1857年モレル（Morel, B. A.）の「変質者」，1891年コッホ（Koch, J. L.）の「精神病質性低格」などと表されていた。

　1900年代半ばから，性格の異常として扱われてきたパーソナリティ障害の概念の研究が進んだ。それは，いわゆる現在の「境界例（ボーダーライン）」「境界性パーソナリティ障害（＝BPD）」の研究の源流となっている。

　現在，パーソナリティ障害は「人格障害」あるいは「境界例（ボーダーラ

イン）」と一括りに呼ばれることもある。定義も概念もいまだ曖昧であるが，その特徴は以下の5つの観点に整理される。

1. 本質的には統合失調症とする観点。
2. 一時的な移行状態という観点。
3. 独立した一つの臨床単位という観点。
4. パーソナリティ構造上の特有の障害を有するという観点。
5. 診断基準であるDSMの「パーソナリティ障害」という観点。

　研究が進みはじめた当初，本質的にはパーソナリティ障害とは統合失調症（精神病）であるとして，1939年グローバーの「内在性精神病」，1949年ホックとポラティン（Hoch, P. H., & Polatin, P. H.）の「偽神経症性統合失調症」という考えが示された（1の観点）。

　1953年，ナイト（Knight, R.）が「境界状態」を提唱し，パーソナリティ障害は，精神病ではなく統合失調症と神経症の間を移行する状態として「統合失調症と神経症の境界にある状態」と示した。ここから「境界（borderline）」という言葉が定着したといわれる（2の観点）。そしてそれはやがて，スターン（Stern, A.）の「境界神経症」，ドイッチェ（Deutsch, H.）の「as if パーソナリティ」，シュミデベルグ（Schmideberg, M.）の「境界例患者」という概念につながり，一つの臨床単位である概念として記述されるようになっていった（3の観点）。

　さらに1960年代，グリンカー（Grinker, R.）らによって研究され，「境界例症候群」として精神病的な境界例群，境界例症候群の中核群，神経症的な境界例群など下位グループに分けられ，①主な感情が怒りであること，②依存的な対人関係，③一貫性のある自我同一性の欠如，④孤立に関連した抑うつがみられる，という「症候群」として示された。これは後の診断基準に影響を与える，実証的な研究を背景にした特徴の記述となった。

9.1.1　境界パーソナリティ構造

　グリンカーらとほぼ同時期に，アメリカではカーンバーグ（Kernberg,

O.）が「**境界パーソナリティ構造**（Borderline Personality Organization ; **BPO**）」という概念を提唱し，パーソナリティの構造，機能水準からパーソナリティ障害を説明した。パーソナリティ構造を，神経症構造をもつ神経症水準（Neurotic Personality Organization ; NPO），境界例構造をもつ境界例水準（Borderline Personality Organization ; BPO），精神病構造をもつ精神病水準（Psychotic Personality Organization ; PPO）に分類し，パーソナリティの病理を示したのである（表9.1）。

そして，「境界例」とは，自己の内界と外界の境界などの現実検討力は基本的に保たれているものの，神経症的パーソナリティ構造とも異なり，スプリッティング（コラム9.1参照）を中心とする未熟な防衛機制に頼りがちで自我同一性が拡散していると述べた。このようなBPOの概念は記述的特徴にとどまらず，内的な力動的過程に着目したものであった。こうして，「パーソナリティ障害」は，パーソナリティの組織化と機能性において特有の障害を持続的に有するものであることが示された（4の観点）。つまり，カーンバーグの視点によれば，現在の医療のなかで「自己愛性パーソナリティ障害」や「反社会性パーソナリティ障害」などのパーソナリティ障害の根底に

表9.1　カーンバーグのパーソナリティ構造

パーソナリティ構造	特　　徴	パーソナリティ障害の種類
神経症構造（水準）	抑圧を中心とする防衛が用いられる。現実検討が保たれており，同一性は保持されている。	高レベルのヒステリー性，強迫性，抑うつ性，自己愛性などのパーソナリティ障害
境界性構造（水準）	分裂を中心とする原始的防衛が主に用いられる。現実検討は一応保たれているが動揺しやすい。同一性は拡散している。	境界性，統合失調症質，妄想性，自己愛性，反社会性，などのパーソナリティ障害
精神病構造（水準）	分裂を中心とする原始的防衛が主に用いられる。現実検討力が保たれていない。同一性が確立していない。	統合失調症型，妄想性パーソナリティ障害

は,すべて「境界パーソナリティ構造」がある,ということになる。

概念として混同されがちであるが,BPO の概念はカーンバーグによって提唱され「境界例」といわれる特有のパーソナリティ構造を指すが,それは幅広い包括的なパーソナリティ障害を示す用語である。一方,BPD は現在,パーソナリティ障害の下位分類の一つとされている「境界性」タイプのことを指す。現在,境界性パーソナリティ障害は下位分類の一つであるものの,やはりこれまで長く研究されてきたように,パーソナリティ障害の中核群であり,精神科医療のなかでもっともよくみられる,あるいは治療が困難であるパーソナリティ障害の一つであるため,パーソナリティ障害=境界性パーソナリティ障害のように,混同されることも少なくない。そこで,パーソナリティ障害研究の流れのなかにおけるこれらの概念を的確に理解しておくことが必要である。ガンダーソン(Gunderson, J. G.)はこれらの研究を図示し(図9.1),境界性パーソナリティ障害の位置づけと,境界パーソナリティ構造の位置づけを示している。

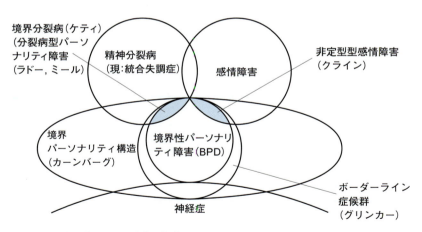

図 9.1　ボーダーライン障害の概念 (Gunderson, 1984 松本ら訳 1988 より)

9.1.2 パーソナリティ障害の診断の現在

現在,精神科医療のなかで用いられる診断基準(現在 DSM-5,ICD-10)において,パーソナリティ障害の概念と定義は以下のようになっている。境界例,境界性パーソナリティ障害は下位分類の一つと位置づけられている(5 の観点)。

【DSM-5 におけるパーソナリティ障害の概念】

Ⅲより多軸診断(Ⅰ軸に精神疾患・臨床的障害,Ⅱ軸にパーソナリティ障害)を採用。Ⅱ軸にパーソナリティ障害をおき,重複診断様式を採る。⇒妄想性,統合失調症型,スキゾイド,反社会性,境界性,演技性,自己愛性,強迫性,回避性,依存性の 10 型(図 9.2)。

【DSM-5 によるパーソナリティ障害の定義】

自己や他者についての出来事についての認知,感情性,対人関係機能,衝動の統制の 4 つの領域のうち 2 つ以上の領域で内的体験様式と行動様式が持続的に明らかに偏っていること。この持続様式は柔軟性がなく,個人的および社会的状況において幅広くみられること。このような内的体験様式や行動様式の偏りが強い苦痛を引き起こし,職業などの社会における機能性を阻害していること。内的体験様式,行動様式の偏りは遅くとも青年期か成人期早期からはじまり,長期にわたっていること。こうした特徴が他の精神疾患によるものでもなく,薬物や身体疾患の作用によるものでもないこと。

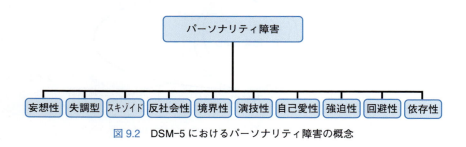

図 9.2 DSM-5 におけるパーソナリティ障害の概念

【ICD-10におけるパーソナリティ障害の概念】

妄想性，統合失調症性，非社会性，情緒不安定性（衝動型と境界型），演技性，強迫性，不安性（回避性），依存性の8型。

【ICD-10によるパーソナリティ障害の定義】

パーソナリティ障害を「正常からの偏り」であり，正常との連続性があるものとする。

つまり，現在パーソナリティ障害の定義としては「偏ったものの見方や感じ方，人との関わりや衝動のコントロールが持続的にみられる」ことである。そしてそれが本人，あるいは周囲に困ったこととして現れ，学校生活や仕事，対人関係がうまくいかないことの原因となっている。しかしそれは統合失調症や躁うつ病のように「正常との質的な差がある」とされる病と違い，「正常との連続体であり，その間に境界が設けられない」とされている。

そのため現在もパーソナリティ障害に関する議論は持続している。とくにBPDはパーソナリティ障害の中核にあり，他のパーソナリティ障害との並存率も高いと指摘されることから，BPDはパーソナリティ障害の一類型というよりも複数の下位グループをもつ症候群と呼ぶのがふさわしく，臨床疾患であるⅠ軸におかれるべきではないのかという議論が今日もある。この概念，定義の曖昧さが，パーソナリティ障害の診断の難しさや，治療に向かわせる難しさ，そしてパーソナリティ障害に関わる周囲の人々が感じる難しさの一因でもあるといえるだろう。

9.2 パーソナリティ障害の分類

現在，パーソナリティ障害はDSM-5，ICD-10に診断基準が定められている。有病率は人口の10％に少なくとも軽度のパーソナリティ障害があり，一般開業医では患者の20％，精神科外来では30％，精神科入院患者では40％にパーソナリティ障害が認められるといわれる（カトナ・ロバートソン，2008）。

ここではDSM-5に示されるさまざまなパーソナリティ障害について以下に紹介する。また，臨床のなかで出会うことの多い，境界性パーソナリティ障害（BPD）と自己愛性パーソナリティ障害については後の節でさらに詳しく紹介する。

9.2.1　A群：奇異・風変わりな群

　A群は「奇異・風変わりな群」であり，パーソナリティ障害のうちでも統合失調症と関係が深い。妄想性パーソナリティ障害，スキゾイドパーソナリティ障害，統合失調症型（スキゾタイパル）パーソナリティ障害の3つに分類されている（表9.2）。統合失調症，気分障害，広汎性発達障害（現：自閉症スペクトラム障害）などの経過中，A群のパーソナリティ障害の診断がつけられることがありうる。また，発達障害との鑑別も重要である。鑑別のためには詳細な発達歴の聴取とウェクスラー式の知能検査や心の理論検査など十分な検討が必要である（岡崎，2008）。

9.2.2　B群：華々しい・劇的で演技的な群

　B群は「華々しい・劇的で演技的な群」と表現されるように，感情や行動の激しさが特徴的な群である。とくに演技性パーソナリティ障害は，かつて

表9.2　A群のパーソナリティ障害

パーソナリティ障害	特　徴
妄想性パーソナリティ障害	他人の動機を悪意あるものと解釈するなどの他人に対する不信感，疑い深さがある。友人や配偶者の誠実さや信頼性を常に疑うこと，拒絶に対する過敏さや個人的権利に対する強い意識。
スキゾイドパーソナリティ障害	社会的引きこもり，限定された感情表出，性への関心の乏しさ，限定された楽しみ，親友がいないこと，賞賛や批判に対する無関心，社会的規範に対して超然としている，または鈍感であること。
統合失調症型パーソナリティ障害	親しい間柄でも些細なことを曲解し，奇妙な空想や迷信深さがある。不適切で乏しい感情，奇癖，過剰な社会的不安。

表 9.3　B 群のパーソナリティ障害

パーソナリティ障害	特　徴
境界性パーソナリティ障害	不安定で激しい対人関係と自己像，感情，自己破壊的な衝動性，同一性の混乱，慢性的快感喪失，繰り返す自殺企図あるいは自傷行為，一過性妄想様観念，非常に強い見捨てられ不安。
演技性パーソナリティ障害	注意を引こうとすること，被暗示性，浅薄で不安定な感情，不適切な性的誘惑，芝居がかった態度。自己愛，誇大性，利己的な行動。患者は女性が多い。
自己愛性パーソナリティ障害	広範な誇大性，共感の欠如，賞賛への欲求。他者に対する共感性が欠けており，相互的な対人関係の形成に困難を示す。
反社会性パーソナリティ障害	他者の権利を無視，侵害する反社会的行動パターンを持続的に示す（傷害や殺人など攻撃的行動，窃盗や暴行など社会的規範からの著しい逸脱，社会的義務の不履行）。衝動的，向こう見ずで思慮に欠け，容易に攻撃的行動を爆発させる傾向。他者の感情に冷淡で共感を示さない。

「ヒステリー性格」として無意識の心的葛藤にその起源を求める精神分析など，多くの立場から議論が重ねられたが，その概念が一般化しすぎたため，ヒステリー症状の概念との間に混乱を生じることとなった。そのため，「ヒステリー性格」の概念を受け継ぐものとして DSM-Ⅲ から「演技性パーソナリティ障害」の概念が導入されている。境界性パーソナリティ障害，演技性パーソナリティ障害，自己愛性パーソナリティ障害においては個人精神療法の有用性がいわれているが，反社会性パーソナリティ障害においては集団療法的アプローチが知られている（表 9.3）。

9.2.3　C 群：恐怖や不安を感じやすい群

　C 群は，「恐怖や不安を感じやすい群」とされ，他の精神疾患との関係が研究されている（表 9.4）。これまでの摂食障害との関連では，神経性無食欲症の摂食制限型の患者はこの群のパーソナリティ障害が多いことが示されている。また，回避性パーソナリティ障害や強迫性パーソナリティ障害が摂

表9.4 C群のパーソナリティ障害

パーソナリティ障害	特　徴
回避性 パーソナリティ障害	持続する緊張感と不適切感，社会的な行動抑制，確実に好かれているという確信なしには人と関わらないこと，そして身体的安全を保つためにライフスタイルを制限すること。
依存性 パーソナリティ障害	面倒をみてもらいたいという広範で過剰な欲求があり，そのために従属的でしがみつく行動をとり，分離に対する不安を感じる。
強迫性 パーソナリティ障害	対人関係や自分自身の内界に一定の秩序を保つこと，もしくはそれらを自らがコントロールすることに固執する特徴。融通性に欠け，几帳面，完全癖，頑固，吝嗇で温かみのない狭い感情を示す。

食障害を発症した場合，その予後は摂食障害よりもそれらのパーソナリティ障害のほうが残存しやすいといった報告がある（林，2005）。

　その他，林（2005）は，社会恐怖の症状と回避性パーソナリティ障害の症状との連続性や，強迫性障害では強迫性パーソナリティ障害がその素地になりやすいことを述べており，C群のパーソナリティ障害と，不安の強さが症状の前景に立つ精神疾患との関連性や共通項，その連続性が研究されている。その他，どの特定のパーソナリティ障害の基準も満たさない，分類不能（特定不能）のパーソナリティ障害がある。

　これらのパーソナリティ障害のタイプは必ずしも明白に分類されるとはいえない。重複する場合もあるし，どのタイプともいいがたいが，臨床場面では治療者にとって「明らかにパーソナリティの偏りを感じ，パーソナリティ障害を診断に用いることが適切である」と判断される患者もいる。その場合，患者のパーソナリティの特徴を把握するうえで役に立つ理論が「境界パーソナリティ構造」であろう。

9.3 境界性パーソナリティ障害

これまでパーソナリティ障害は BPD（Borderline Personality Disorder）を中心に研究が進んできたといっても過言ではない。臨床場面においてもこの傾向をもつ患者に出会うことは少なくない。有病率は一般人口の約 2％，精神科外来患者の約 10％，精神科入院患者の約 20％ とされている。パーソナリティ障害の 30％〜60％ は BPD である。ここでは事例も含め，BPD について紹介する。

現在 BPD は，診断基準において，パーソナリティ障害の下位分類のうちの一つとされている。表 9.5 のうち，5つ以上該当すると BPD とされる。以下にその特徴を示す。

表 9.5　境界性パーソナリティ障害の診断基準
（DSM-5，2013 髙橋・大野監訳 2014）

(1) 現実に，または想像の中で見捨てられることを避けようとするなりふりかまわない努力。
(2) 理想化とこきおろしの両極端を揺れ動くことによって特徴づけられる不安定で激しい対人関係様式。
(3) 同一性障害：著名で持続的な不安定な自己像または自己意識。
(4) 自己を傷つける可能性のある衝動性で，少なくとも2つの領域にわたるもの（例：浪費，性行動，物質乱用，無謀な運転，過食）。＊基準5で取り上げられる自殺行為または自傷行為は含めない。
(5) 自殺の行動，そぶり，脅し，または自傷行為の繰り返し。
(6) 顕著な気分反応性による感情不安定性（例：通常は2〜3時間持続し，2〜3日以上持続することはまれな，エピソード的に起こる強い不快気分，いらだたしさ，または不安）。
(7) 慢性的な空虚感。
(8) 不適切で激しい怒り，または怒りの制御の困難（例：しばしばかんしゃくを起こす，いつも怒っている，取っ組み合いの喧嘩を繰り返す）。
(9) 一過性のストレス関連性の妄想様観念または重篤な解離性症状。

9.3.1 特　徴
1. 対人関係
　まず，BPD に特徴的なのは対人関係である。「見捨てられ不安」が強く，「不安定な対人関係」をもつ。現実であれ，想像上のものであれ，他者から見捨てられることを懸命に避けようとする。依存できる対人関係を強く求め，相手の感情に敏感で，別離の予感に激しい不安や恐怖を覚える。別離や関係の破局によって見捨てられたと感じると，BPD の人は激しい落ち込みを示す。また，見捨てられる前に自ら相手との関係を切ってしまうこともある。1 人でいることに耐えられず，次々と異性と交際し，短期間に交際と破局を繰り返すことも珍しくない。

　また，数回会っただけの他者を極端に理想化し，自分と長い時間を過ごすことを求めたり，個人的なことを打ち明けたりして心理的な距離を急速に縮めようとする。相手がニーズに応えないとわかると一転して相手を極端に価値下げ，こき下ろす。同じ他者への見方が突然，極端に変化するこの様子が「理想化と価値下げ」といわれるものである。この特徴は，スプリッティング（コラム 9.1 参照）という防衛機制が対人関係に反映されたものである。

　また，「良い人」「悪い人」に極端に価値付けして他者と関わる傾向があるため，病棟のスタッフが「良い」「悪い」に分裂させられ，スタッフ間に険悪な雰囲気が生じる危険性もある。これも，患者自身の内面の反映といえる。

2. 自我同一性
　BPD は自我同一性が拡散しているといわれる。BPD を研究したガンダーソン（Gunderson, 1984 松本ら訳 1988）は，安定した一貫性のある自己感（sense of self）を確立し，それを維持できないことが，BPD の患者にとって中心をなす問題であり，不安定な自己感は，境界性パーソナリティ障害であるという診断を行うためのもっとも重要なものであると示した。1 人でいることに耐えられず，これは対象恒常性の欠如を反映していること，他人の存在がないと自分の一貫性や価値の感覚が得られないこと，見捨てられ不安が強いのは，自己感が脆弱であって 1 人で過ごせないためであるとガンダー

ソンは説明している。

3. 衝動コントロール

BPD は衝動コントロールの問題が目立つ。過剰な買い物，浪費，万引き，過食，ギャンブル，物質乱用，無謀な運転，薬物やアルコール依存，複数の相手と性交渉をもつなど性的逸脱の他，自傷や自殺企図（リストカット，根性焼き，過量服薬），自殺のそぶりや脅しなどがあげられる。こうした行為は，情緒的に重要な相手との別離や拒絶されたと感じたことが契機となりやすい。また，自傷行為の間は解離（一時的に意識，記憶の統合が失われる＝もうろう状態・覚えていない）していることが多い。

【事例 1】

救急搬送を繰り返す A さん（20 代前半女性）。幼少期は成績が良く，真面

コラム 9.1　パーソナリティ障害にみられやすい防衛機制①

1. 分裂・排除（スプリッティング）

この防衛機制によって，「すべて良い」という体験や対象・自己と「すべて悪い」という体験や対象・自己とに分けてしまう。"良いもの" と "悪いもの" に分け，自分のなかに悪いものが残らないように，あるいは自分が良いと思ったものを完全に保護することで自己の内面の安定を保とうとする。多用される場合，精神病やパーソナリティ障害などの精神病理につながる。スプリッティングともいわれる。

例：病棟の看護師さんを「すごく好き」な人と「すごく嫌い」な人に分ける，心理面接でも治療者をものすごくもち上げ，「何でもわかってくれる人」にしたかと思うと「何にもできない無能な人」という評価に下げる，など。

2. 投影性同一視（化）

投影された相手が無意識にその感情に同一化し，投影された感情を実現してしまう。

例：A さん「B さんが私のことを嫌っている」→態度に現れる。B さん→A さんに対して何も思っていなかったにも関わらず，（A さんの態度によって）よそよそしくなる。結果，A さんにとって B さんは現実に「嫌な人」になり，A さんは「相手が自分を攻撃してくる」という人間関係をこうしてどこでも作り上げてしまう。

目であったが，高校進学に失敗した頃より感情の不安定さが目立つようになった。高校を卒業後，家を飛び出し恋人と同棲をはじめるも，その恋人とトラブルになってはリストカットや過量服薬を繰り返すのだった。

若い男性医師が主治医となってから落ち着いていたが，医師の異動により再度不安定になった。引き継いだ女性医師に対して「○○先生はあんなに良くしてくれたのに！」と怒りをぶつけ，気に入らないと診察代を払わず帰ろうとしたり，「理不尽な対応だ」と受付を罵倒したりした。男性医師を「すべて良い（all good）」の対象とし，女性医師や受付を「すべて悪い（all bad）」の対象としたこのあり方がスプリッティングである。

また，男性医師が異動したように，女性医師あるいは病院に見捨てられるのではないか，というAさんの思いは，Aさん自身が騒動を繰り返すことで，「その病院ではもう診られない」という，現実となってしまった。これが投影同一化（投影性同一視）である。

9.4 自己愛性パーソナリティ障害

現在パーソナリティ障害のなかでBPDと並んで，研究が進められているのが自己愛性パーソナリティ障害である。臨床場面でも出会うことの多いタイプといえるだろう。「自己愛」（ナルシシズム）という言葉は，ギリシャ神話のナルキッソスが水面に映る自分の姿に恋をしたという，自分を愛する心理状態に由来する。

自己愛の問題を精神病と神経症の間という形ではじめて用いたのはフロイト（Freud, S.）であった。現在，自己愛性パーソナリティ障害（Narcissistic Personality Disorder；第11章，p.211参照）の基本的特徴は，誇大性，賞賛されたいという欲求，共感の欠如とされている。また，現在自己愛性パーソナリティ障害は，表9.6のうち，5つ以上該当すると診断される。以下にその特徴を示す。

表 9.6　自己愛性パーソナリティ障害の診断基準
(DSM-5, 2013 髙橋・大野監訳 2014)

(1) 自分が重要であるという誇大な感覚。
(2) 限りない成功，権力，才気，美しさ，あるいは理想的な愛の空想にとらわれている。
(3) 自分が'特別'であり，独特であり，他の特別なまたは地位の高い人達にしか理解されない，または関係があるべきだと，と信じている。
(4) 過剰な賛美を求める。
(5) 特権意識，つまり，特別有利な取り計らい，または自分の期待に相手が自動的に従うことを理由なく期待する。
(6) 対人関係で不当に相手を利用する，つまり，自分自身の目的を達成するために他人を利用する。
(7) 共感の欠如：他人の気持ちおよび欲求を認識しようとしない，またはそれに気づこうとしない。
(8) しばしば他人に嫉妬する，または他人が自分に嫉妬していると思い込む。
(9) 尊大で傲慢な行動，または態度。

9.4.1　特　徴

1. 誇大性

自らを特別なものとみなして，ごう慢，尊大な態度を示し，業績や才能を誇張する。自分が特別，独特であり他の特別な，または地位の高い人達にしか理解されない，あるいはそういった人達に関係があるべきだと信じている。

2. 賞賛されたいという欲求

過剰な賞賛を求める。特別有利な取り計らい，または自分の期待に従うこと，（十分な業績がないにも関わらず）優れていると認められることを期待する。したがって，周囲の批判や無関心に耐えられず，周囲から軽蔑されたと感じると抑うつ的になったり，自己愛的な怒りを爆発させたりする。

3. 共感の欠如

対人関係では自己の目的を達成するために他者を利用しようとする。他者に対する共感性が欠如しており，相互的な人間関係を形成することが困難である。他人の気持ちおよび欲求を認識しようとしない，またはそれに気づこうとしない。

4. 対人関係

　自己愛性パーソナリティ障害の人々は表向きは自分自身に充足しており，他者への依存や弱さとは無縁のものと自分をとらえているが，前述した特徴からもわかるように，実際は自分の失敗や他者からの拒絶に容易に傷つく弱さを内在させている。そのため，「自分が期待したように相手が反応しないこと」「軽蔑されたと感じること」に非常に過敏に反応し，怒りを爆発させるのである。

　一方で，自分の期待通りに反応してもらえることや賞賛されることに非常に満足し，相手を過度に理想化する。このように自己愛性パーソナリティ障害の人々にも，境界性パーソナリティ障害の人々と同じような理想化と価値下げといった両極端な他者評価がみられやすい。また，過度の自己誇大視や賞賛・注目への欲求は強い劣等感や自己無価値感の裏返しであるため，他者の成功や才能に圧倒されやすく嫉妬心を強めやすい。また，他者が自分に嫉妬していると感じやすい。したがって持続的で気持ちの通い合うような対人関係を築くことが難しいのである。

【事例2】

　20代Bさん。気弱な父と，感情の起伏が激しく，情緒的に冷たいと感じられる母親のもと，1人っ子として育った。成績は優秀で，幼少期から大学生までタレント養成所に所属し，「自分は特別である」と思って生きてきたという。親しい友人は1人もおらず，「誰のことも信用していない」「人に同情したり共感したりすることは馬鹿げている」と平然とBさんは語った。

　しかし，実際にタレントとしてデビューすることはできず，公務員として大学卒業後から働きはじめた。その直後から激しいイライラと焦燥感に悩まされることになり，精神科を受診し，同時にカウンセリングを受けはじめた。

　Bさんは何事も0か100か，白か黒かをはっきりしたがり，周囲の人にランクや点数をつけている。いつも人のなかでは仮面をつけて愛想よく振る舞っているが，笑顔で人と接したり，相手を気遣ったり，人と親しくなることはできない，と強く感じている。カウンセリングのなかでも尊大な態度で時

に治療者を馬鹿にしたり，アドバイスがもらえないと怒りをみせてなじったり，思い通りに治療者が反応しないことに激しく怒ったりした。

しかし怒りをみせるうちに徐々に「はっきりしない将来が不安」であることを自覚しはじめ，「自分には何もない」というように自信のなさをみせはじめた。治療のなかで自然な笑顔も見せるようになる一方で，治療者に依存することへの強い不安もわき起こっていた。治療者と情緒的に近づきつつあるなか，突然治療を中断した。

【事例3】

20代男性Cさん，会社員。大学卒業後希望の会社に就職するものの，思ったような評価をしてもらえない，上司に注意された，ということをきっかけに抑うつ的になり，出勤困難となった。さらに，「会社に行けないのは自分を認めない上司や会社のせいであり，会社が変わらなければ自分はずっと休職しているつもりだ」と言い張った。

治療者が心理検査の結果をもとにCさんの自信のなさや劣等感に言及すると怒り，治療を中断した。しかし数カ月後，「やはり自分の問題なのかもしれない」と，治療の再開を申し込んだ。

このように自己愛性パーソナリティ障害の患者には一見，尊大な態度と攻撃的態度が治療のなかでは目立つ。時に他罰的で無反省にみえるが，内心はひどく空虚で自信のなさや孤立感を抱えている。事例1も2もそれまでの未熟な自己愛を保つ手立てが維持されている場合や能力の高い場合は，社会で活躍できることもあるだろう。しかし，それが一旦挫折するとその内心の傷つきは否認され，他罰的で他責的な態度となり，自己愛の傷つく恐れのある場面を回避してしまう。不安が生じる場面を過度に回避することが目立てば，回避性パーソナリティ障害が並存していることにもなる。これが現在「新型うつ」といわれる，「仕事には行けないが休職すると遊んだり楽しんだりする」タイプの本態であり，自己愛の傷つきが根底にある。

> **コラム 9.2　パーソナリティ障害にみられやすい防衛機制②**
>
> 1. 否　認
>   現実が強く不安を引き起こす際，実感すると傷ついたり不安・恐怖を感じたりするような情緒（あるいは現実）を直接的に否定すること。
> 例：親しい人を失ったとき，「そんなはずはない」「いつか戻ってくるはず」と思い，はた目からは平気そうに振る舞っている．アルコール依存症の診断をされた患者が「自分は病気じゃない」と言い張る，など．
> 2. 躁的防衛
>   支配感，征服感，軽蔑心などを高め，抑うつ的な感情を否認すること。
> 例：仲間とのトラブルや馴染めなさで，相手を悪く言って誇大的に振る舞う，など（内心傷つき）。

9.5　パーソナリティ障害の治療について

　パーソナリティ障害における治療の困難さは，繰り返される自傷，過量服薬，性的逸脱や過食，ひきこもりといった症状により，本人自身のみならず，治療者や援助者を含めた周囲を悩ませ，苦難を味わうことになる面にある。

　その苦難の要因は数々の問題行動だけではなく，患者から治療者・援助者に向ける転移，治療者・援助者の感じる逆転移感情にもある（表 9.7）。転

表 9.7　転移と逆転移

	定　義	感 情 状 態
転　移	かつて，親や重要な他者に向けていた感情，心のなかの対象に向ける感情を他の第三者に向ける（投影する）こと。	見捨てないで欲しい，怒っている，〜させられる，わかってくれない，攻撃される……等
逆転移	患者の心のなかに抱えきれず，相手にその感情を感じさせる投影同一化によってわきあがってくる治療者自身の感情。	かわいそうな，助けたい，憎憎しい，怒り，疑惑，不安，恐怖，心配……等

移・逆転移感情はポジティブなもの（陽性転移）から，ネガティブなもの（陰性転移）までさまざまな情緒を含む。

治療法にはさまざまな精神療法があるが，治療が成功するかどうかは，適切な治療同盟（作業同盟）が結ばれることによって，患者が治療者とともに作業ができるかどうかによる。そのためには，患者の主体的な努力や自覚が必須である。また，関連分野（医療のみならず福祉，教育，産業など）とつながりをもち，多くの機関と連携をもつこともしばしば必要となる。また，危機的状況では入院が必要になることもある（カトナ・ロバートソン，2008）。

この同盟を結び，患者が自覚的かつ能動的に治療に取り組むまでを支えることが実は非常に難しく，患者の「治したい」「少しでも楽に生きたい」気持ちを患者と共に発見することがまず治療の第一歩である。それには，周囲の理解や支えが必須であり，このような環境と患者の主体的な治療準備が整うまでの期間を乾（2010）は「治療0期」と名づけている。

9.5.1 アセスメント

さまざまな治療法のなかでどのような治療法が適しているか，あるいはどのような治療法が提供できるかを考えることが臨床家にとって重要な点となる。そのために，まずアセスメントが重要となる。

アセスメント（第6章，p.100参照）では，家族歴や生育歴をたずねることが重要になる。彼らがどのような対人関係のなかで育ち，実際にも内面的にもどのような対人パターン，対処法を身につけてきたかを知ることがその後の治療に役立つ。

さらに心理検査（ロールシャッハ・テスト，SCTなどの投影法，Y-GやMMPIなどの質問紙法；第12章参照），知能検査が役に立つ。

心理検査，とくに投影法は表現形式，内容，課題解決の過程に示される被検者の現実検討力，行動様式，内的葛藤と防衛の様相から，患者のパーソナリティの特徴を把握することに役立つ。

知能検査ではまず知的障害の有無を測定する。なぜなら，パーソナリティ

障害の症状が表れたり，特徴的な行動をとったりすることが目立つ患者は，時に軽度知的能力障害を伴う場合もあるからである。また，その人の判断力，観察力，注意集中力，思考過程，推理能力，構成力など情報処理能力の特徴を把握することに加え，その人の認知の歪みの有無の把握がパーソナリティ障害の診断に寄与することもある。知能検査は検査の目的や課題を合理的に理解しやすく，もっぱら知的能力によって解決できるので，被検者は冷静に集中的に課題に向かいやすい。また，検査の課題は感情や感覚を刺激するものではないため冷静さや客観的な姿勢を保ちやすい。そこで，知能検査でさえ，判断や認知に何らかの歪みを示すような場合には，かなり重篤な精神病理を疑うことができる。たとえば，「理解」の課題で社会秩序や倫理を無視した判断を示す場合，反社会性パーソナリティ障害が疑われる（馬場，1999）という。

　以上のような心理検査，知能検査を含め，これらのアセスメントが治療法を検討する際に役立つ。また，実際の臨床現場でも使用されやすい。

9.5.2　治療方法

　パーソナリティ障害の治療法は数々あるが，ここでは精神分析的な心理面接治療，認知行動療法的な集団療法，心理教育的・支持的な心理面接治療に加え，環境調整と治療の構造化をはかるマネージメント，入院治療について説明する。

1. 精神分析的・力動的治療論

　精神分析の領域では，1940年代から，クライン（Klein, M.），ビオン（Bion, W.），ローゼンフェルド（Rosenfeld, H.），シーガル（Segal, H.）などが精神分裂病（現在の統合失調症）の精神分析による治療研究を進めており，そのなかで見出された知見は性倒錯，嗜癖，スキゾイド，自己愛，衝動的障害など重症パーソナリティ障害の患者の治療に生かされるようになっていった。

　その後も，イギリスにおける精神分析による治療研究のなかで見出されて

きた概念は，現在の精神分析，あるいは精神分析的精神療法に生かされている。治療法として精神分析的治療法を選ばない場合でも，このような概念を理解しておくことは，患者の内面や行動のみならず，治療者側に生じる負の感情や困難さを整理することにも役立つ。

　精神分析的な心理面接治療における焦点は，内面の葛藤を明らかにし，人格の建て直しを図ることである。そのために「解釈」によって患者の言動と欲求を結びつけて自己洞察を深めることが中心的な作業となる。また，患者―治療者間に起きる転移と逆転移を治療に利用し，行動化されていた患者の情緒を言語化することが促される。ただし，退行が促進され，内面の混乱，行動化が一時的に強まる場合があるため，厳密な構造の設定，枠の限界を定めることが必要となる。また，言葉で自分の気持ちを表現する知的な能力が患者にあること，病理の重い患者との心理面接ほどサポートする体制（一時的に混乱，行動化が強まった場合に入院施設が用意できることや，家族をはじめとする周囲の環境の支えや理解，医師によるマネージメント，治療者が経験の上の者にスーパービジョンを受けること）が必要であり，精神分析的な面接治療には慎重さも求められる。

【事例4】

　30代前半女性のDさん。かつて企業の総合職として仕事をバリバリとこなしていたほどの能力の持ち主であるDさんであったが，結婚・出産を機に激しいイライラ，焦燥感，子どもへの暴言や時に暴力が現れるようになり，夫に勧められて地域の保健師に相談し，医療機関を受診となり，心理面接が導入された。

　Dさんは思春期の頃よりリストカットが癖になっており，他者との衝突が多く，そのたびに自傷を繰り返していたという。また，両親，とくに母親との関係は非常に悪く，面接のなかでもいかに自分が大事に扱われてこなかったかを訴え続けた。母親はDさんにいつも良い子でいることを求め，母親の期待に沿わないと強く叱責し，その顔色を伺いながらDさんは育ってきたと語った。

治療者に対しては，当初強い理想化と期待を向けて，面接外でも電話で連絡を求めたり，治療者の個人的なことを尋ねたりしたがった。しかし，それに応えないでいる治療者に「面接は役に立たない」と手のひらを返したようにしだいに怒りを向けるようになった。「今，ここで」，Dさんにとっての治療者は"心の内の母親"と同じであり，話を聞いてくれる理想的な母親であると同時に，期待に応えず見捨てるような存在にも感じられているであろうことを治療者は伝えた。つまり，良い面も悪い面も同時にもった治療者が存在することがDさんにとって耐え難いことであることを，治療者は時間をかけて解釈していったのである。

同時に，ソーシャルワーカーを通して地域の保健師と連携をとり，Dさんの育児の相談や家庭内の相談にのってもらうこと，訪問をしてもらうこと，医師との診察や徹底した枠付けを行っている。

2. 認知行動療法的治療論

ここで目的となるのは，患者の非適応的な認知や行動を変容させ，より適応的なものにすることである。制限の設定や厳格な治療契約を結び，協力関係を保ちながら誘導による発見の手法によって現実的な治療目標を定める。治療関係には信頼と親密さを育成することがポイントである（林，2005）。

(1) リネハンらの弁証法的行動療法

行動療法は基本的に「変化のための技法」であるが，その反対の「苦痛を含めた現状をありのままに受け入れること」という受容の概念を組み合わせ，この2つの弁証法的関係から治療的展開が生じるとして，この治療法は「**弁証法的行動療法**（Dialectical Behavior Therapy；DBT）」と名づけられている。この治療法は，集団療法によるスキルトレーニングと個人面接とが併用される統合治療である。この治療は感情コントロールや認知の歪み，投影性同一化，自殺企図などの自己破壊行動を回避する技能（スキル）の向上，治療中断など治療阻害行動や，入院に至る行動など生活を阻害する行動の防止を目的として，患者に対して認知の歪みや衝動的行動の発生過程を解説し，その防止策を教示するプログラムから構成されている（林，2005）。

(2) 生活技能訓練

生活技能訓練（Social Skills Training ; SST）は生活のなかで必要とされる対人的行動の獲得をめざし，体系的な体験学習をはかる方法である．全国の精神病院，デイケア，障害者職業センター，現在では学校でも行われることがある．①課題の設定，②ロールプレイ，③フィードバック，④日常生活のなかでの練習としての宿題の設定・実行・報告といった段階からなる．

3. 心理教育的・支持的治療法

軽度知的能力障害を伴う場合や現実検討力の弱さが非常に目立つ場合，支持的な関わりが有効な場合がある．彼らは混乱しやすく，その混乱の対処法として適切な対処法を得てこられなかった場合が多い．そのため，一時的なストレス事態から逃れる方法としてパーソナリティ障害特有の行動化（リストカットをはじめとする自傷行為や性的逸脱，感情の爆発や回避行動など）を起こすことがある．そのため，ここでの目標は現実適応，対処行動の向上である．適応は広く，構造は柔軟に設定しうる．しかし，見捨てられ不安やしがみつき，依存心が強い患者の場合，構造の設定には注意を要する．

生活上の困難に対する対処法を吟味すること，患者特有のパターンを振り返り，不適応的な行動をとる前のサインに気づくこと，また，励ましや指示，具体的な助言，時には環境調整も必要となる．

【事例5】

10代後半の女性Eさん．何をやってもアルバイトが続かず，同僚とのトラブルや恋愛関係の破綻を頻繁に起こし，そのたびに手の皮をむしる，という自傷行為と市販頭痛薬の過量服薬を起こしては救急車で運ばれることが続いていた．

カウンセリングでは，Eさんは素直で受身的な態度であり，治療者との間で約束したことは従順に守っていた．しかし一方で，言葉遣いの幼さや記憶力の弱さ，安直な理解の仕方が目立ち，知能検査の結果，軽度知的能力障害を伴うことが判明した．

カウンセリングを継続するなかで，男性との未熟な恋愛関係の破綻を繰り

返す背景には，Eさんの「寂しさ」があること，家族にはなかなか相談しにくいと感じていること，どうしたら良いかわからなくなると自傷行為を起こしてしまうパターンがあることが振り返られ，共有された。そこで，イライラしたら手の皮をむしる代わりに"つぼ押しのグッズ"を手に握る，家族と衝突しそうなときは漫画喫茶に行く，などEさんにとって実行可能で具体的な対応策を考え，それらを行うことで衝動行為は軽減し，しだいに消失した。Eさんは行動の変化を「なんでかよくわかんない」と言いながらも，"何か問題があったら必ずカウンセリングで相談する"，という約束を忠実に守り，継続して来院することができ，カウンセリング開始1年後には新しいアルバイトを見つけて取り組みはじめた。

9.5.3 マネージメントの重要性

マネージメントとは，患者の行動に着目して，環境調整や家族援助，行動への介入によって，患者の行動を現実的枠組みのなかに収めるようにしていく対応全般をいう。治療初期には問題行動のコントロールが重要であるため，まずマネージメントを中心に行うことが優先される。マネージメントによって患者の心の外に噴出した内界の問題を心のなかに押し戻していく過程そのものが，精神療法の過程に重なる（木村，2006）。

患者との間では限界設定がなされ，問題行動への対応としてどうするべきか，何をするべきか，ということが共有，約束されねばならない。また，行動化が激しい場合には，時にカウンセリングを中断する，という約束も必要となる。

さらに家族や環境に対する調整や説明，理解の共有も重要となる。患者の行動や思考を家族に理解できるよう説明し，家族が過干渉である場合は距離をとることを，あるいは無関心である場合は患者に関わりをもつよう具体的な方法を提示し，治療の目安や見通しを伝えることで，家族が患者とともに不安定になり暴言の応酬にならないようにする心理教育も意味がある。また，仕事を休職することになる患者には産業医との連携が，患者が学生である場

合は担任や養護教諭，スクールカウンセラー，保健管理センターなど患者をサポートする中心となる人々との連携が必要となるだろう。「現在どのような状態であり」「周囲はどのような行動をとることが（あるいはとらないことが）必要なのか」を明示することで，周囲も安心することが多い。

9.5.4 入院治療

入院治療は，患者および関係者の安全を守ることと，患者が日々の生活に要する対処能力を身につける機会を提供する。また，治療者が家族からの話をゆっくり聞く機会にもなる。関谷（2010）は，BPD 治療ガイドラインの「入院ガイドライン」を紹介し，パーソナリティ障害においては「入院という短い期間の中では十分な改善を求めることは困難である」ことや「入院の場のみで問題を治そうと試みるものではない」ことを示している。入院中はデイケアや作業療法，心理面接をはじめる良い機会ともなりうる。

しかし，実際の医療現場では，休養のみの入院は問題の棚上げになりがちであったり，緊急に入院したものの，問題解決を図らず患者が「意にそぐわない」と早々に退院を希望し，時には自己判断で退院してしまったりする現実も多い。

パーソナリティ障害，とくに境界性パーソナリティ障害の患者の入院治療では，激しい行動化に加え，患者の投影同一化によるスタッフ間の分裂や，スタッフ側に生じる逆転移感情により，治療が困難を伴う場合も多い。その場合，パーソナリティ障害の特性や特有の防衛機制，患者の心のうちにある他者との関係・対人パターンが，どのように治療スタッフ間に影響を及ぼすかスタッフ間で共有されることで（＝力動の理解）その困難さは軽減される。したがって，実際に患者に力動的治療を行わない場合であっても，力動的な理解は治療スタッフにとって助けになる。

9.5.5 薬物療法

パーソナリティ障害において，薬物療法が行われることも少なくない。大

表9.8 パーソナリティ障害における症状に対する薬物療法（平野・野口, 2010）

	薬 物 名	効果の対象
坑精神病薬	オランザピン（ジプレキサ） アリピプラゾール（エビリファイ） クエチアピン（セロクエル） リスペリドン（リスパダール）	怒り，不安，衝動性，妄想様観念
気分安定薬	バルプロ酸ナトリウム（デパケン） トピラマート（トピナ）	衝動性・怒り
SSRI	デプロメール，パキシル，ルボックス	

野と三谷（1998）は，パーソナリティ障害の背景には生物学的な障害の存在があるとし，それゆえの薬物療法の有用性を指摘している。

平島と野口（2010）は，BPDの治療における薬物療法について次の**表9.8**のように説明している。いくつかの薬は，怒りや衝動性などに効果が報告されているという。

しかし，薬物療法にはその特質に応じた工夫が必要とされる。パーソナリティ障害の薬物療法の留意事項として，治療者側は薬物依存の発展や助長の恐れなどの危険性を認識し，十分な説明と合意に加え効用の理解を共有することがあげられる。また，薬物治療が患者の本来の治療から遠ざけることになることを留意する必要があるだろう。それは平島ら（2010）が指摘するように，パーソナリティ障害の患者の訴える身体的な症状や衝動行為，パニック発作や不眠などの精神症状の背景には，「隠れた主訴」である空しさや不安，孤独があるため，「隠れた主訴」の紛らわしにならないよう，薬を介してコミュニケーションし続けることがパーソナリティ障害の薬物療法の真髄だからである。

9.5.6 予　　後

一般的にパーソナリティ障害では年齢を経るにしたがって攻撃行動は減る

が，対人関係能力は改善しにくいようである。一部のパーソナリティ障害はアルコールや薬物の乱用，それによる依存症を併発する。自殺率も高く，自殺既遂の 30〜60％ においてパーソナリティ障害が認められる。

　各パーソナリティ障害別に予後をみてみると，スキゾイド／失調症型パーソナリティ障害は社会的孤立が持続する傾向にあるが，スキゾイドパーソナリティ障害は統合失調症になりにくい。一方，失調症型パーソナリティ障害と妄想性パーソナリティ障害は統合失調症発症の可能性がある。

　反社会性パーソナリティ障害はとくに予後不良になる率が高く，強迫性パーソナリティ障害は強迫性障害やうつ病になる率が高い。

9.6 現在のパーソナリティ障害

　現在パーソナリティ障害の理解が進むなかで，発達障害や軽度精神遅滞との鑑別，他の精神疾患との関係や脳科学からの研究も進んでいる。臨床場面ではこれらの知見をもとに，中核的な問題が何であるかを明確にしようと努めることが必要である。

9.6.1 自閉症スペクトラム障害／注意欠如・多動性障害とパーソナリティ障害

　対人関係上のトラブルを頻発させ，衝動行為や突発的怒り，そして自殺企図がみられるなど表面的な行動特性は境界性パーソナリティ障害（BPD）とされる群のなかに，中核としてアスペルガー障害（現：自閉症スペクトラム障害）をもっていることが指摘されている（神谷, 2005）。衣笠（2004）はこれを「重ね着症候群」と名づけている。アスペルガー障害（現：自閉症スペクトラム障害）が疑われるのは，環境や生活構造の変化に混乱しやすいこと，こだわりが強いこと，幼少期よりコミュニケーションの問題や運動発達の遅れや不器用さなどが見受けられる場合である。さらに，BPDと異なるのは，場を読むことや相手の意図を読むことの苦手さである。操作性や過剰

なしがみつき，見捨てられ不安の強さを示すことがBPDほど多くはないようである。

また，ADHD（注意欠如・多動性障害）とBPDや反社会性パーソナリティ障害は衝動性の点で共通している。ADHDとBPDとの合併も言及されてはいるが（小此木・大野，1996），ADHDとBPDや反社会性パーソナリティ障害の並存率はまだ十分な研究が蓄積されていない（神谷，2005）。幼少期からみられる器質的な問題や不注意，衝動性の傾向が示されるADHDに比して，BPDは思春期以降からみられる対人関係の問題を示す。また，ADHDには見捨てられ不安がBPDのようにはみられない。また，反社会性パーソナリティ障害では社会規範からの著しい逸脱や罪悪感の乏しさがADHDとはとくに異なる。

9.6.2 軽度知的能力障害とパーソナリティ障害

精神発達の障害である**精神遅滞**（現：知的能力障害）ではパーソナリティ形成上の障害が問題となることや，ボーダーラインチャイルドの症例報告をみても発達障害との関連がうかがえるものが多いという指摘がある（山崎，1997）。また，山崎（1997）によると軽度・中度知的能力障害者の56%でパーソナリティ障害がみられ，このうちの22%はパーソナリティ障害の問題を大きくもっているという言及があり，軽度知的能力障害とパーソナリティ障害には関係があるといえる。

実際の臨床の現場でも，とくに境界性パーソナリティ障害や回避性パーソナリティ障害，依存性パーソナリティ障害の特徴を強くもつ患者と心理面接をするなかで，その背後に軽度知的能力障害が存在することが少なくない（事例5）。そのような場合，表現力や言語的コミュニケーションに弱さをもつ**軽度精神遅滞**の特徴をふまえ，具体的な指示や助言，対処法を考えることからまずはじめることが大切である。そして，行動化してしまう患者の気持ちを治療者が言葉にしたり，適切な対処をとれたことを支持したりすることの効果があるように思われる。患者が「困ったことを理解してくれようとす

る人がいる」と感じたり，適切な対処法・生活の仕方などが身につくようになると，知的能力障害を伴わないパーソナリティ障害の患者よりも行動化は軽減しやすい。軽度知的能力障害を背景にもつパーソナリティ障害の行動化は，知識や理解の少なさによって対処不能・キャパシティオーバーになった場合の結果であったり，言葉にする力の少ない彼らが困った感覚を表現した結果であったりするのである。背後にある器質的な問題を把握するためにもアセスメントや心理検査は重要である。

9.6.3 隠れたパーソナリティ障害

　現在，「うつ・抑うつ神経症」「適応障害」「気分変調性障害」「双極性II型」などの診断名がつくなかで，その背景にパーソナリティ障害が隠れていることが多い。自己愛性パーソナリティ障害の節（9.4）で紹介した「新型うつ」もその一例であろう。こういった場合，診断名や患者の自称「うつ」に注目してしまうと，気づかぬうちに問題が大きくなることや，治療に取り組んでいるはずなのに，一向に変化がない，ということが生じがちである。また，環境調整を患者の希望するように行ったのに，同じようなトラブルが繰り返され，周囲が疲弊する，ということもある。

【事例6】
　小学生の子どもをもつFさん。子どもの対応に困っている，ということでスクールカウンセラーに相談すると，スクールカウンセラーは，「またいつでも相談してください」と伝えた。
　するとその次の日から毎日，ささいなことでFさんから相談の電話がスクールカウンセラーのもとに入るようになった。「毎日のお電話は困ります」とスクールカウンセラーが伝えたところ，Fさんは「いつでもいいって言ったじゃないですか！」と激しく怒った。

【事例7】
　会社員のGさん。仕事に行くと意欲が出ない，落ち込む，頭痛が治らない，など訴えていた。忙しすぎるというGさんの訴えで配置換えを行うと，

> **コラム 9.3　Fさん，Gさんにはどうしたらよかった？**
>
> 　Fさん，Gさんのような「隠れたパーソナリティ障害」は臨床場面でよく出会う。もしかしたら，さまざまなところで出会う「困った人」かもしれない。Fさん，Gさんたちのような人々は<u>大人としての自分を保つ心の機能（＝自我機能）</u>が脆弱で，傷つきやすく，ささいなことでその奥底にある自信のなさや劣等感を刺激されてしまう。その傷つきを認めることができないので，怒りで隠すか，現実場面から引きこもる方法をとってしまう。
>
> 　そういった人に面と向かって弱い面を最初から突きつけるよりも，心の健康な部分とまず「作業同盟」を結ぶのである。Fさんにはまず①<u>"きまり"として「〇曜日の〇時から30分でしたら相談に乗ることができます」と決めること（＝枠の設定）</u>とし，Gさんには，②<u>「"これではまずい"と思っているGさんがいる」ことを共有し，一方で"現実の厳しいところから逃げてしまいたいGさん"を根気よく検討していく（＝2項関係から3項関係へ）</u>のがよいだろう。しかし，このような人たちはいわゆる治療にのりにくく，また，<u>一見わかりにくいので周囲が困惑し</u>，彼らの希望にあわせてしまい，ついには辟易してしまうのである。

今度は「この部署ではやりたいことができない」と言い出し，抑うつ状態となり産業医の勧めで精神科クリニックを受診した。「適応障害」という診断の元，Gさんは休職した。休職中には気分転換に海外旅行を楽しむことができていた。Gさんは上司に「私は新型うつなんです」と説明し，上司は対応に困り果てている。

　BPDでは，気分障害，物質関連障害（薬物・アルコールなどの依存症），摂食障害との合併が多いことの指摘（小此木・大野，1996）や，心身症と境界例の共通点を早期の母子関係の障害にみることができると指摘する言及（高野，1996）もある。また，気分障害は単独で起こることは少なく，人格障害や摂食障害，アルコール依存症やパニック障害との合併が多いともいわれている。さらに，適応障害に隠れるパーソナリティ障害に関して小此木（1998）は，同じ一過性の不適応が起こっても，一時的な反応ですぐに回復

するか，一過性の適応障害が固定化し，長期的な不適応状態，適応障害をきっかけにより重篤なパーソナリティ障害が顕在化する場合があることを指摘している。このように，表に出ている症状や診断名の背景に隠れたパーソナリティ障害に出会うことも，実際の臨床の現場では少なくない。それらを把握することが，治療の方向性や本質を見据えることにつながり，患者のみならず，治療スタッフのかかえる困難を軽減することにもつながるだろう。

精神疾患と自己 10

　こころの病に，自己という概念はどのように関連しているのだろうか。自己という概念はとても幅広い意味合いをもっている。また同時に，精神疾患にも色々な種類がある。そのため，一つひとつの精神疾患がどのような自己の側面に関わっているのか，丁寧に理解していく必要がある。

　本章では，まず自己という用語の意味を確認し，精神疾患の診断基準のなかで自己という概念がどのように登場するのかをみていく。続いて，個別の精神疾患において自己がどのように関連するのかをみていく。とくにうつ病と自尊感情との関係を重点的に紹介するが，できるだけ他のさまざまな障害と自己との関わりにも触れる。なお，境界性パーソナリティ障害や自己愛性パーソナリティ障害，回避性パーソナリティ障害などのパーソナリティ障害においても自己は深い関わりをもっている。これらについては第9章を参照されたい。

　精神疾患のための診断基準として広く使用されているのはアメリカ精神医学会による精神疾患の診断・統計マニュアル（Diagnostic and Statistical Manual for Mental Disorders 5th Edition ; DSM-5）と，世界保健機関による疾病および関連保健問題の国際統計分類（International Statistical Classification of Diseases and Related Health Problems ; ICD-10）の精神および行動の障害の診断ガイドラインである。本章では，DSM-5の基準に則って精神疾患を紹介していく。診断基準は全てを紹介できないため，正確な理解のために原典にあたるようにしてほしい。

10.1 さまざまな自己と精神疾患の診断基準

10.1.1 「自己」の5つの意味

　精神疾患と自己との関係を考えていくにあたって，自己という概念が心理学においてどのように使用されているのかを理解しておく必要がある（第1

章,第5章参照)。そもそも,日本語の自己とは英語のselfの訳語であることを理解しておきたい。selfは「自己」という日本語だけでなく,「自分」「セルフ」,あるいは他の言葉と組み合わされて「自」とも訳される(たとえば自傷(self-injury))。精神分析においてよく用いられる自我はegoの訳語であり,自己とは区別されている。また,日本語で自己という用語が使われても,英語ではselfとならないような用語もある(たとえば自己臭恐怖(fear of emitting body odor))。

リアリーとタングネー(Leary, M. R., & Tangney, J. P., 2003)は,自己(self)という言葉が以下の5つの意味で用いられると整理している。それぞれの区分は曖昧で幅広い意味をもつものから,意味を限定しているものまでさまざまであり,重なり合ってもいる。図10.1のような包含関係で理解することができる。

1.「その人自身」としての自己

日常的に「自己」という場合には,漠然と「その人自身」という意味で用いられることが多い。たとえば,セルフサービスという日常語があるが,こ

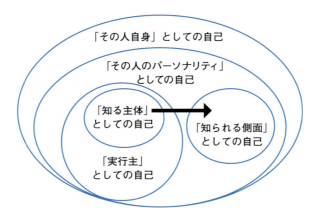

図 10.1　自己についての5つの意味の概念図
図の円はそれぞれの包含関係を表す。

れは「自分自身で」行うことを意味してセルフという言葉が使われる。同じように，精神障害に関連して自傷，自己モニタリング，自己破壊的行動，自己記入式質問紙という場合には，傷つけたり，監視したり，破壊したり，記入するのは「その人自身」という意味で自己という言葉が使われる。「その人自身」という意味での自己は，以下の4つの意味で使われる自己を含んでいると考えられる。

2. 「その人のパーソナリティ」としての自己

マズローはその人自身のまだ芽生えていない可能性までも含んだパーソナリティという意味で自己をとらえ，そうした潜在可能性を発揮して生きていくという意味で自己実現（self-actualization）という言葉を用いている。他にも，自己構成体（self-organization），自己構造（self-structure），自己システム（self-system）という用語が使われるときは，何らかのパーソナリティ特徴を意味するものとして自己という言葉が用いられることが多い。

3. 「知る主体」と「知られる側面」としての自己

「知る主体」という意味での自己と「知られる側面」という意味での自己は対置すると理解しやすい。前者は「自分自身を理解する主体としての自分」という意味であり，後者は「主体により理解される自分の一面」という意味である。この2つの概念はIとme，主体としての自己（self-as-subject）と客体としての自己（self-as-object）という区別でもいい表されている。たとえば，自己理解，自己意識，自己注目などの用語は，自分で自分を理解したり，注目したり，意識したりするのは自分自身であるため，「知る主体」という意味で自己が用いられている。一方，自己概念，自己認知，自己イメージなどという用語は，自分を客体化してみた対象のことを意味するので「知られる側面」として自己という言葉が使用されている。

4. 「実行主」としての自己

これは，先の「知る主体」の自己をより広くとらえた場合で，自己を何らかの働く機能としてとらえる場合に用いられる。たとえば，自己制御（self-regulation）や自己コントロール（self-control）という用語がこれにあたる。

自己制御という場合には，自分の感情状態，動機づけ，行動などを自分自身で調整し，適切な水準に保とうとする働きかけを意味する。このように，自己が何らかの操作をする主体となって機能する側面をいい表す場合にも，自己という言葉が用いられる。

10.1.2 DSMにおける自己

精神疾患の診断基準のなかでは，どのくらい「自己」という概念が登場するのであろうか。オブライエンら（O'brien, E. J. et al., 2006）は，DSM-IV-TRのなかに70以上の自己を使った用語があり，その多くは**自尊感情**（self-esteem；第1章，p.6，第7章，p.126，第11章，p.208参照）と概念的に重複するものであったと述べている。たとえば，誇大な自己感覚，肥大した自己評価，低い自己価値感，自己非難，自信，自己批判，自己蔑視，自信喪失などは全て，自尊感情と関連する言葉だと考えられる。自尊感情は現行の診断基準（たとえば気分変調性障害），将来的に診断基準として含まれる可能性のあると考えられていた障害（たとえば抑うつ性パーソナリティ障害），障害を特徴づける概念（たとえば社交恐怖）といった，24の診断基準のなかで登場する。

こうした状況が物語っているのは，精神病理学や診断学においても，自己という言葉が必ずしも一義的に用いられているわけではないということである。理想的には，病気の診断基準は科学的に確立されたものであるべきである。言葉の意味がばらばらである場合，科学的な研究の根幹が揺らぎ，診断基準が医師によって異なる事態にもなりかねない。DSMはできるだけ客観的に症状を記述するように配慮されているが，それでもこのように自己は多様な意味をもつ。人間の精神，あるいは自己という言葉を用いるときには，こうした曖昧さを常にもち合わせていることを注意しておく必要があるだろう。この意味でも，先に述べた5つの自己の意味は参考になる。この区分でみると，DSMにおいては自己誘発性嘔吐といった「その人自身」や，自己評価といった「知られる側面」という意味で自己が用いられることが多いと

表 10.1　臨床心理学や精神医学に関わる自己に関する概念

「その人自身」としての自己
自傷行動，自己破壊的行動，自己教示，自己防衛，自己所属性，自己開示，セルフヘルプ，セルフトーク，自己主張，セルフモニタリング，自己臭恐怖，自己視線恐怖，自己催眠，自己性愛，自己治癒，自己超越，自己成就的予言，自己誘発性嘔吐

「パーソナリティ」としての自己
自己システム，自己構造，自己構成体，自己スキーマ，誇大自己，自己の喪失，理想自己，自己一致，自己実現，自己複雑性，本当の自己／偽りの自己，自己形成

「体験主体」としての自己
自己理解，自己意識，自己注目，自己不認証，自己確証，自己肯定，自己査定

「その人の信念」としての自己
自尊感情，自尊心，自己愛，自己価値感，自己評価，自己感覚，自己像，自己概念，自己認知，自己知識，自己信念，自己知覚，自己覚知，自己確実性，自己尊敬，自己表象，自己慈悲，自己像幻視，自己効力感，自己対象，自己分化

「実行主」としての自己
自己決定，自己非難，自己卑下，自己高揚，自己関連づけ，自己制御，自己静穏，自己主体感，自己受容，自己欺瞞，自己コントロール，自己弛緩

その他の「自己」と類似する用語
自我，アイデンティティ，本来性

ここにあげたのは自己に関連する一部の概念である。また，各用語は使われる文脈によっては違う区分としてとらえられることもある。

考えられる。表 10.1 には，DSM だけにとらわれず，広く臨床心理学や精神医学で用いられる自己に関する概念をあげた。

10.2　自尊感情に関わる障害

10.2.1　大うつ病性障害と自己

うつ病（DSM-5）／大うつ病性障害（major depressive disorder）とは，抑うつ気分および興味・関心の喪失を中核症状とした障害である。2 年以上抑うつ気分が持続している場合には持続性抑うつ障害（気分変調症）となる。

大うつ病性障害の診断基準を表 10.2 に示した。この診断基準のなかで，自己に直接的に関係しているのは大うつ病エピソードの A 基準（7）の無価

表 10.2 うつ病（DSM-5）／大うつ病性障害の診断基準の要約
(DSM-5, 2013 髙橋ら訳 2014 より作成)

A. 以下の症状のうち 5 つ以上が 2 週間の間に存在し，病前の機能からの変化を起こしている。少なくとも 1 つは，抑うつ気分あるいは(2)興味または喜びの喪失である。
  (1) ほとんど一日中，ほとんど毎日の抑うつ気分。
  (2) ほとんど一日中，ほとんど毎日，ほとんど全ての活動における興味，喜びの著しい減退。
  (3) 有意の体重減少，体重増加。またはほとんど毎日の食欲の減退か増加。
  (4) ほとんど毎日の不眠または過眠。
  (5) ほとんど毎日の精神運動焦燥または制止。
  (6) ほとんど毎日の疲労感または気力の減退。
  (7) ほとんど毎日の無価値感，または過剰であるか不適切な罪責感。
  (8) 思考や集中力の減退，または決断困難がほとんど毎日認められる。
  (9) 死についての反復思考，反復的な自殺念慮，自殺企図，または計画。
B. 症状は臨床的に意味のある苦痛，または社会的，職業的，または他の重要な領域における機能の障害を引き起こしている。
C. そのエピソードは，物質の直接的な生理学的作用，または他の身体疾患によるものではない。
D. 抑うつエピソードは，統合失調感情障害，統合失調症によってはなどとは重なっていない。
E. 躁病・軽躁病エピソードが存在したことがない。

値感や罪責感である。**無価値感**の対象は自己であり，自分自身が生きている価値がないという感覚を意味する。無価値感は自己価値感，自尊感情，自尊心，自己評価の低さという言葉で置き換えてもいいだろう。罪責感の対象も自己である。自分自身が生きていることを申し訳ないと過剰に思う場合に，この基準が該当する。なお，気分変調性障害の診断基準においては「自尊心の低下」と記述されており，はっきりと自己に関わる診断基準であることがみてとれる。

　自己無価値感は診断基準にも含まれているが，それだけでなく，抑うつを持続させる要因の一つとしてもとらえられる。たとえば，認知行動療法の創始者の一人であるベックは，抑うつに特徴的な認知内容として，自己に対す

る否定的概念，人生体験に対する否定的解釈，将来に対する空虚で絶望的な考えをあげている（Beck, A. T., 1976 大野訳 1990）。たとえば，「自分はだめ人間だ（自己に対する否定的認知）」「誰も自分を認めてくれるはずがない（世界に対する否定的認知）」「ずっとこのまま生きていてもいいことなどない（将来に対する否定的認知）」があげられる。

こうした否定的な認知は，時々であれば誰しもがもつものでもある。しかし，診断基準にもあるように，ほとんど毎日繰り返してそう思うようになると抑うつになる可能性が高くなる。このように，物事をくよくよと否定的に繰返し考え続けることは**反芻**（rumination）と呼ばれている。自分の悪い点について考え続けることで，落ち込みや無力感，絶望感が増していく。

10.2.2　自己注目と抑うつ——坂本の3段階モデル

自分について反芻的に考えて抑うつが生起されたり維持されたりする過程は，坂本（1997）による自己注目（self-focus）研究で明らかにされ，3段階モデルとして整理されている。図10.2に自己注目と抑うつの3段階モデルを示した。図の左側から順を追ってみていこう。

まず，何らかの否定的な出来事が起こる（たとえば上司に怒られた）。すると，そのことに引き続いて注意が自己か外側かに向く。外側に注意が向いて「今日は暑い日だからイライラしているのかな」と考える人もいれば，自己に注意が向いて「自分が悪かったのかな」と考える人もいる（始発）。このときに，「自分はできそこないだ」といった考え（セルフスキーマ）を前々からもっていたり，「一度たりとも失敗は許されない」という信念がある場合，それが作動すると「やっぱり自分はだめだ」と認知結果がネガティブなものとなり，抑うつにつながる。さらに，落ち込んだ気分のまま自分の悪い点に注目して，反芻して考え続けることで，さらに自己評価が下がり抑うつが持続する悪循環に陥ることとなる。

このように，自己注目と反芻思考によって抑うつが維持されてしまうことがある。しかし，自分のことについて考えることがいつでも抑うつにつなが

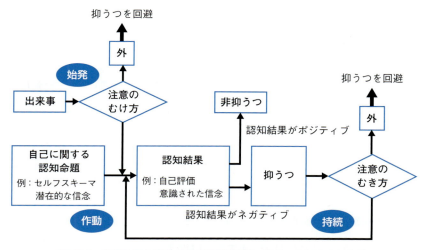

図 10.2 **自己注目と抑うつの 3 段階モデル**（坂本，1997 より作成）

るかというと，そうではない。この点を考えるのにあたって，トラプネルとキャンベル（Trapnell, P. D., & Campbell, J. D., 1999）の考えが役に立つ。彼らは，悪い点をつらつらと考え続けることを「反芻（rumination）」，自分について分析して落ち着いて考えることを「**省察**（reflection）」として区別している。高野と丹野（2010）は，この 2 つの特性を測定する尺度を用いて検討したところ，抑うつに対して反芻は正の相関がある一方で，省察は負の相関がみられたと報告している。ここから，何か悪い出来事があって自分に注意を向けたとしても，反芻して落ち込みながら考えれば抑うつにつながるが，その出来事がもつ意味を落ち着いて分析しながら考えることができれば抑うつを防げる可能性が考えられる。表 10.3 に反芻と省察を測定する尺度を掲載したので，自分の考え方について振り返ってみてほしい。

また，坂本の 3 段階モデルではもともとある認知命題やセルフスキーマが悪影響を及ぼすことで，認知結果が否定的なものになるとされている。つま

表 10.3　Rumination-Reflection Questionnaire 日本語版

【反　芻】
1. 自分のある側面について考えるのをやめたいと思っていても，そこに注意が向くことが多い
2. 最近自分が言ったことやしたことについて，頭の中でいつも思い返しているように思う
3. 時々，自分自身について考えるのをなかなかやめることができない
4. 口論や意見の不一致があると，その後長い間私は起こったことを考えつづける
5. 本当に長い間，自分に起こったことを繰り返し考えたり，つくづくと考えたりしがちだ
6. 終わったことやしてしまったことを思い返すために時間を使うことはない（＊）
7. 過去にあった場面で，自分がどう振舞ったかを頭の中でよく思い返している
8. 自分がしたことについて，自らもう一度評価をしていることに気が付くことがよくある
9. あまり長い間，自分自身のことを繰り返し考えたり，じっくり考えたりすることは決してない（＊）
10. 不愉快な考えを頭の中から外へ出すことはたやすい（＊）
11. もはや関心を持つべきではない人生の出来事について熟考することがよくある
12. 私は，恥ずかしい，あるいはがっかりした瞬間を思い返すのに，非常に多くの時間を費やしている

【省　察】
1. 哲学的，抽象的な考えは，それほど私の興味を引くものではない（＊）
2. 私はそれほど物事を深く考えるタイプの人ではない（＊）
3. 「内的な」自己を探るのがとても好きだ
4. 物事に対する自分の態度や気持ちに，強い興味がある
5. 内省的，自省的な考え方は本当に好きではない（＊）
6. なぜそうするのかを分析するのがとても好きだ
7. 私は，「深い」，内省的なタイプの人だとよく人に言われる
8. 自己分析はあまり好きではない（＊）
9. もともと自己をとても探求したいと思っている
10. ものごとの本質や意味について深く考えることがとても好きだ
11. 自分の人生を哲学的に見ることがとても好きだとしばしば思う
12. 自分自身についてじっくり考えることは，楽しいとは思わない（＊）

「1. 全く当てはまらない」，「2. 当てはまらない」，「3. どちらともいえない」，「4. 当てはまる」，「5. よく当てはまる」の5件法で回答する。（＊）の印は逆転項目で，得点をひっくり返した得点（5点ならば1点，4点ならば2点）をその項目の得点とする。各項目の合計をそれぞれの下位尺度の得点とする。高野・丹野（2008）で報告された日本人大学生の平均点は，反芻で37.88点（標準偏差9.17），省察で41.05点（標準偏差9.03）であった。

り，もともと「自分はだめ人間だ」という考えが心のどこかに根づいている場合に，日々の出来事で何かあったときに認知結果が否定的なものになってしまうことが多くなり，そうした経験が集積されて落ち込んだり，抑うつになってしまうと考えられる。

では，こうした自己に対する認知命題は，どこからやってくるのだろうか。精神力動療法では，幼少期における養育者との対人関係が抑うつ症状の形成に影響を与えていると考えることが多い。また，認知行動療法においても，早期の人生経験のなかでネガティブなセルフスキーマが形成されると考えられている。つまり，この点に関して精神力動療法と認知行動療法はともに共通の見解をもっているようである（Dehart & Tennen, 2006）。

10.2.3 双極性障害と自己

気分が異常かつ持続的に高揚したり，開放的になったりいらだたしくなる期間が続き，通常の生活が阻害されている期間が4日（軽躁病エピソード）や1週間（躁病エピソード）以上ある場合には，双極性障害（bipolar disorder）と診断される。この躁病・軽躁病エピソードの診断基準のなかには，「自尊心の肥大，または誇大」という診断基準が含まれている。大うつ病性障害であれば，自己価値の感覚が低いことが診断基準となる。双極性障害の場合はその逆で，躁状態になった場合の非常に高揚した自己感覚が診断基準となる。

単極性の抑うつ障害群と違って，双極性障害の場合には躁状態とうつ状態とを行き来する。躁状態においては，気分の高揚に加えて自分に対する評価も高揚しており，自分が非常に価値のある人間だという思いが一時的に続く。こうした躁状態の際には，「自分は神様だ」とか「天才だからなんでも任してくれ」などと誇大な自己感のまま周囲の人に威張ったり大言壮語してしまうこともある。すると，後にうつ状態になったときに，躁状態だった自分を思い出して非常に恥ずかしく苦しくなるとともに，自尊感情もどん底へと落ち込むことになる。こうした自己価値の不安定さは研究でも示されている。

寛解した双極性障害の患者であっても，健常の人よりも日々の自尊感情の変動が大きかったことが報告されている（Knowles et al., 2007）。

10.2.4　自尊感情のあり方と精神障害

　自己心理学やパーソナリティ心理学の領域では自尊感情や自己価値感の研究が盛んに行われている。そこで，もう少し自尊感情と精神疾患について考えていく。

　これまでは，自尊感情が極端に低かったり高かったりした場合の問題を紹介してきた。自尊感情の研究では単純な感覚の高低だけでなく，自己価値感のあり方そのものを問う研究がみられる。たとえば，双極性障害のところで触れた**自尊感情の変動性**（instability of self-esteem；第11章，p.213参照）の重要性を指摘したのは，社会心理学者のカーニスであった。自尊感情の変動性とは，時や場合によって自尊感情が高くなったり低くなったりする程度である。この変動性には個人差があり，自尊感情が比較的一定で変わらない人もいれば，不安定で日々高くなったり低くなったりする人もいる。カーニスは初期の研究で，自尊感情が安定している場合にのみ，自尊感情の高さや低さが抑うつに関係していることを示している（Kernis, M. H. et al., 1991）。

　それでは，どうして自己価値感が変動しやすい人と安定している人がいるのであろうか。この疑問に関する概念として，**自己価値の随伴性**（contingency of self-worth；第11章，p.215参照）がある（Kernis, 2003；Crocker, 2001）。これは，自尊感情の生起に関わる状況が人によって異なるという考えである。たとえば，きれいな洋服を着ることで自尊感情が得られる人もいるだろうし，仕事で優秀な成績を達成することで自尊感情を得る人もいるだろう。このように自己価値感の拠り所は人によって色々である。

　クロッカーらの研究グループは，こうした自尊感情の随伴対象は大きく外的なものと内的なものに分けられるとして，それらと抑うつとの関連を調べている。その結果，外的な物事（他者から承認や外見，学業など）に自己価値が随伴している程度が，抑うつの症状と正の相関関係にあることが示され

た（Sargent et al., 2006）。つまり，人から認められることに自己価値を置いているほど，抑うつのリスクがあると考えられる。この結果は，外的な対象から自尊感情を保とうとする難しさを考えると納得できるだろう。もし他人からの評価に自尊感情が依存していれば，いつも他人の目を気にし，認められていることに頑張りつづけなければならない。他者からの評価は自分ではコントロールできないものである。いつも美しい格好をしたり，学業で優秀な成績をとりつづけるのも難しい。もしそうできたとしても，今度は妬みの対象となりかねない。このように，他者の評価や基準で生きていくことは心身共にとても疲れるものであり，ちょっとした失敗で強く落ち込み，結果として抑うつ的になってしまうと考えられる。

　摂食障害（eating disorder）もまた，こうした自己価値感の随伴性メカニズムに密接に関連している。摂食障害には，年齢と身長に対する正常体重の最低限の体重以上を維持することの拒否や，体重増加に対する強い恐怖を示す神経性やせ症／神経性無食欲症（anorexia nervosa）と，反復する過食エピソードとそれによる体重の増加を防ぐための不適切な代償行動を繰り返す神経性過食症／神経性大食症（bulimia nervosa）などが含まれる。このどちらの診断基準にも，自己評価に対する体重や体型の不相応な影響が含まれている。つまり，摂食障害は外見や体重に自己価値感の基準が一極集中している状態としてとらえることができる。実際，一般大学生の調査では，外見への自己価値の随伴性が高いことと摂食障害の症状との関連が報告されている（Crocker, 2001）。図10.3には，摂食障害の患者と一般健常者の自尊感情のあり方を単純化して描いた。一般健常者は人との関わりや自分がしてきた活動，自分のさまざまな特徴などから自尊感情を得ているが，摂食障害の患者は自尊感情の基準が体重や外見でほとんどを占めてしまっている。

　摂食障害の症状が重くなると，患者は毎日体重計にのって数グラム単位の体重変化に一喜一憂するようになる。食べないように決心しても我慢しきれずむちゃ食いをしては，自己誘発性嘔吐や下剤を乱用するため，自己嫌悪やみじめさに苦しむ。さらに悪いことに，神経性無食欲症の診断基準にもある

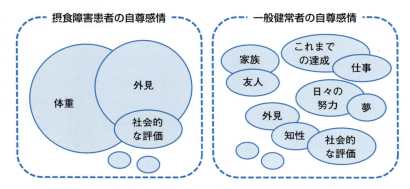

図 10.3 摂食障害患者と一般健常者の自尊感情のイメージ図

ように，摂食障害の患者にはボディイメージの歪みが指摘されており，健常者よりも自分の身体が醜いと認知する傾向がある。

こうしたボディイメージの歪みが病態そのものとして記述されているのは，DSM-5 では強迫症および関連症群の区分に含まれる**醜形恐怖症／身体醜形障害**（body dysmorphic disorder）である。身体醜形障害は，「外見についての想像上のとらわれ」によって日々の生活に顕著な障害が起こっている状態を指す。外見上で自分には欠陥があると思い込み，この欠陥を取り繕ったり人から見られないようにして，1日に何時間も鏡を見たり，外出を避けたりすることもある。このような，ボディイメージの歪みが中核症状とされる摂食障害や身体醜形障害に対しては，外見へのとらわれやこだわりをなくそうとする認知行動療法の有効性が報告されている（Cash & Grant, 1996 山中訳 2000）。

この節の最後に，自尊感情はどのような精神障害にも関わる問題であることを指摘しておく。こころの病気にかかるのは人格的に未熟だとか，本人に責任があるだとか，社会的敗北者であるとか，偏見と差別にあうことがある。社会的な差別にあわなくても，本人のなかでそういう意識があれば，必然的に自尊感情が下がるだろう。限局性学習症／限局性学習障害や注意欠如・多

動症／注意欠如・多動性障害など幼児期や児童期にはじまる神経発達症群は，周りの子どもが状況をよく認識できないままからかうことがあり，それが本人にとっては深い心の傷として残ることもある。また，性別違和の人は葛藤を抱えながらも，一番わかってほしい相手には相談できない状況に置かれ，マイノリティとして自分をとらえることで自尊感情が下がることもあるだろう。

10.3 その他の精神疾患と自己

10.3.1 不安症／不安障害と自己意識

不安症／不安障害（anxiety disorder）には，パニック症／パニック障害，広場恐怖症，社交不安症／社交不安障害（社交恐怖），全般性不安症／全般性不安障害などが含まれる。その名前からもわかるように，これらの障害は不安を特徴としている。不安とは，将来の危険や不幸を心配しながら予期し，不快な気分や緊張の身体症状を伴うような状態を指す。

不安障害のなかでも，パニック障害や広場恐怖症，社交恐怖などは**自己意識**（self-consciousness）と関連している。自己意識とは，自分自身に対して注意を向けることであり，自己注目とほぼ同義である。自己意識は，公的自己意識（public self-esteem）と私的自己意識（private self-esteem）に分けられる。前者は他者または外側から見た自分の姿へ向けられる意識であり，後者は自分の内面に向けられた意識を指す。先に述べたように，自分の内面に向けられる注意は抑うつとの関連が想定されるが，公的自己意識は不安，とくに社交不安障害や対人不安と関連することがわかっている（Mor & Winquist, 2002 ; 菅原，2002）。

1. 社交不安症／社交不安障害（社交恐怖）

社交不安症／社交不安障害（社交恐怖）（social anxiety disorder/social phobia）の主要な基準は「他者の注視を浴びる可能性のある1つ以上の社会場面に対する著しい恐怖または不安」である。社交不安障害の人は，「自分

が見られるのではないか」と漠然と不安に思うだけでなく，「心臓がどきどきしはじめた」「汗をかいてきた」と身体感覚に注意を向けたり，「汗をかいているのが他の人にばれないか」「恥をかくのではないか」と人から見られた自分を過剰に意識して不安や恐怖感が引き起こる。その結果として，社会的状況から引きこもるような行動症状が表れる。

このように，社交不安障害は他者の評価を過度に気にするわけであるが，そもそも，他人が自分のことをどう思っているのかはわかりようがない。社交不安障害の患者は，実際には「きっとだめな自分がばれてしまうにちがいない」といったように，自分自身で自己評価を下げていることが多い。つまり，もともと自分に対して否定的な見方をもっているため，他人もそう思うだろうと過敏になっている状態としてとらえることができる。否定的な自己認知は社交不安障害の重要な発症・維持要因として考えられている（Hofmann & Otto, 2008）。たとえば，「もし不安になったら，自分は負け犬だ」といったような自己破壊的思考をもっていることもある。

2. パニック症／パニック障害

パニック症／パニック障害（panic disorder）は，パニック発作（動悸，発汗，身震い，息苦しさ，窒息感，胸痛や腹部の不快感，めまい感など）を起こさないかという不安が症状の中核にある。パニック障害の患者は，不安になっていないかと常に自分の状態をモニターするようになる。内側や身体に向けられた意識が，汗をかいたりしてわずかでもその変化をとらえたなら，そこからパニックが生じるのではないかと破局的に解釈し，不安がさらに増悪する。加えて，公共の場でパニックを起こすのではないかと考えることでも，余計に不安が増加する。

3. 対人恐怖症

対人恐怖症（taijin kyofusho）は，日本において特有の症候群として，DSM-5 の付録「苦痛の文化的概念の用語集」に紹介されている。対人恐怖症は，人に見られることを気にするというよりは，自分が人に対して何らかの悪影響を与えることを気にする点に特徴がある。たとえば，**自己視線恐怖**

図 10.4　社交恐怖と対人恐怖の違い

(fear of eye-to-eye confrontation) は自分の目つきが悪く鋭いために相手に不快な思いをさせているのではと恐れることを指す。また，**自己臭恐怖** (fear of emitting body odor) は自分が嫌なにおいを発散させているために，人から避けられていると思い込むことを指す。社交不安障害も対人恐怖も，どちらも自己への神経質なまでの過敏さや，他者からの反応を想像した際の強い恥の感情が特徴的といえるだろう（図 10.4）。

10.3.2　心的外傷後ストレス障害と自責感

　実際にあるいは危うく死にそうになったり重症を負うような出来事を体験・目撃・直面した人が，その心的外傷的出来事の侵入症状，外傷に関わる事象の回避，心的外傷出来事に関連した認知と気分の陰性の変化，覚醒度と反応性の著しい変化を 1 カ月以上示し，臨床上の著しい苦痛や生活上での著しい機能の障害を起こしている場合に，**心的外傷後ストレス障害**（Post-Traumatic Stress Disorder ; **PTSD**）として診断される。心的外傷後ストレス障害と診断される人のなかには，強い自責感や恥の気持ちに苦しむ人が少

なからずいる（Foa et al., 2007 金・小西監訳 2009）。たとえば，暴行の被害を受けた場合，加害者を撃退するべきだったとか，暴行を受けた自分が悪いと考えるようになることもある。こうした自己批難や**自責感**が，強い自己否定的な認知につながることもある。たとえば「自分がこんなに弱くなければあんなことは起こらなかった」とか「だめな人間だからこそ，被害にあったんだ」などと考えるようになる。性被害の場合には「自分は汚れている」と恥辱感を伴った強い否定的な自己認知が形成されやすい。自然災害などで多くの人が犠牲になった場合には，「自分だけ助かってしまって，こうしてのうのうと生き延びている」といった**生存者罪悪感**（survivor's guilt）がみられることもある。

10.3.3 統合失調症と自我障害

統合失調症（schizophrenia）は妄想や幻覚，まとまりのない発語や行動などを特徴とする。その診断基準を表 10.4 に示した。幻覚の内容は「殺す」などの脅迫的なものであったり，「ばか」などといった軽蔑であったりする。統合失調症の患者は，自分自身の行為が他者からさせられたり，自分の考えを奪われると感じる作為体験や，自分の考える内容が外側に漏れているよう

表 10.4　統合失調症の診断基準の一部要約（DSM-5, 2013 髙橋ら訳 2014 より作成）

A. **特徴的症状**：以下のうち 2 つ（またはそれ以上），おのおのが 1 カ月の期間（治療が成功した場合はより短い）ほとんどいつも存在する：
　(1) 妄想
　(2) 幻覚
　(3) まとまりのない発語（例：頻繁な脱線または滅裂）
　(4) ひどくまとまりのない，または緊張病性の行動
　(5) 陰性症状（すなわち感情の平板化，意欲欠如）
B. 社会的または職業的機能の低下：障害の始まり以降の期間の大部分で，仕事，対人関係，自己管理などの面で 1 つ以上の機能のレベルが病前に獲得していた水準より著しく低下している。
C. 期間：障害の持続的な徴候が少なくとも 6 カ月存在する。

な自我漏洩体験といった，**自我障害**（disturbance of the self）がみられる（丹野，2002）。

　人は自分の思考や意思，身体の動きなどは自分自身のものだという実感をもって生きている。これを**自己所属感**というが，統合失調症の患者はこの自己所属感が失われていることがある（中井・山口，2001）。たとえば，歩いていても自分の意思で歩いているとは感じられないようなことが起こる。こうした自己所属感が減弱すると，自分が自分の精神過程や身体から遊離して，外部の傍観者になったかのような自己の知覚や体験を意味する**離人感**につながることもある。離人感は統合失調症だけでなくさまざまな障害にもみられるが，こうした状態が持続したり反復すれば，DSMでは離人感・現実感消失症として診断される。

10.4　おわりに

　これまで，さまざまな精神疾患と自己との関わりを紹介してきた。単純に精神疾患と自己といっても多様で複雑な関係性にあることが理解できたことと思う。冒頭では，自己についての5つの意味を紹介した。精神疾患との関連で考えるうえでは，その自己の概念が中核症状（診断基準）なのか，周辺症状（特徴的にみられやすい症状）なのか，症状の発症につながる危険因子なのか，症状の維持因子なのか，治療した成果の指標なのか，といった区別からもとらえることが重要である。

　自尊感情は，おそらく診断基準，危険因子，維持因子，治療した成果の指標のどの点からもとらえることができる。たとえば，もともと自分に対する価値感が低かったために，落ち込むことが多くなり，結果として大うつ病性障害に至ることもあるだろう（危険因子）。自尊感情は大うつ病性障害の症状の一つとしてとらえられる（診断基準）し，この症状がさらなる気分の悪化や落ち込みに影響すると考えられる（維持因子）。治療がうまくいけば，そうした自分に自信をもてるようになるだろう（治療の成果）。こうしたさ

まざまな側面から立体的に，力動的に自己と精神疾患との関わりを一つひとつ考えていくことが，今後の研究や臨床実践において役に立つだろう。

第Ⅴ部
自己とパーソナリティの理解と測定

自己理解の方法

　世の中には，さまざまな心理テストが存在する。これらの心理テストには，心理学の研究上で厳密な基準を用いて作成されたものだけではなく，娯楽の一つとして作成されたものも数多く含まれる。これらの心理テストが好まれる理由は，誰もが「自分のことを知りたい」と思うからではないだろうか。

　本章では，心理学の研究上で開発された自己の特徴を測定する手法を紹介し，自己理解の方法について議論する。自己の特徴として，自己に対する評価や，自己愛の特徴などを取り上げる。

11.1　自己に対する評価

　はじめに，以下の説明をよく読み，表 11.1 の質問項目に回答してほしい。表 11.1 は，「次のおのおのについて，あなた自身にどの程度あてはまるかをお答え下さい。他からどう見られているかではなく，あなたが，あなた自身をどのように思っているかを，ありのままにお答え下さい。」とあるように，「あなた」についての質問項目である。それぞれの項目内容が，あなた自身にどの程度あてはまるかを考えて回答してほしい。すべての項目への回答が終わったら，合計得点を算出してほしい。

　表 11.1 は，「自己に対する肯定的な評価」（Baumeister, 1998）と定義される自尊感情の高さを測定する尺度である。本尺度は，ローゼンバーグ（Rosenberg, M., 1965）によって開発され，山本ら（1982）が日本語版を作成している（第 1 章，p.6，第 7 章，p.126，第 10 章，p.191 参照）。

　本尺度で測定される自尊感情は，10 点から 50 点の得点範囲となり，得点が高いほど，自己に対して肯定的な評価をしていることを意味する。尺度の

表 11.1　自尊感情尺度 (山本ら, 1982)

次のおのおのについて，あなた自身にどの程度あてはまるかをお答え下さい。他からどう見られているかではなく，あなたが，あなた自身をどのように思っているかを，ありのままにお答え下さい。

	あてはまらない	ややあてはまらない	どちらともいえない	ややあてはまる	あてはまる
1. 少なくとも人並みに価値のある人間である。	1	2	3	4	5
2. 色々な良い素質を持っている。	1	2	3	4	5
3. 敗北者だと思うことがよくある。	5	4	3	2	1
4. 物事を人並みには，うまくやれる。	1	2	3	4	5
5. 自分には，自慢できるところがあまりない。	5	4	3	2	1
6. 自分に対して肯定的である。	1	2	3	4	5
7. だいたいにおいて，自分に満足している。	1	2	3	4	5
8. もっと自分自身を尊敬できるようになりたい。	5	4	3	2	1
9. 自分は全くだめな人間だと思うことがある。	5	4	3	2	1
10. 何かにつけて，自分は役に立たない人間だと思う。	5	4	3	2	1

合計得点が高い人は，自己に対して肯定的な評価をしており，尺度の合計得点が低かった人は否定的な評価をしているととらえられる。山本ら (1982) の大学生を対象とした調査によれば，男性のほうが女性よりも自尊感情の得点が高いことが報告されている。

　自己に対する評価については，さまざまな領域における自己に対する評価である「自己評価」もとらえることができる。自己評価とは，スポーツが得意であることや，外見的な魅力が高いことなどの自己を評価することが可能である側面別の自己に対する評価である。自己評価の側面については，山本ら (1982) が取り上げた自己認知の側面からとらえることができる。山本ら (1982) は，大学生を対象に「自分の自信のあるところ」についてたずねた

面接の結果と，先行研究の知見をふまえ，自己認知の側面を測定するための項目を設定している。その結果，表11.2 のように，11 の側面が抽出され，各側面の自己評価の得点は，男女において異なることが明らかにされている。男性は「スポーツ能力」「知性」「性」「容貌」「生き方」や「趣味や特技」の得点が高く，女性は「社交」「経済力」や「学校の評判」の得点が高かった。

なお，自尊感情や自己評価の高さは，発達過程において変化することも指摘されている。たとえば，自尊感情は 8 歳から 12 歳にかけて低下し，その後，上昇すること（Rosenberg, 1965）や，高校生や大学生が他の年代に比べて得点が低いこと（松岡，2006）が報告されている。

表 11.2　自己認知の諸側面（山本ら，1982 を基に作成）

自己評価の側面	項 目 例
社　　交	社交能力に自信
	交際範囲が広い
スポーツ能力	体力に自信
	運動神経が発達
知　　性	知的能力に自信
	物事を知っている
優 し さ	思いやりがある
	人に対して寛大
性	性的テクニックに自信
	性的能力に自信
容　　貌	目鼻立ちがよい
	外見に自信
生 き 方	生き方に自信
	個性的な生き方
経 済 力	自由な金が多い
	家庭が裕福
趣味や特技	趣味に自信
	特技がある
まじめさ	きちょうめんである
	自分に厳しい
学校の評判	評判のよい大学にいる
	出身校が有名

以上のように，自己に対する評価は，全体的な自己に対する評価と側面別の自己に対する評価に区分することができる。また，大学生などの青年期においては，評価の高さに性差がみられることや，自己に対する評価は発達過程において変化することが指摘されている。

11.2　自己に対する評価と心理的適応との関連

　自尊感情や自己評価などの自己に対する評価については，肯定的な評価をしているほど，望ましいととらえられている。これまでに，自尊感情が高いほど，抑うつや不安が低いこと（Smart & Walsh, 1993 ; Ciarrochi et al., 2001）や，主観的幸福感（well-being）が高いこと（Diener, 1984）などが報告されており，高い自尊感情が心理的に適応的である特徴の一つとされている。

　しかし，一方では，自己に対する高い評価が，必ずしも適応的であるとはいえないことも指摘されている。たとえば，自尊感情は自己愛の特徴と正の相関がみられること（小塩，2001）も報告されている。**自己愛**とは自分自身を愛することであり，自尊感情や自己評価と同様に，自己に対する肯定的な評価や感覚を示しているものであると考えられる。ただし，自己愛については，自己愛性パーソナリティ障害（第9章，p.170参照）というように臨床場面で扱われるパーソナリティ障害の一つとして注目されてきた。加えて，自己愛の特徴は，青年期の心性としてもとらえられており，現代青年の人間関係の問題の根底に自己愛の特徴があることや，人間関係の希薄さが自己愛的な特徴を増加させることなどが指摘されている（小塩，2004）。自己愛は，自尊感情や自己評価と共に，自己に対する肯定的な感覚であるが，自分を愛するというように，自己に対する高すぎる評価は心理的に不適応的であるととらえることができる。

　なお，自己愛の高さを測定する方法については，複数の測定尺度が作成されている。代表的なものとして，**自己愛人格目録短縮版**（Narcissistic Personality Inventory-Short Version；NPI-S：小塩，1999）があげられる。自己愛人格目録短縮版は，自己愛性パーソナリティ障害の記述のうち，「自己の重要性に関する誇大な感覚」に関連する「優越感・有能感」と，「過剰な賞賛を求める」や「自分が特別であり，独特であり，他者にもそのように認識することを期待する」に関連する「注目・賞賛欲求」と，「尊大で傲慢な行動，または態度をとる」と関連する「自己主張性」の3つの下位尺度から，構成される（小塩，1999）。

　また，自己愛を以下の2つのタイプに分類しとらえることができる。すなわち，自己愛は，誇大的で能動的であり，自己中心的で他者の反応にあまり関心を示さないという特徴を示す自己愛と，抑制的で引きこもりがちであり，他者の反応に敏感であるなどの特徴を示す自己愛とに分類される（小塩，2004）。中山と中谷（2006）は前者の自己愛を「誇大型」とし，後者の自己愛を「過敏型」としている。誇大型の自己愛は，他者によらず，自己価値や自己評価を肯定的に維持する機能に関連しており，過敏型の自己愛は，他者によって低められるような証拠がないことを確認することで，自己価値や自己評価を肯定的に維持する機能と関連している（中山・中谷，2006）。

　以上のように，自己に対する高い評価は心理的適応を示す特徴としてとらえられる一方で，自己愛のように自己に対する高すぎる評価は心理的不適応を示す特徴としてとらえることもできる。

11.3　自己に対する評価の状態

　表11.1を用いて測定した自尊感情の高さであるが，測定の際に答えづらいと感じた人がいるのではないだろうか。それぞれの測定項目に，今この瞬間はあてはまるが，別のときにはあてはまらないと感じた人や，そもそも，いつの自己に対する評価なのかと，疑問に思った人もいるのではないだろうか。

　近年では，自己に対する評価は常にいつも同じではなく，短期間の間に変

化するものとしてとらえる研究も存在する。たとえば，**ソシオメーター理論**（sociometer theory ; Leary et al., 1995）では，自尊感情は，現在の自分が他者から受容もしくは拒否されていることを示す主観的指標ととらえられている。他者から受容されている感覚によって自尊感情が上昇し，拒否されている感覚によって自尊感情が低下することを実証している。

　また，阿部と今野（2007）は，ある時点の自尊感情の状態を正確にとらえる尺度として，自尊感情尺度（山本ら，1982）の教示文や項目文に，「いま」という表現を加え，**状態自尊感情尺度**を開発している（「いま，自分に対して肯定的であると感じる。」「いま，自分は役に立たない人間であると感じる。」など）。他者からの受容や成功体験など，ポジティブな出来事を経験することによって，状態自尊感情は上昇し，他者からの拒否や失敗体験など，ネガティブな出来事を経験することによって，状態自尊感情は低下することが明らかになっている（阿部・今野，2007）。加えて，自己評価の側面を取り上げ，自己に対する評価の状態を測定する試み（Heatherton & Polivy, 1991）も行われている。日本語版の尺度については，舘と宇野（2000）が作成しており，状態的な自己評価の側面として，学問的能力や外見などがあげられている。

　さらに，個人の自尊感情の変動のしやすさ，すなわち，**自尊感情の変動性**（第10章，p.198参照）についても注目されている（e. g. Kernis et al., 1989 ; 阿部ら，2008）。阿部ら（2008）や市村（2011）は，日誌法や携帯電話のweb機能を用いて，状態自尊感情の測定を7日間にわたり1日1回実施し，7日間の状態自尊感情得点のばらつき（標準偏差）を，各個人の自尊感情の変動のしやすさの得点としてとらえている。また，7日間の状態自尊感情得点の平均値と標準偏差をそれぞれ自尊感情の平均的な高さと変動性の高さの指標とし，2つの得点の高低から，異なる自尊感情の特徴をもつ，自尊感情の4群が構成されている（市村，2011）。自尊感情の4群とは，**図11.1**に示す通りである。

　日常生活において，自己に対して平均的に高く評価し，さまざまな出来事

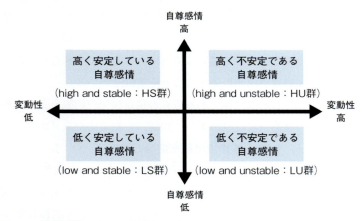

図 11.1　自尊感情の高さと変動性の 2 側面による 4 群（市村，2011 を基に作成）

を経験しても，その評価が安定している群（HS 群）と，自己に対して平均的に高く評価しているものの，さまざまな出来事の経験などによって，その評価が揺らいでしまう群（HU 群）が設定されている。自己に対して平均的に高く評価していても，その評価が安定している HS 群は心理的に適応的であるが，その評価が変動する HU 群は，過敏型自己愛傾向が高いことなどが明らかにされている（市村，2011）。

　さらに，自己に対して平均的に低く評価しているものの，さまざまな出来事の経験などによって，時にはその低い評価を高い評価にすることのできる群（LU 群）や，常に自己に対して低く評価し，その評価が固定的になっている群（LS 群）も設定されている。自己に対して平均的に低く評価し，その評価が固定的になっている LS 群よりも，その評価が変動する LU 群のほうが主観的幸福感が高いことも明らかにされている（Paradise & Kernis, 2002）。

　以上のように，自己に対する評価については，出来事の経験等によって変動しており，適切な測定尺度を使用することによって，現時点の自分自身の

状態をとらえることも可能である。また，状態変数として自己に対する評価をとらえることによって，変動のしやすさという自己の新たな特徴を把握することができ，自分自身を理解する一つの指標となる。

11.4 自己を揺れ動かす原因

前節では，ある時点の自尊感情の状態に注目し，日々変化する自己に対する評価についてとりあげた。では，自己に対する評価は何によって変動するのであろうか。

前述したように，阿部と今野（2007）では，状態自尊感情尺度が変化する要因として，他者からの受容や拒否，成功や失敗体験を取り上げている。具体的には，成功や失敗体験として，架空のテストを実施し，対象者に対して，ランダムにポジティブなフィードバックと，ネガティブなフィードバックを与え，フィードバックの前後で状態自尊感情尺度を測定するという実験を行っている。また，自尊感情の低下を引き起こすために，課題をうまくこなすことができないという自己の能力に関する失敗と，不注意で他者に迷惑をかけてしまうという他者に迷惑や損害を与えてしまう失敗の2種類を設定する実験もある（清水，1994）。以上のように，自己に対する評価は日常生活のさまざまな出来事の経験によって変化すると考えられる。

自己に対する評価が揺れ動く自己評価の側面についても，注目されている。クロッカーとウォルフ（Crocker, J., & Wolfe, C. T., 2001）が注目するのは自己価値の随伴性である。**自己価値の随伴性**（第10章，p.198参照）とは，「人間の行動や認知・感情・動機づけを予測するためには，領域に規定されて変動する自尊感情（状態自尊感情）のパターンを理解する必要があり（Crocker & Wolfe, 2001），どのような領域に自尊感情や自分自身の価値の見積もりを随伴させるのか」と概念化されている（内田，2008）。自己に対する評価は，個人が自己に対する評価を随伴させている領域の出来事が発生したときに，変動すると考えられている。たとえば，学力の領域に自身の自

己評価を随伴させている者は,良い成績をとった場合に自己に対して肯定的に評価することができると考えられる。

自己価値の随伴性の測定尺度の日本語版を作成している内田(2008)によると,自己に対する評価の随伴領域として,7つの領域(競争性,外見的魅力,関係性調和,他者からの評価,学業能力,倫理的であること,家族・友人からのサポート)が設定されている(表11.3を参照)。競争性と関係性調

表11.3　**自己価値の随伴性側面および測定代表項目**(内田,2008を基に作成)

随伴性側面	項目例
競争性	課題や技術において他の人よりもうまくやると,自分に価値があると感じる。 私の価値は,競争的な課題においてどれだけうまくやるかということに影響される。
外見的魅力	私の自尊心は自分の外見を魅力的と思うかどうかとは関係がない。 どれだけ私の顔の特徴に魅力があると思うかによって,自尊心が影響を受ける。
関係性調和	私の価値は,他の人との関係をどれだけよく保っているかということに影響される。 もしも私がグループ内の関係の調和を壊したら,私は自分の価値を認めることができない。
他者からの評価	私が自分自身をどう思うかは,他の人が自分をどう思っているかということに全く影響されない。 他の人々が私について否定的な意見をもっていたとしても,私は気にしない。
学業能力	自分をどう思うかは,私が学校でどれだけ優秀であるかということとは結びついていない。 私の自尊心は学業成績によって影響される。
倫理的であること	間違っているとわかっていることをやると,自尊心を失う。 もしも非倫理的なことをしたら,自尊心は下がるだろう。
家族・友人からのサポート	私の家族の人達や友人達が私を愛してくれていると知ると,自分をいい感じだと思う。 私を気遣ってくれる家族や友人達がいることは,私の自尊心にとって重要である。

和の領域を除く，5つの領域において，男性よりも女性のほうが得点が高いことが明らかにされている（内田，2008；図 11.2）。男性よりも，女性のほうが，自分自身の外見が魅力的であることや，他者から望ましい評価を受けること，成績が優れていること，自身が倫理的であること，自分自身を愛してくれる家族や友人がいることに，自分自身の価値を随伴させている。これらの領域において出来事が発生した際に，自己に対する評価が変動すると考えられる。

以上のように，実験や調査を用いて，自己に対する評価が変動する事象がとらえられたり，その原因となる要因についても検討が行われている。個人差や性差があるものの，自己に対する評価は日常生活のさまざまな出来事の経験等によって，変動するものと考えられる。

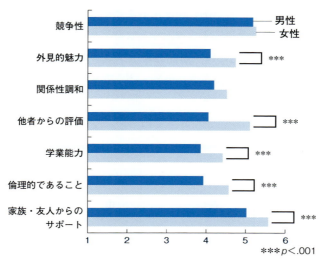

図 11.2　男女別の随伴性得点の記述統計量および t 検定の結果
（内田，2008 を基に作成）

11.5 無意識的な自己

本章の 11.1 から 11.3 において取り上げた自己に対する評価の測定は、すべて質問項目が設定されており、各個人が質問項目をよく読み、自分自身にどの程度あてはまるかということを考えながら、回答する形式である。このような測定を自己報告式の測定といい、意識された自己に対する評価を測定している。

一方で、近年では、自分自身では意識することができない、無意識レベルの自己に対する評価についても注目されている。前述した自己報告式で測定された自己に対する評価を「**顕在的自尊感情**」というのに対し、無意識レベルの自己に対する評価は「**潜在的自尊感情**」という。潜在的自尊感情は、「自己に関連した対象への反応を導く非意識的な自己に対する評価」と定義されている（Greenwald & Banaji, 1995）。なお、潜在的自尊感情などの潜在指標を扱う研究では、科学的に検証することを前提としており、非科学的に議論されている無意識に関する理論等とは異なるものを扱っている。

潜在的自尊感情の測定には、**潜在連合テスト**（**IAT**; Implicit Association Test）が用いられている。潜在連合テストは、設定された概念間の結びつきの強さを測定する実験課題である。

図 11.3 をパソコンの画面として見てほしい。左上に「花」、右上に「虫」

図 11.3　潜在連合テスト——実験課題の例

というカテゴリーが表記されており，中央に「ひまわり」という単語がある。潜在連合テストでは，中央に表記された単語をできるだけ速く，左右のカテゴリーに分類することが求められる。実験では，あらかじめ左右のカテゴリーに対して，それぞれキーを設定しており，分類した際に該当するキーを押すことが求められる。図11.3 では，中央に「ひまわり」とあるので，左上の「花」に分類される。

潜在的自尊感情を測定する際には，図11.4（以下，セッションA）のように，左上に「自分」と「良い」，右上に「他者」と「悪い」というカテゴリーが設定される。中央の「嬉しい」は肯定的な感情を表すことから，「良い」を表す単語となり，左のカテゴリーに分類される。セッションAにおいては，「恐ろしい」や「美しい」などの複数の単語を分類するように教示される。

その後，図11.5 のカテゴリーを用いた課題も実施される（以下，セッシ

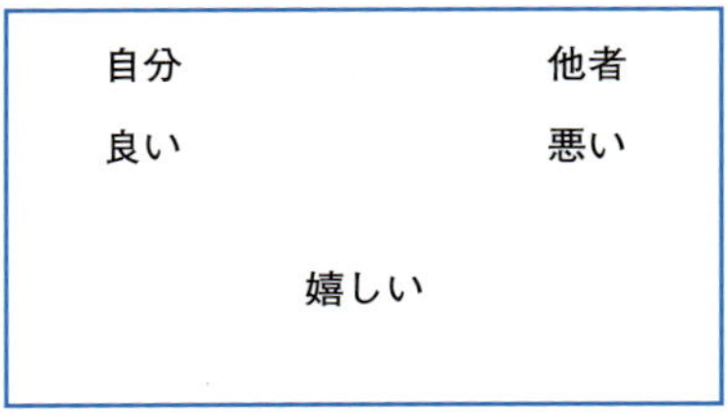

図11.4　潜在連合テスト――実験課題の例（セッションA）

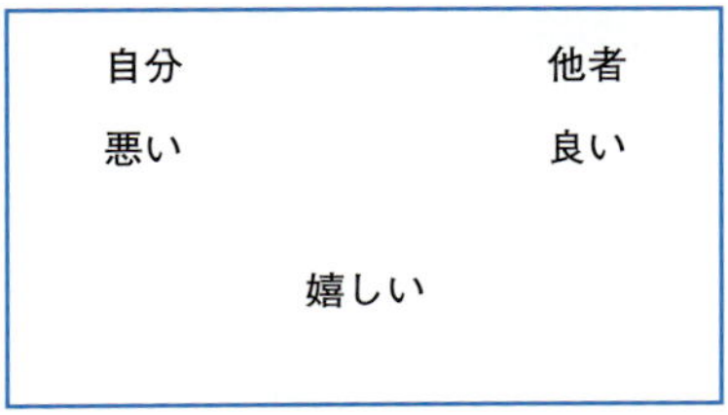

図11.5　潜在連合テスト――実験課題の例（セッションB）

ョンB)。セッションBは，セッションAとは異なり，左上に「自分」と「悪い」，右上に「他者」と「良い」というように，カテゴリーが変化している。

　一般に，「自分」には肯定的な感情価値をもち，「他者」には否定的な感情価値をもつことから，セッションAのように，「自分」と「良い」というカテゴリーと，「他者」と「悪い」というカテゴリーの分類は，速くかつ正確に反応できる課題とされている。一方，セッションBのように「自分」と「悪い」というカテゴリーと，「他者」と「良い」というカテゴリーの分類は，反応が遅くなったり，誤りやすい課題とされている。また，「自分」と「良い」というカテゴリーが設定された際の分類が容易であれば，潜在的に自己に対して肯定的な評価をしていると考えられ，「自分」と「悪い」というカテゴリーが設定された際の分類が容易であれば，潜在的に自己に対して否定的な評価をしていると考えられる。潜在連合テストを用いた研究においては，潜在的自尊感情の高さの指標として，セッションBの反応時間から，セッションAの反応時間を引いたものが用いられたり，得点を算出するさまざまな方法がある。

　以上のように，無意識的な自己に対する評価を測定する試みも行われている。無意識的な自己に対する評価を測定することによって，意識的な自己に対する評価との違いを比較することも可能である。

11.6　自己理解の方法のまとめ

　本章において取り上げた自己に対する評価の測定方法は，実際に体験したように，自己を理解する方法の一つとして用いることができる。自己に対する評価は，質問項目に回答するというアンケート形式の調査だけでなく，潜在連合テストのように実験課題によって測定することも可能である。また，特性的な自己に対する評価だけでなく，ある時点の自己に対する評価の状態や，無意識的な自己に対する評価など，さまざまな側面から自己に対する評

価を測定することが可能であり，自己を理解するのに役立つと考えられる。

　心理学研究においては，各測定方法は，個人の自己に対する評価の特徴をとらえるために用いられている。測定時には，他の心理的特徴についても併せて測定され，得られた調査データを用いて，自己に対する評価に影響を与える要因や，自己に対する評価によって引き起こされる問題等が検討されている。ただし，測定手法によっては，尺度の妥当性の検討が不十分であるなどの問題点が存在しており，継続的に手法の改善を検討している研究も多く存在する。

　最後に心理学の研究上で開発された自己の特徴を測定する手法を用いて自己を理解することについて，注意点をあげておく。本章において取り上げた測定方法によって，自己に対する評価を測定した結果，自己に対して肯定的に評価していることや，自己評価がある特定の領域に影響を受けやすいことなどを知った人がいるであろう。あくまでも，それらの結果は，ある時点で，ある1つの測定手法を用いてとらえた自己の特徴にしかすぎないことを忘れないでいてほしい。たとえ，今は自己に対して否定的な評価をしているという得点になったとしても，それは永遠に変化しないという特徴ではない。自己に対する評価は，人生の転機となるような特定の重大な出来事の経験などさまざまな経験の積み重ねや，発達に伴い，長期的に変化すると考えられる。加えて，自己に対する評価は，日常生活において経験する些細な出来事によって，短期的にも変化するものとしてとらえることが可能である。自己に対する評価だけではなく，自己の特徴はすべて変化する可能性があると考えられる。自己を理解する際には，現時点の特徴だけではなく，過去や未来の自己についても包括的にとらえる必要があると考えられる。

パーソナリティ理解の方法

ここまで多くのパーソナリティに関する理論に触れてきた。最後に、パーソナリティを測定する方法にはどのようなものがあるのか、それを用いてどのようにパーソナリティを理解していくのかを学んでいく。測定法には、主に質問紙法、投映法、作業検査法の3つがあり、それぞれに異なる特徴がある（表12.1）。本章では、この3つの方法について具体例を示しながら順に解説していく。

まず、パーソナリティの理解には大きく類型論と特性論の2つがあった（第2章参照）。たとえば内向と外向というパーソナリティを考える際に、類型論では内向的な人と外向的な人などと典型的なパーソナリティのタイプを想定して、個人をどちらか一方にあてはめていく。この場合は「Aさんは外向的なタイプ」や「Bさんは内向的な人」などとパーソナリティが表現されることになる。一方、特性論では、内向性と外向性は1次元上の対極にあり、その連続線上のどこかに個人が位置するとみなす。この場合には「Aさんは外向性が高い（内向性が低い）」や「Bさんは真ん中くらい、どちら寄りでもない」といった程度の差として表現されることになる。パーソナリティの測定も、どちらかのとらえ方に基づいて行われる。

表12.1　パーソナリティを測定する各方法の長所と短所

	方法	測定レベル	長所	短所
質問紙法	質問項目に対して、自分がどの程度あてはまるかを被検者が数段階で自己評定	意識レベル	一度に多くの人に実施でき、採点も容易で、客観的かつ量的に解釈しやすい	回答が意識的または無意識的に歪曲される可能性がある
投映法	自由度の高い曖昧な刺激や課題に対する反応から検査者が評定	無意識レベル	被検者が意識的に回答を操作しにくいため、パーソナリティが歪曲されずに表現されやすい	熟練した検査者でなければ解釈が困難であり、主観も入りやすく、客観性が得られにくい
作業検査法	一定の継続的な作業の経過から検査者が評定	行動レベル	被検者が意識的に回答を操作しにくく、実施や採点は比較的わかりやすく客観的にできる	測定できるパーソナリティ特徴が限定的であり、結果の解釈には熟練を要する

12.1 質問紙法を用いたパーソナリティの測定

質問紙法は，さまざまな領域でもっともよく用いられるパーソナリティの測定法である。とくに社会心理学の領域で用いられることが多い。一般的には「アンケート調査」と呼ばれるもので，紙面上に多くの質問項目が並べてあり，それに対して自分が「あてはまる」か「あてはまらない」かを数段階で回答していくような方法である。質問項目に対し，選択肢ではなく空欄が用意されていて，自由に文章で答える場合もある。いずれにせよ質問紙法では，自分が自分をどのようにとらえているかが反映されることになる。誰にでもわかりやすく誤解のない表現になっている質問紙は，多くの人に同時に実施することができ，採点もしやすく，所要時間も短くて，客観性のある方法とされている。

ただし，自分で自分のことをよくわかっていること，意図的であれ無意図的であれ回答するときに本当のことを答えること，この2つの前提が成り立たなければ，質問紙法で測定されたパーソナリティと実際のパーソナリティが大きく異なる可能性もある。現実的には，自分でも自分自身のことがよくわからない場合や，何らかの事情で本当のことを答えない場合も多分にある。これが質問紙法の限界といえる。

ここでは具体例として3つの質問紙を紹介する。

12.1.1 ビッグ・ファイブ

特性論に基づいた研究が数多く行われるなかで，人間のパーソナリティの基本的な特性として以下の5つが共通してよくみられることが明らかにされてきた。その共通したものを整理したのが**ビッグ・ファイブ**（第2章，p.28参照。ただし，尺度名は両章でやや異なっている）である。名前の通り5つの特性因子から構成され，さまざまな形式の質問紙においても，またさまざまな国で行われた調査においても，同じように共通して見出されている因子のため，広く普遍性があるものとされる。和田（1996）が作成したビッグ・

ファイブ尺度を参考に一部改変したものが表12.2である。まずはこれに回答してみてほしい。

すべての質問項目への回答が終わったら，○をつけた数値をそれぞれ足し上げて合計得点を出す。今回はそれぞれ6項目ずつ5件法で質問紙を構成したため，得点は6〜30点の範囲となり，中央値は18点となる。以下はそれぞれの得点が示す特性の内容である。なお，ビッグ・ファイブの5因子を覚える方法の一つとして，頭文字を並べると「OCEAN（オーシャン）」と読めることを付記しておく。

1. **開放性・知性（O：Openness to Experience）**
   この得点の高さは，新しい知識や経験を求める傾向が強く，多彩なアイディアに富むことを示す。
2. **誠実性・勤勉性（C：Conscientiousness）**
   この得点が高ければ，物事に対して真面目に，徹底的に関わり，中途半端にはしないことを意味する。
3. **外向性（E：Extraversion）**
   この得点の高さは，外の刺激に目を向けやすく社交的であることを示す。逆に得点が低い場合には，外の世界よりも自分自身の内側の世界に目が向きやすい傾向にあることを示す。
4. **調和性・協調性（A：Agreeableness）**
   この得点が高い場合，周りの他者に合わせてうまく人間関係を築くことができ，チームで活動することが得意であることを示す。
5. **情緒不安定性・神経症傾向（N：Neuroticism）**
   この得点が高いほど気持ちの波が激しく，さまざまなことに気を奪われやすいことを意味する。反対に得点が低いほど，気持ちが安定していることを示す。

12.1.2　エゴグラム

エゴグラムとは，交流分析という人間関係の心理学理論に基づいて作成さ

表 12.2 ビッグ・ファイブの質問項目例（和田, 1996を参考に一部改変）

自分にあてはまるかどうかをお答えください。

	あてはまらない	ややあてはまらない	どちらともいえない	ややあてはまる	あてはまる	
1. 独創的な	1	2	3	4	5	⎫
2. 多才の	1	2	3	4	5	⎪
3. 頭の回転の速い	1	2	3	4	5	⎬ O得点 ＿＿点
4. 臨機応変な	1	2	3	4	5	⎪
5. 好奇心が強い	1	2	3	4	5	⎪
6. 興味の広い	1	2	3	4	5	⎭
7. 計画性のある	1	2	3	4	5	⎫
8. 勤勉な	1	2	3	4	5	⎪
9. 几帳面な	1	2	3	4	5	⎬ C得点 ＿＿点
10. いい加減な	5	4	3	2	1	⎪
11. 軽率な	5	4	3	2	1	⎪
12. 飽きっぽい	5	4	3	2	1	⎭
13. 話し好き	1	2	3	4	5	⎫
14. 陽気な	1	2	3	4	5	⎪
15. 外向的	1	2	3	4	5	⎬ E得点 ＿＿点
16. 社交的	1	2	3	4	5	⎪
17. 活動的な	1	2	3	4	5	⎪
18. 積極的な	1	2	3	4	5	⎭
19. 温和な	1	2	3	4	5	⎫
20. 寛大な	1	2	3	4	5	⎪
21. 親切な	1	2	3	4	5	⎬ A得点 ＿＿点
22. 良心的な	1	2	3	4	5	⎪
23. 協力的な	1	2	3	4	5	⎪
24. 素直な	1	2	3	4	5	⎭
25. 悩みがち	1	2	3	4	5	⎫
26. 心配性	1	2	3	4	5	⎪
27. 気苦労の多い	1	2	3	4	5	⎬ N得点 ＿＿点
28. 弱気になる	1	2	3	4	5	⎪
29. 傷つきやすい	1	2	3	4	5	⎪
30. 神経質な	1	2	3	4	5	⎭

れたパーソナリティ診断テストである。精神分析の現代版ともいわれるように，自我状態を大きく「親（超自我）」「大人（自我）」「子ども（イド）」の3つの側面に分ける。「親」は両親や養育者から取り入れた自我状態で，さらに父親と母親の2つの側面に分かれる。「大人」はまさに成人の大人としての自我状態である。「子ども」は子どもの頃の感覚や行動からなる自我状態であり，自由な子どもと従順な子どもの2つの側面に分かれる。この5つの側面から個人のパーソナリティをとらえていく（図12.1）。

なお，この5つの側面を得点化するところまでは特性論に基づいて行われるが，その得点バランスから類型論的なタイプ分けも行っていくところが一つの特徴である。ここでもまず表12.3に回答し，それぞれの得点を出してから，以下の説明と解説を読み進めてほしい。なお，5つの得点はそれぞれ個人の特徴を示しているだけであり，高いことにも低いことにも，それぞれメリットとデメリットがある。

1. 厳しい父親の自分（CP：Critical Parent）

父親的で批判的な自我状態。CPが高いと，規律を重んじて理想を高くもつが，自分にも他人にも厳しく威圧的になりやすい。CPが低いと，物事に

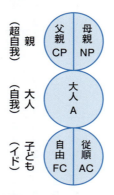

図12.1 エゴグラムで想定されている5つの側面

表 12.3 TEG（東大式エゴグラム）の質問項目例

自分にあてはまるかどうかをお答えください。
なるべく「はい」か「いいえ」でお答えください。

		いいえ	どちらでもない	はい	
1.	悪いことは指摘する	0	1	2	⎫
2.	自分を甘やかすのは嫌いだ	0	1	2	⎬ CP 得点
3.	よくリーダー役になる	0	1	2	
4.	無責任なことはしない	0	1	2	＿＿点
5.	正しいと思うことはやりとおす	0	1	2	
6.	何事も100％の力で取り組む	0	1	2	⎭
7.	人の身になって行動する	0	1	2	⎫
8.	人の役に立ちたい	0	1	2	⎬ NP 得点
9.	気遣いをするほうだ	0	1	2	
10.	相手の気持ちをよく考える	0	1	2	＿＿点
11.	おおらかだ	0	1	2	
12.	人には優しくする	0	1	2	⎭
13.	よく論理的に考える	0	1	2	⎫
14.	計画を立ててから行動する	0	1	2	⎬ A 得点
15.	何事も情報収集からはじめる	0	1	2	
16.	説明をするのは得意だ	0	1	2	＿＿点
17.	客観的な事実を大切にする	0	1	2	
18.	話には根拠が必要だ	0	1	2	⎭
19.	明るい性格である	0	1	2	⎫
20.	よく新しいことに挑戦する	0	1	2	⎬ FC 得点
21.	にぎやかなのが好きだ	0	1	2	
22.	自由にふるまえる	0	1	2	＿＿点
23.	笑っていることが多い	0	1	2	
24.	自分で楽しみをよく見つける	0	1	2	⎭
25.	人の意見に影響されやすい	0	1	2	⎫
26.	周りからの評価が大切だ	0	1	2	⎬ AC 得点
27.	物事を決めるのが苦手だ	0	1	2	
28.	誰かに従うことが多い	0	1	2	＿＿点
29.	人から言われたことは守る	0	1	2	
30.	一度決心してもすぐまた迷う	0	1	2	⎭

こだわらずのんびりとするが，規則を守らずいい加減にもなりやすい。

2. **優しい母親の自分（NP : Nurturing Parent）**

母親的で養護的な自我状態。NPが高いと，他人への思いやりがあり温かい心で接するが，過干渉でおせっかいになりやすい。NPが低いと，さっぱりとした人間関係を築きやすいが，冷淡で気遣いができない傾向もある。

3. **冷静な大人の自分（A : Adult）**

物事を客観的に論理的にとらえ，合理的な判断をする自我状態。Aが高いと，理性的で現実的な力を発揮しやすいが，人間味に欠ける側面もある。Aが低いと，素朴で情緒深い人間性となるが，情に流されやすく，思い込みで判断する傾向もある。

4. **自由な子どもの自分（FC : Free Child）**

もって生まれた自由奔放な子どもの自我状態。FCが高いと，感情表現が豊かで想像力にあふれるが，落ち着きがなく自己中心的にもなりやすい。FCが低いと，おとなしく素直であるが，物事を楽しむのが苦手で，引っ込みがちになりやすい。

5. **従順な子どもの自分（AC : Adapted Child）**

親の影響を受けて順応した子どもの自我状態。ACが高いと，協調性が高く社会に順応して他者から評価されやすいが，依存的で自信に欠け，優柔不断になりやすい。ACが低いと，自分のペースで自主的に行動できるが，自分勝手で人の気持ちを考えない傾向もある。

エゴグラムでは，この5つの得点のバランスによって類型論的なタイプ分けも行われ，パーソナリティの理解をさらに深めていく。一般的な日本人に多いのは，順にAC優位型，CP優位型，A優位型，N型Ⅰとされており，その特徴を図12.2に示す（東京大学医学部心療内科TEG研究会，2006）。

12.1.3　対処的悲観性-方略的楽観性

パーソナリティと表現する場合，それは個人の特徴をどういった水準でとらえているのか，またとらえるのが望ましいのか。たとえば「楽観的な人」

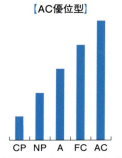
【AC優位型】

人に気を遣って「No」が言えず、与えられたことはできるが、自分から何かをするのは苦手。

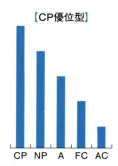
【CP優位型】

理想を追求するリーダータイプで責任感が強い。自他ともに厳しい。がんこで融通が利かない。

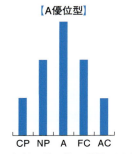
【A優位型】

合理的で知的で計画的。理屈っぽく、冷たいという印象も持たれやすい。

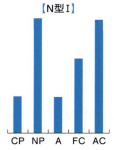
【N型Ⅰ】

人にやさしく世話焼き。「No」が言えず、頼まれたことは全て引き受けて他人に尽くす。

図 12.2 **日本人に多いエゴグラムの型**

という表現であれば、いつでもどこでもその人が「楽観的」であるととらえられるのが一般的かもしれない。ただし、人は時と場合によって普段と異なる思考や行動をすることもある。普段は楽観的な人であっても、特定の話題についてはひどく悲観的になるかもしれない。だからといって、全てが時と場合によるととらえてしまうと、今度は個人の特徴であるパーソナリティを

想定することもできなくなる。そこで近年，その中間をとる形で，一定の状況や場面に限定したパーソナリティを把握する試みがなされている。その一例として，ここでは対処的悲観性-方略的楽観性という概念を取り上げる。

対処的悲観性-方略的楽観性とは，その人にとって重要な課題が未来にあるという状況に限定し，それに対して楽観的に考えるのか悲観的に考えるのかをとらえる概念である。いつでもどこでも何に対しても，というわけではないことが特徴である。**表12.4**が尺度項目の一例である。この得点が高い人ほど対処的悲観性を，低い人ほど方略的楽観性を使っている可能性が高いとされる。

このように限定した形でパーソナリティを測定することのメリットは，よりその個人の行動や思考を正確に把握できることである。従来の限定がない研究では，悲観的であることは望ましくないという見方が一般的であった。しかし，対処的悲観性の研究によって，悲観的になって起こり得るさまざまな状況を事前に考えることで高まりすぎた不安がある程度まで抑えられ，最悪な状況にはならないようになんとかしようという動機づけが高まり，そして現実的な対処に結びついていくことが示された。つまり，悲観的思考にも適応的な機能があることが示唆された。また，対処的悲観性がうまく機能するのはもともと不安傾向の高い人のみであり，不安傾向の低い人には方略的楽観性のほうがうまく機能するといった，相性の良し悪しがあることもわかってきた。このように，状況や場面を限定してパーソナリティをとらえることが新たな知見に結びつくことも少なくない。

12.2 投映法を用いたパーソナリティの測定

防衛機制の一つに投映というものがある。これは，自分自身の心理状態を外の別の対象に映し出してしまうことである。たとえば，自分がイライラしているときには周囲の人もイライラしているようにみえたり，自分が穏やかな気持ちでいるときは見かけた動物や花も笑っているように感じたりする場

表 12.4　対処的悲観性の質問項目例（Hosogoshi & Kodama, 2005 を参考に一部改変）

ベストを尽くしたい・うまく成功したい状況，例えば試験や試合や発表などが未来にある状況を想像して下さい。そのような状況にのぞむ際に，あなたはどのように準備や心構えをするかを思い浮かべてみて下さい。そして，それぞれの文章がどの程度あなたにあてはまるかを答えて下さい。

	全くあてはまらない	ほぼあてはまらない	ややあてはまらない	どちらともいえない	ややあてはまる	ほぼあてはまる	非常にあてはまる
1. たぶんうまくやれると思ってはいても，最悪な場合を考えてその状況にのぞむ	1	2	3	4	5	6	7
2. うまくやれるだろうと前向きに考えてその状況にのぞむことが普通である	7	6	5	4	3	2	1
3. その状況にのぞむ前に，起こり得ることは全てしっかりと考える	1	2	3	4	5	6	7
4. その状況において自分の目的を達成できなくなるのではないかと，よく心配になる	1	2	3	4	5	6	7
5. もしもその状況で大きな失敗をしたらどんな気持ちになるかを，よく想像する	1	2	3	4	5	6	7
6. その状況ではどれくらい大きな失敗をする可能性があるかを，考えることがよくある	1	2	3	4	5	6	7
7. その状況で本当にうまくやれるかどうかよりも，人から自分が無能に思われるのではないかということを時々気にする	1	2	3	4	5	6	7
8. その状況にのぞむ前には，予想される悪い結果については考えないようにする	7	6	5	4	3	2	1

対処的悲観性得点＿＿＿＿＿点

合，投映が起こっている可能性がある。このように自分自身の内面が外に現れる投映の原理を利用して，曖昧で多義的な刺激に対する反応からパーソナリティを測定しようとするのが**投映法**である。

　意味の明白な文章に回答するという質問紙法が意識レベルのパーソナリティを測定するのに対し，投映法は無意識レベルのパーソナリティに迫る測定法とされている。回答者は自分の何を測定されているのかを推測しづらく，

意図的に回答を歪ませることが難しいため，内的な世界がより正確に表れることになる。つまり，投映法の長所はパーソナリティの全体像や力動といった深い内面まで測定できる点である。そのために主としてカウンセリングや心理療法の現場で活用されることが多い。その一方で，質問紙法のように明確な数量化が難しく，分析や解釈にも検査者の主観が入りやすいため，十分に熟練しなければ実施や解釈が難しいという短所もある。

ここでは具体例として3つの投映法を紹介する。

12.2.1　ロールシャッハ・テスト

図12.3を見ていると，意味のある何かに見えてこないだろうか。もし見えてきたとしたら，それは何であって，図版のどの部分にそれが見えるのか，またどうしてそのように見えるのか，をよく考えてほしい。これが**ロールシャッハ・テスト**の基本的なあり方の一例である。

ロールシャッハ・テストは，明白な意味をもたない左右対称の図が描かれた10枚の図版を順に見せていき，それぞれが何に見えるかを自由に回答してもらう検査である。このような曖昧な刺激であるからこそ，そこに自分自身のあり方やものの見方，つまりパーソナリティが投映されることになる。

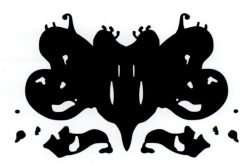

図12.3　ロールシャッハ・テストで用いられる図版に類似した図

たとえば、図版全体で何かを見る人もいれば、図版の一部のみから何かを見る人もいる。同じ部分に注目しても、それを人間と見ることもあれば、動物やものなどと見ることもある。同じように人間の姿を見たとしても、その決め手として述べられることは、形や輪郭、色彩の具合、色の濃淡、立体感や素材感などのさまざまな理由があげられる。このような反応の違いが個人のパーソナリティの違いを反映していると考えるのである。なお、パーソナリティを検討する際には、「何を見たのか」ということよりも「どのように見たのか」ということがより重要とされる。これは、物事や世界のとらえ方に個人の特徴が反映されることを意味する。検査は個人ごとに行う必要があり、1人当たりの所要時間も60〜90分程度と負担は少なくない。

なお、ロールシャッハ・テストの分析・解釈法にはいくつかの流派があり、クロッパー法、片口法、名大法、包括システムなどがその例である。

12.2.2 バウム・テスト

手もとにA4判の白い紙を用意し、鉛筆で1本の実のなる木を描いてほしい。これがバウム・テストの実施法の一例である。なお、ここでは「1本の実のなる木」という教示を用いたが、「実のなる木」や「木の絵」といった教示がされることもあり、研究者によって多少の違いがみられる。

「バウム」はドイツ語で「木」を意味するように、バウム・テストは白紙上に木を描いてもらい、そこからパーソナリティを測定する方法である。ロールシャッハ・テストのようにあらかじめ刺激が用意されておらず、自由に絵で表現してもらう描画法としても有名である。解釈にはいくつかの観点があるが、はじめに直感的な全体的印象をとらえ、次に紙面の上下左右のどこに木を描いたかを手掛かりに分析する空間象徴理論から検討し、それから地面や木の幹・枝・葉などの形態を詳細に検討していく、という手順が標準的とされる。他にも、発達の程度を検討したり、知的障害や精神障害の有無を検討したりする方法もある。一方、客観的に解釈することよりも、描かれた木をよく味わうことが重要であると強調される場合もある。

図 12.4　バウム・テストの一例（名島ら，2001 より抜粋）

図 12.4 は，友人からは引っ込み思案，家族からは手のかからない良い子，とみられていた摂食障害の女子中学生が描いた木である。木の小ささから周囲の圧力に押されて自信を失っている様や，地平線や根がないことから安定感が欠けていることなどがうかがえる（名島ら，2001）。

バウム・テストに最低限必要な検査用具は紙と鉛筆と消しゴムだけであり，集団で実施することも可能で，所要時間も1人当たり15分程度と短いため，日本でよく用いられる心理検査の一つとなっている。

12.2.3　TAT（主題統覚検査）

図 12.5 の絵を見て，それについての物語を作ってほしい。今はどのような状況なのか，そこにいる人は何を考えたり感じたりしているのか，以前にどのようなことがあって今の状況になったのか，今後はどのようになっていくのか，心に浮かんだまま自由に話してほしい。これが **TAT（主題統覚検査）** の実施例である。

図 12.5　TAT で用いられる図版に類似した図

　TAT では，多くの図版に人間が描かれており，ロールシャッハ・テストよりは少し高い意識水準で回答がなされ，とくに人間関係に関するパーソナリティのあり方を反映する検査とされる。本来たった 1 枚の絵を見ただけで，その場にいる人間の考えや感情，お互いの関係性，過去から現在や未来につながる展開を正確に知ることは，現実的に不可能である。それにも関わらず，それらを想像したり推測したりして物語を作ろうとした場合，そこに個人のパーソナリティが投映されることになる。この現象を TAT ではとくに「統覚」と表現している。他の投映法と同様に分析や解釈には複数の立場があるが，①臨床的な感覚や主観を重視して物語一つひとつの個別性を大事にする立場，②何らかの基準や観点を明確にもって客観性を大事にする立場，の 2 つに大別される。

　刺激図版にはいくつかのセットがあるが，マレー版の場合は 1 人につき 20 枚の図版が用意され，はじめに前半 10 枚分を行い，数日後に残りの 10 枚を行うのが標準とされている。ただし，検査にかかる時間や回答する者の状況などを考慮し，たとえばとくに検討したい側面を知るために適切な図版 5 枚のみに絞り，1 回の検査で実施することも多い。

12.2　投映法を用いたパーソナリティの測定

12.3　作業検査法を用いたパーソナリティの測定

作業検査法では，一定の指示に従って具体的な作業を行わせ，その取り組み方に反映される個人のパーソナリティを読み解こうとするものである。質問紙法のような認知面ではなく，行動面からとらえようとすることや，投映法のような曖昧な刺激ではなく，具体的で明白な作業を課すことが特徴といえる。

作業検査法の長所としては，検査の目的が回答者に察知されづらく，意図的に結果を歪めることが難しいため，主観的な自己報告に比べて信頼性が高いことや，言語能力に左右されないため適用範囲が広いことなどがあげられる。反対に，測定できるパーソナリティが表面的かつ限定的になることや，結果の解釈は熟練者でなければ難しいこと，また主観が入りやすいことが短所としてあげられる。

作業検査法は，もともとは統合失調症の研究から開発されたものだが，実際にはカウンセリングなどの現場で用いられることよりも，作業力や注意力を検討するために産業の領域で用いられることが多い。

ここでは，もっともよく用いられる検査を一つ紹介する。

12.3.1　内田クレペリン精神作業検査

図 12.6 の用紙には，隣り合う数字同士を足し上げて，その 1 桁目の値が隣り合う数字の間に青字で記載されている。このような計算作業を連続して行うのが**内田クレペリン精神作業検査**である。

実際の内田クレペリン精神作業検査では，1 桁の数字が横 1 列に 115 字並び，それが縦 30 行分（15 行＋15 行）ある用紙を用いて，1 行につき 1 分間でできる限りの計算を行わせていく。1 分毎に合図があり，それに合わせて下の行の計算に移っていく。前半の 15 行分が終わると 5 分の休憩があり，その後に同じように後半の 15 行分を実施する。各行で最終的に到達した回答数を，前半と後半でそれぞれ 1 本の線で結び，作業曲線を作成する。

図 12.6　内田クレペリン精神作業検査で用いられる用紙の類似用紙

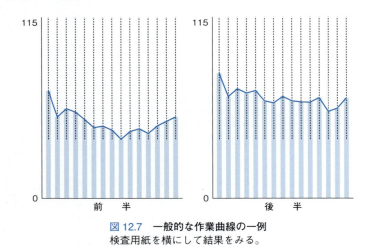

図 12.7　一般的な作業曲線の一例
検査用紙を横にして結果をみる。

　内田クレペリン精神作業検査では，パーソナリティの解釈のことを判定という。判定には 3 つの観点があり，①全体の作業量，②作業曲線の形・型，③誤りの量や誤り方，から検討していく。図 12.7 が一般的な作業曲線の例である。多くの場合，はじめは一生懸命に努力して計算量が多いが，中盤でなかだるみが起こるために下がり，休憩前のラストスパートで再び増えることが多い。このＶまたはＵ字型の波形はとくに休憩前でみられやすい。休憩後は右肩下がりの波形になることが多い。また，休憩直後は練習効果と休憩の効果が重なり，全体のなかでもっとも計算量が多くなりやすい。この典型例を基準として，ここからどのような違いや逸脱があるか，という観点からパーソナリティの特徴を判定していく。

引用文献

第 1 章

Bandura, A.（1982）. Self-efficacy mechanism in human agency. *American Psychologist*, **37**, 122-147.

Baumeister, R. F., Bratslavsky, E., Muraven, M., & Tice, D. M.（1998）. Ego depletion: Is the active self a limited resource? *Journal of Personality and Social Psychology*, **74**, 1252-1265.

Bem, D. J.（1972）. Self-perception theory. *Advances in Experimental Social Psychology*, **6**, 1-62.

Carver, C. S., & Sheier, M. F.（1981）. *Attention and self-regulation: A control-theory approach to human behavior*. Springer Verlag.

Cooly, C.（1902）. *Human nature and the social order*. New York: Charles Scribner's Son.

Coopersmith, S.（1967）. *The antecedents of self-esteem*. San Francisco: W. H. Freeman.

Duval, S., & Wicklund, R. A.（1972）. *A theory of objective self-awareness*. New York: Academic Press.

榎本博明（2008）. 自己心理学の位置づけと可能性　榎本博明・岡田　勉（編）自己心理学1　自己心理学研究の歴史と方法　金子書房　pp.2-21.

Erikson, E. H.（1968）. *Identity: Youth and crisis*. Oxford Press.

Fenigstein, A., Scheier, M. F., & Buss, A. H.（1975）. Public and private self-consciousness: Assessment and theory. *Journal of Consulting and Clinical Psychology*, **43**, 522-527.

Goffman, E.（1959）. *The presentation of self in everyday life*. Doubleday.

Greenberg, J., Pyszczynski, T., Solomon, S., Rosenblatt, A., Veeder, M., & Kirkland, S.（1990）. Evidence for terror management theory II: The effects of mortality salience on reactions to those who threaten or bolster the cultural worldfview. *Journal of Personality and Social Psychology*, **58**, 308-318.

Higgins, E. T.（1987）. Self-discrepancy: A theory relating self and affect. *Psychological Review*, **94**, 319-340.

Higgins, E. T.（1997）. Beyond pleasure and pain. *American Psychologist*, **52**, 1280-1300.

James, W.（1892）. *Psychology: Briefer course*.
　　（ジェームズ, W.　今田　寛（訳）（1992/1993）. 心理学（上）（下）　岩波書店）

梶田叡一（1967）. 自己評価と自己のパフォーマンスの評価――他者に感じる魅力を規定する要因として――　心理学研究, **38**, 63-72.

加藤隆勝（1960）. 自己意識の分析による適応の研究　心理学研究, **31**, 53-63.

Leary, M. R.（2005）. Sociometer theory and the pursuit of relational value: Getting to the root of self esteem. *European Review of Social Psychology*, **16**, 75-111.

Leary, M. R., & Tangney, J. P.（2012）. The self as an organizing construct in the behavioral and social sciences. In M. R. Leary, & J. P. Tangney (Eds.), *Handbook of self and identity*. 2nd ed. Vol. 1. Guilford.

Lewis, M., & Brooks-Gunn, J.（1979）. *Social cognition and the acquisition of self*. New

York: Plenum Press.
Markus, H. (1977). Self-schemata and processing information about the self. *Journal of Personality and Social Psychology*, **35**, 63-78.
Markus, H. R., & Kitayama S., (1991). Culture and the self: Implications for cognition, emotion, and motivation. *Psychological Review*, **98**, 224-253.
Maslow, A. H. (1954). *Motivation and personality*. New York, NY: Harper.
Mead, J. H. (1934). *Mind, self, and society*. C. W. Morris (ed.). University of Chicago Press.
中村陽吉（編著）(1990). 「自己過程」の社会心理学 東京大学出版会
Pennebaker, J. W. (1990). *Opening up: The healing power of confiding in others*. New York: Morrow.
Rogers, C. R. (1959). A theory of therapy, personality and interpersonal relationships, as developed in the client-centered framework. In S. Koch (Ed.), *Psychology: A study of a science*. Vol. 3. *Formulations of the person and the social context*. New York: McGraw-Hill.
Rosenberg, M. (1965). *Society and the adolescent self-image*. Princeton, N. J.: Princeton University Press.
Rothbart, M. K., Ahadi, S. A., & Evans, D. E. (2000). Temperament and personality: Origins and outcomes. *Journal of Personality and Social Psychology*, **78**, 122-135.
Snyder, M. (1974). Self-monitoring of expressive behavior. *Journal of Personality and Social Psychology*, **30**, 526-537.
菅原健介（1984）. 自意識尺度（self-consciousness scale）日本語版作成の試み 心理学研究, **55**, 184-188.
Tesser, A. (1984). Self-evaluation maintenance process: Implications for relationships and for development. In J. C. Masters, & K. Yarkin-Levin (Eds.), *Boundary areas in social and developmental psychology*. Vol. 11. Academic Press. pp.271-299.
山本真理子・松井 豊・山成由紀子（1982）. 認知された自己の諸側面の構造 教育心理学研究, **30**, 64-68.
山尾貴則（2002）. 自我とコミュニケーション 船津 衛・安藤清志（編） 自我・自己の社会心理学 北樹出版 pp.30-42.

第2章

Allport, G. W. (1935). Attitudes. In C. M. Murchison (Ed.), *Handbook of social psychology*. Vol. 2. Worcester: Clark University Press. pp.798-844.
Allport, G. W. (1937). *Personality: A psychological interpretations*. New York: Henry Holt.
（オルポート，G. W. 詫摩武俊・青木孝悦・近藤由紀子・堀 正（訳）(1982). パーソナリティ──心理学的解釈── 新曜社）
Allport, G. W., & Odbert, H. S. (1936). Trait-names: A psycho-lexical study. *Psychological Monographs*, **47**, i-171.
Almagor, M., Tellegen, A., & Waller, N. G. (1995). The Big Seven model: A cross-cultural replication and further exploration of the basic dimensions of natural language trait descriptors. *Journal of Personality and Social Psychology*, **69**, 300-307.
青木孝悦（1998）. 特性論 詫摩武俊（監修）性格心理学ハンドブック 福村出版 pp.66-

74.

Ashton, M. C., & Lee, K. (2001). A theoretical basis for the major dimensions of personality. *European Journal of Personality*, **15**, 327–353.

Bem, D. J., & Allen, A. (1974). On predicting some of the people some of the time : The search for cross-situational consistencies in behavior. *Psychological Review*, **81**, 506–520.

Cattell, R. B. (1965). *The scientific analysis of personality*. London : Penguin Books.
　　（キャッテル，R. B.　斎藤耕二・安塚俊行・米田弘枝（訳）（1981）．パーソナリティの心理学［改訳版］——パーソナリティの理論と科学的研究——　金子書房）

Costa, P. T., Jr., & McCrae, R. R. (1992). *Revised NEO Personality Inventory（NEO PI-R）and NEO Five-Factor Inventory（NEO-FFI）: Professional manual*. Odessa, Florida : Psychological Assessment Resources.

Digman, J. M. (1997). Higher-order factors of the Big Five. *Journal of Personality and Social Psychology*, **73**, 1246–1256.

Eysenck, H. J. (1952). *The scientific study of personality*. London : Routledge & Kegan Paul.

Eysenck, H. J. (1967). *The biological basis of personality*. Springfield, Illinois : C. C. Thomas.
　　（アイゼンク，H. J.　梅津耕作・祐宗省三・山内光哉・井上　厚・羽生義正・中村正純・筧　一誠・伊藤春生・平出彦仁（訳）（1973）．人格の構造——その生物学的基礎——　岩崎学術出版社）

Eysenck, H. J., & Wilson, G. (1975). *Know your own personality*. London : Maurice Temple Smith.
　　（アイゼンク，H. J.・ウィルソン，G.　本明　寛（訳）（1978）．自己発見の方法——自分ではわからない自分を知る——　講談社）

藤原武弘（2001）．社会的態度の理論・測定・応用　関西学院大学出版会

Goldberg, L. R. (1981). Language and individual differences : The search for universals in personality lexicons. In L. Wheeler (Ed.), *Review of personality and social psychology*. Vol. 2. Beverly Hills, California : Sage. pp.141–165.

Goldberg, L. R. (1990). An alternative "description of personality" : The Big-Five factor structure. *Journal of Personality and Social Psychology*, **59**, 1216–1229.

Goldberg, L. R. (1992). The development of markers for the Big-Five factor structure. *Psychological Assessment*, **4**, 26–42.

国立社会保障・人口問題研究所（2010）．第14回出生動向基本調査　厚生労働省〈http://www.ipss.go.jp/ps-doukou/j/doukou 14_s/doukou 14_s.asp〉（2014年9月19日）

Kretschmer, E. (1955). *Körperbau und Character : Untersuchungen zum Konstitutionsproblem und zur Lehre von den Temperamenten*. 21. Und 22. Aufl. Berlin : Springer Verlag.
　　（クレッチマー，E.　相場　均（訳）（1960）．体格と性格——体質の問題および気質の学説によせる研究——　文光堂）

Maher, B. A., & Maher, W. B. (1994). Personality and psychopathology : A historical perspective. *Journal of Abnormal Psychology*, **103**, 72–77.

松井　豊（1991）．血液型による性格の相違に関する統計的検討　東京都立立川短期大学紀要，**24**, 51–54.

McCrae, R. R., & Costa, P. T., Jr. (1983). Joint factors in self-reports and ratings: Neuroticism, extraversion and openness to experience. *Personality and Individual Differences*, **4**, 245-255.

Mischel, W. (1968). *Personality and assessment.* New York: Wiley.
（ミシェル, W. 詫摩武俊（監訳）(1992). パーソナリティの理論――状況主義的アプローチ―― 誠信書房）

Mischel, W., & Shoda, Y. (1995). A cognitive-affective system theory of personality: reconceptualizing situations, dispositions, dynamics, and invariance in personality structure. *Psychological Review*, **102**, 246-68.

Mischel, W., Shoda, Y., & Ayduk, O. (2007). *Introduction to personality: Toward an integrative science of the person.* 8th ed. New York: John Wiley & Sons.
（ミシェル, W. ・ショウダ, Y. ・アイダック, O. 黒沢 香・原島雅之（監訳）(2010). パーソナリティ心理学――全体としての人間の理解―― 培風館）

村上宣寛 (2011). 性格のパワー――世界最先端の心理学研究でここまで解明された―― 日経BP社

縄田健悟 (2014). 血液型と性格の無関連性――日本と米国の大規模社会調査を用いた実証的論拠―― 心理学研究, **85**, 148-156.

Norman, W. T. (1967). *2800 personality trait descriptors: Normative operating characteristics for a university population.* Ann Arbor: Department of Psychology, The University of Michigan.

小塩真司 (2014). Progress & Application パーソナリティ心理学 サイエンス社

Sheldon, W. H., & Stevens, S. S. (1942). *The varieties of temperament: A psychology of constitutional difference.* New York: Harper & Brothers.

詫摩武俊 (1990). 性格の類型論 詫摩武俊・瀧本孝雄・鈴木乙史・松井 豊 性格心理学への招待――自分を知り他者を理解するために―― サイエンス社 pp.46-59.

丹野義彦 (2003). 性格の心理――ビッグファイブと臨床からみたパーソナリティ―― サイエンス社

辻 平治郎（編）(1998). 5因子性格検査の理論と実際――こころをはかる5つのものさし―― 北大路書房

若林明雄 (1993). パーソナリティ研究における"人間-状況論争"の動向 心理学研究, **64**, 296-312.

若林明雄 (2009). パーソナリティとは何か――その概念と理論―― 培風館

第3章

安藤寿康 (2000). 心はどのように遺伝するか――双生児が語る新しい遺伝観―― 講談社

Ando, J., Suzuki, A., Yamagata, S., Kijima, N., Maekawa, H., Ono, Y., & Jang, K. L. (2004). Genetic and environmental structure of Cloninger's temperament and character dimensions. *Journal of Personality Disorders*, **18**, 379-393.

別府 哲 (2005). 共同注意――同じモノをみる―― 子安増生（編）よくわかる認知発達とその支援 ミネルヴァ書房 p.81.

Bowlby, J. (1969/1982). *Attachment and loss.* Vol. 1. *Attachment.* New York: Basic.

Bowlby, J. (1973). *Attachment and loss.* Vol. 1. *Attachment.* New York: Basic.

Bullock, M., & Lütkenhaus, P. (1988). The development of volitional behavior in the

toddler years. *Child Development*, **59**, 618-674.
Buss, A. H., & Plomin, R.（1984）. *Temperament : Early developing personality traits*. Hillsdale, NJ : Lawrence Erlbaum Associates.
Cohn, J. F., & Tronick, E. Z.（1983）. Three-month-olds infants' reaction to simulated maternal depression. *Child Development*, **54**, 185-193.
Elicker, J., Englund, M., & Sroufe, L. A.（1992）. Predicting peer competence and peer relationships in childhood from early parent-child relationships. In R. D. Parke, & G. W. Ladd（Eds.）, *Family-peer relationships : Modes of linkage*. Hillsdale, NJ : Erlbaum. pp.77-106.
遠藤利彦（2005）. アタッチメント理論の基本的枠組み　数井みゆき・遠藤利彦（編著）アタッチメント——生涯にわたる絆——　ミネルヴァ書房　pp.1-31.
Gallup, G. G., Jr.（1977）. Self-recognition in primates : A comparative approach to the bidirectional properties of consciousness. *American Psychologist*, **32**, 329-338.
Howes, C., Matheson, C. C., & Hamilton, C. E.（1994）. Maternal, teacher, and child care history correlates of children's relationships with peers. *Child Development*, **65**, 264-273.
岩田純一（2001）.〈わたし〉の発達——乳幼児が語る〈わたし〉の世界——　ミネルヴァ書房
Kagan, J., Reznick, J. S., Clarke, C., Snidman, N., & GarciaColl, C.（1984）. Behavioral inhibition to the unfamiliar. *Child Development*, **55**, 2212-2225.
Kagan, J., Reznick, J. S., & Snidman, N.（1987）. The physiology and psychology of behavioral inhibition in children. *Child Development*, **58**, 1459-1473.
柏木惠子（1988）. 幼児期における「自己」の発達——行動の自己制御機能を中心に——　東京大学出版会
柏木惠子・東　洋（1977）. 日米の母親における幼児への発達期待および就学前教育観　教育心理学研究, **25**, 34-45.
木下孝司（2008）. 乳幼児期における自己の発達　榎本博明（編著）自己心理学2　生涯発達心理学へのアプローチ　金子書房　pp.160-174.
Lewis, M., & Feiring, C.（1991）. Attachment as personal characteristic or a measure of the environment. In J. L. Gewirtz, & W. M. Kurtines（Eds.）, *Intersection with attachment*. Hillsdale, NJ : Erlbaum. pp.3-21.
Neisser, U.（1988）. Five kinds of self-knowledge. *Philosophical Psychology*, **1**, 35-59.
小塩真司（2010）. はじめて学ぶパーソナリティ心理学——個性をめぐる冒険——　ミネルヴァ書房
Plomin, R.（1990）. *Nature and nurture : An introduction to human behavioral genetics*. Pacific Grove, CA : Brooks/Cole.
　（プロミン，R. 安藤寿康・大木秀一（訳）（1994）. 遺伝と環境——人間行動遺伝学入門——　培風館）
Rochat, P.（2001）. *The infant's world*. Cambridge, MA : Harvard University Press.
　（ロシャ，P. 板倉昭二・開　一夫（監訳）（2004）. 乳児の世界　ミネルヴァ書房）
Rochat, P., & Hespos, S. J.（1997）. Differential rooting response by neonate : Evidence for an early sense of self. *Early Development and Parenting*, **6**, 105-112.
Rochat, P., & Striano, T.（1999）. Emerging self-exploration by two-month-old infants. *Developmental Science*, **2**, 206-218.

Rothbart, M. K. (1981). Measurement of temperament in infancy. *Child Development*, **52**, 569-578.

Rothbart, M. K., & Bates, J. E. (1998). Temperament. In W. Damon (Series Ed.), & N. Eisenberg (Vol. Ed.), *Handbook of child psychology*. Vol. 3. *Social, emotional and personality development*. New York: Wiley. pp.105-176.

Rothbart, M. K., & Derryberry, D. (1981). Development of individual differences in temperament. In M. E. Lamb, & A. L. Brown (Eds.), *Advances in developmental psychology*. Hillsdale, NJ: Lawrence Erlbaum Associates. pp.37-86.

Rothbart, M. K., & Gartsttein, M. A. (2009). Temperament. In J. B. Benson, & M. M. Haith (Ed.), *Social and emotional development in infancy and early childhood*. Oxford, UK: Academic Press. pp.480-195.

佐藤淑子（2001）．イギリスのいい子　日本のいい子――自己主張とがまんの教育学――　中央公論新社

佐藤淑子・柏木惠子（2008）．発達期待と自己の社会化　榎本博明（編著）自己心理学2 生涯発達心理学へのアプローチ　金子書房　pp.8-24．

Schwartz, C. E., Wright, C. I., Shin, L. M., Kagan, J., & Rauch, S. L. (2003). Inhibited and uninhibited Infants "Grown up": Adult amygdalar response to novelty. *Science*, **300**, 1952-1953.

園田菜摘・北村琴美・遠藤利彦（2005）．乳幼児期・児童期におけるアタッチメントの広がりと連続性　数井みゆき・遠藤利彦（編著）アタッチメント――生涯にわたる絆――　ミネルヴァ書房　pp.1-31．

Sroufe, L. A., Fox, N. E., & Pancake, V. R. (1983). Attachment and dependency in developmental perspective. *Child Development*, **54**, 1615-1627.

菅原ますみ（1992）．気質　東　洋・繁多　進・田島信元（編）発達心理学ハンドブック　福村出版　p.729．

菅原ますみ（1996）．気質　青柳　肇・杉山憲司（編著）パーソナリティ形成の心理学　福村出版

Thomas, A., Chess, S., & Birch, H. G. (1968). *Temperament and behavior disorders in children*. New York: New York University Press.

Tomasello, M. (1995). Joint attention as social cognition. In C. Moore, & P. Dunham (Eds.), *Joint attention: It's origin and role in development*. Lawrence Erlbaum Associates. pp.103-130.

Tomasello, M. (1999). *The cultural origins of human cognition*. Cambridge, MA: Harvard University Press.
　　（トマセロ，M．大堀壽夫・中澤恒子・西村義樹・本多　啓（訳）（2006）．心とことばの起源を探る――文化と認知――　勁草書房）

植村美民（1979）．乳幼児期におけるエゴ（ego）の発達について　心理学評論，**22**, 28-44．

やまだようこ（1987）．ことばの前のことば――ことばが生まれるすじみち1――　新曜社

Zazzo, R. (1993). *Reflets de miroir et autres doubles*. Paris: Presses Universitaires de France.
　　（ザゾ，R．加藤義信（訳）（1999）．鏡の心理学――自己像の発達――　ミネルヴァ書房）

第4章

阿部和彦(1997).子どもの心と問題行動 日本評論社
天谷祐子(2002).「私」への「なぜ」という問いについて——面接法による自我体験の報告から—— 発達心理学研究,**13**,221-231.
國枝幹子・古橋啓介(2006).児童期における友人関係の発達 福岡県立大学人間社会学部紀要,**15**,105-118.
松尾直博・新井邦二郎(1998).児童の対人不安傾向と公的自己意識,対人的自己効力感との関係 教育心理学研究,**46**,21-30.
文部科学省(2006).「地域の教育力に関する実態調査」報告〈http://www.mext.go.jp/b_menu/shingi/chukyo/chukyo 2/003/siryou/06032317/002.htm〉(2012年1月14日)
文部科学省(2011 a).平成23年度学校保健統計調査〈http://www.mext.go.jp/b_menu/toukei/chousa 05/hoken/kekka/k_detail/1313690.htm〉(2012年1月14日)
文部科学省(2011 b).平成22年度体力・運動能力調査結果〈http://www.mext.go.jp/b_menu/toukei/chousa 04/tairyoku/kekka/k_detail/1311808.htm〉(2012年1月14日)
森下正康(1988).児童期の母子関係とパーソナリティの発達 心理学評論,**31**,60-75.
中島義明・安藤清志・子安増生・坂野雄二・繁桝算男・立花政夫・箱田裕司(編)(1999).心理学辞典 有斐閣
中山勘次郎(1994).児童の達成への態度に対する自己評価と他者評価の影響 上越教育大学研究紀要,**13**,119-130.
佐伯怜香・新名康平・服部恭子・三浦佳世(2006).児童期の感動体験が自己効力感・自己肯定意識に及ぼす影響 九州大学心理学研究,**7**,181-192.
桜井茂男(1983).認知されたコンピテンス測定尺度(日本語版)の作成 教育心理学研究,**31**,245-249.
富岡比呂子(2011).日米の小学生の自己概念——自己記述質問票(SDQ-Ⅰ)の心理測定的検討—— パーソナリティ研究,**19**,191-205.
渡辺恒夫・小松栄一(1999).自我体験——自己意識発達研究の新たなる地平—— 発達心理学研究,**10**,11-22.

第5章

Baltes, P. B., Reese, H. W., & Lipsitt, L. P. (1980). Life-Span Developmental Psychology. *Annual Review of Psychology*, **31**, 65-110.
Damon, W., & Hart, D. (1982). The development of self-understanding from infancy through adolescence. *Child Development*, **53**, 841-864.
榎本博明(2004).ライフサイクルとパーソナリティの発達 榎本博明・桑原知子(編)新訂 人格心理学 放送大学教育振興会 pp.102-121.
Erikson, E. H. (1959). Identity and the life cycle. *Psychological Issues* (Vol. 1, No. 1). New York : International Universities Press.
(エリクソン,E. H. 西平 直・中島由恵(訳)(2011).アイデンティティとライフサイクル 誠信書房)
James, W. (1892). *Psychology : Briefer course.* New York : Henry Holt.
(ジェームズ,W. 今田 寛(訳)(1993).心理学(上)(下) 岩波書店)
加藤 厚(1983).大学生における同一性の諸相とその構造 教育心理学研究,**31**,292-302.
加藤 厚(1997).アイデンティティの探求 加藤隆勝・高木秀明(編)青年心理学概論

誠信書房　pp.14-32.
加藤隆勝（1978）．自己意識の発達に関する研究の現状と課題　東京教育大学教育学部紀要（第1部），**24**，117-124.
Kuhn, M. H., & McPartland, T. S. (1954). An empirical investigation of self-attitudes. *American Sociological Review*, **19**, 68-76.
槇田　仁・星　薫・岩熊史朗（1991）．WAI 技法を用いた Self-Image の研究（3）――ライフ・サイクルを通じての発達的変化――　慶応義塾大学大学院社会学研究科紀要，**31**，79-88.
Marcia, J. E. (1966). Development and validation of ego identity status. *Journal of Personality and Social Psychology*, **3**, 551-558.
松原達哉（1999）．自分発見「20 の私」　東京図書
Montemayor, P., & Eisen, M. (1977). The development of self-conceptions from children to adolescence. *Developmental Psychology*, **13**, 314-319.
村瀬孝雄（1972）．青年期の人格形成の理論的問題――アメリカ青年心理学の一動向――　教育心理学研究，**20**（4），250-256.
無藤清子（1979）．「自我同一性地位面接」の検討と大学生の自我同一性　教育心理学研究，**27**（3），178-187.
岡本祐子（2002）．アイデンティティ生涯発達論の射程　ミネルヴァ書房
Spitzer, S. P., Couch, C. J., & Stratton, J. R. (1971). *The assessment of the self*. Iowa : Sernoll.
砂田良一（1979）．自己像との関係からみた自我同一性　教育心理学研究，**27**（3），215-220.
辻畑信彦（1993）．生徒指導と学校　秋山俊夫（監修）図説　生徒指導と教育臨床――子どもの適応と健康のために――　北大路書房　pp.14-33.
Waterman, A. S. (1982). Identity development from adolescence to adulthood : An extension of theory and a review of research. *Developmental Psychology*, **18**, 341-358.

第6章

Ainsworth, M. D. S., Blehar, M. C., Waters, E., & Wall, S. (1978). *Patterns of attachment*. Hillsdale, NJ : Lawrence Erlbaum Associates.
安藤智子・遠藤利彦（2005）．青年期・成人期のアタッチメント　数井みゆき・遠藤利彦（編著）アタッチメント――生涯にわたる絆――　ミネルヴァ書房　pp.127-173.
東　洋（1994）．日本人のしつけと教育――発達の日米比較にもとづいて――　東京大学出版会
東　洋・柏木惠子・ヘス，R. D.（1981）．母親の態度・行動と子どもの知的発達――日米比較研究――　東京大学出版会
Bowlby, J. (1973). *Attachment and loss*. Vol. 2. *Separation : Anxiety and anger*. New York : Basic.
Elicker, J., Englund, M., & Sroufe, L. A. (1992). Predicting peer competence and peer relationships in childhood from early parent-child relationships. In R. D. Parke, & G. W. Ladd (Eds.), *Family-peer relationships : Modes of linkage*. Hillsdale, NJ : Erlbaum. pp.77-106.
遠藤利彦・田中亜希子（2005）．アタッチメントの個人差とそれを規定する諸要因　数井みゆき・遠藤利彦（編著）アタッチメント――生涯にわたる絆――　ミネルヴァ書房

pp.49-79.
藤岡孝志（2008）．愛着臨床と子ども虐待　ミネルヴァ書房
飯野晴美（1998）．きょうだい関係と性格　詫摩武俊（監修）青木孝悦・杉山憲司・二宮克美・越川房子・佐藤達哉（編）性格心理学ハンドブック　福村出版　pp.736-737.
伊藤裕子（1978）．性役割の評価に関する研究　教育心理学研究，**26**, 1-11.
伊藤裕子（1992）．性役割の獲得　柏木惠子（編）新・児童心理学講座10　パーソナリティの発達　金子書房　pp.89-133.
柏木惠子（1985）．発達期待　鈴木乙史・清水弘司・松井　豊（編）パッケージ・性格の心理1　性格の発達と形成　ブレーン出版　pp.1-16.
Kashiwagi, K. (1986). Personality development of adolescents. In H. Stevenson, H. Azuma, & K. Haruta (Eds.), *Child development and education in Japan*. New York: W. H. Freeman. pp.167-185.
柏木惠子（1988）．幼児期における「自己」の発達——行動の自己制御機能を中心に——　東京大学出版会
柏木惠子（2000）．発達期待　詫摩武俊・鈴木乙史・清水弘司・松井　豊（編）性格の発達　ブレーン出版　pp.1-19.
Kestenbaum, R., Farber, E. A., & Sroufe, L. A. (1989). Individual differences in empathy among preschoolers: Relation to attachment history. In N. Eisenberg (Ed.), *Empathy and related emotional responses*. San Francisco: Jossey-Bass. pp.51-64.
Kosawa, S., & Shand, N. (1995). Perceived self-competence and perceived importance-Japanese and American children at ten years of age. *Science Reports of Tokyo Woman's Christian University*, **110**, 1313-1327.
古澤頼雄（1996）．日本人の自己と教育　古澤頼雄（編）教育心理学へのアプローチ——教える者が考えること——　北樹出版　pp.128-152.
三宅和夫（1990）．子どもの個性——生後2年間を中心に——　東京大学出版会
内閣府政策統括官（編）（2001）．日本青少年の生活と意識——第2回青少年の生活と意識に関する基本調査報告書——　財務省印刷局
日本放送協会放送世論調査所（編）（1980）．日本の子どもたち——生活と意識——　日本放送出版協会
Radke, M. J. (1946). *The relation of parental authority to children's behavior and attitudes*. Minneapolis: University of Minnesota Press.
Sameroff, A. J. (1975). Early influences on development: Fact or fancy? *Merrill-Palmer Quarterly*, **21**, 137-294.
白佐俊憲（1996）．きょうだい関係と性格——4.SPI検査による検討——　北海道女子短期大学紀要，**32**, 1-15.
総理府青少年対策本部（編）（1979）．世界の中の日本の青年——国際シンポジウム報告書——　大蔵省印刷局
総理府青少年対策本部（編）（1996）．子供の家族に関する国際比較調査報告書　大蔵省印刷局
Sroufe, L. A. (1983). Infant-caregiver attachment and patterns of adaptation in pre-school: The roots of maladaptation and competence. In M. Perlmutter (Ed.), *Minnesota symposia on child psychology*. Vol. 16. *Development and policy concerning children with special needs*. Hillsdale, NJ: Erlbaum. pp.41-83.
Sroufe, L. A., & Egeland, B. (1991). Illustrations of person-environment interaction

from a longitudinal study. In T. D. Wachs, & R. Plomin (Eds.), *Conceptualization and measurement of organism-environment interaction*. Vol. 5. Washington, D. C. : American Psychological Association. pp.68-84.

Sroufe, L. A., Fox, N. E., & Pancake, V. R. (1983). Attachment and dependency in developmental perspective. *Child Development*, **54**, 1615-1627.

Sroufe, L. A., Schork, E., Motti, E., Lawroski, N., & LaFreniere, P. (1984). The role of affect in emerging social competence. In C. Izard, J. Kagan, & R. Zajonc (Eds.), *Emotion, cognition, and behavior*. New York : Cambridge University Press. pp.289-319.

Sulloway, F. J. (1997). *Born to rebel : Birth order, family dynamics, and creative lives*. New York : Vintage Books.

鈴木乙史（2006）．家族・文化・社会の役割――人格と適応（4）―― 鈴木乙史・佐々木正宏 人格心理学――パーソナリティと心の構造―― 河出書房新社 pp.217-233.

Symonds, P. (1939). *The psychology of parent-child relationships*. New York : Appleton-Century-Crofts.

Thomas, A., Chess, S., Birch, H., Hertzig, M., & Korn, S. (1963). *Behavioral individuality in early childhood*. New York : New York University Press.

外山美樹（2010）．自己概念とパーソナリティ 外山紀子・外山美樹（著）やさしい発達と学習 有斐閣 pp.115-136.

Waters, E., Merrick, S. K., Treboux, D., Crowell, J. A., & Albersheim, L. (2000). Attachment security from infancy to early adulthood : A 20-year longitudinal study. *Child Development*, **71**, 684-689.

Weidner, G., Sexton, G., Matarazzo, J. D., Pereira, C., & Friend, R. (1988). Type A behavior in children, adolescents, and their parents. *Developmental Psychology*, **24**, 118-121.

Weinfield, N., Sroufe, L. A., & Egeland, B. (2000). Attachment from infancy to early adulthood in a high risk sample : Continuity, discontinuity, and their correlates. *Child Development*, **71**, 695-702.

Yamasaki, K. (1994). Similarities in Type A behavior between young children and their parents in Japan. *Psychological Reports*, **74**, 347-350.

山崎勝之（1996）．タイプA性格の形成に関する発達心理学的研究 風間書房

依田 明（1967）．ひとりっ子・すえっ子 大日本図書

依田 明（1976）．性格はどのようにつくられるのか あすなろ書房

依田 明（1990）．きょうだいの研究 大日本図書

第7章

相川 充（1991）．特性シャイネス尺度の作成および信頼性と妥当性の検討に関する研究 心理学研究, **62**, 149-155.

Altman, I. (1973). Reciprocity of interpersonal exchange. *Journal for the Theory of Social Behavior*, **3**, 249-261.

Altman, I., & Taylor, D. A. (1973). *Social penetration : The development of interpersonal relationships*. New York : Holt, Rinehart & Winston.

Aron, A., & Aron, E. N. (1986). *Love and the expansion of self : Understanding attraction and satisfaction*. New York : Hemisphere.

Aron, A., Aron, E. N., & Smollan, D.（1992）. Inclusion of other in the self scale and the structure of interpersonal closeness. *Journal of Personality and Social Psychology*, **63**, 596-612.

Bartholomew, K., & Horowitz, L. M.（1991）. Attachment styles among young adults : A test of a four-category model. *Journal of Personality and Social Psychology*, **61**, 226-244.

Botwin, M. D., Buss, M. D., & Shackelford, T. K.（1997）. Personality and mate preference : Five factors in mate selection and marital satisfaction. *Journal of Personality*, **65**, 107-136.

Bowlby, J.（1969）. *Attachment and loss*. Vol. 1. *Attachment*. London : Hogarth Press.
（ボウルビィ，J. 黒田実郎・大羽　蓁・岡田洋子（訳）（1976）. 母子関係の理論　Ⅰ　愛着行動　岩崎学術出版社）

Byrne, D., & Nelson, D.（1965）. Attraction as a linear function of proportion of positive reinforcements. *Journal of Personality and Social Psychology*, **6**, 659-663.

Conte, H., Plutchik, R., Karasu, T., & Jerrett, I.（1980）. A self report borderline scale : Discriminative validity and preliminary norms. *Journal of Nervous and Mental Disease*, **168**, 428-435.

Erikson, E. H.（1959）. Identity and the life cycle : Selected papers. In *Psychological issues*. Vol. 1. New York : International Universities Press.
（エリクソン，E. H. 小此木啓吾（訳）（1973）. 自我同一性――アイデンティティとライフサイクル――　誠信書房）

福岡欣治（2006）. ソーシャル・サポート研究の基礎と応用――よりよい対人関係を求めて――　谷口弘一・福岡欣治（編著）対人関係と適応の心理学――ストレス対処の理論と実践――　北大路書房　pp.97-115.

Hazan, C., & Shaver, P. R.（1987）. Romantic love conceptualized as an attachment process. *Journal of Personality and Social Psychology*, **52**, 511-524.

Hendrick, C., & Brown, S. R.（1971）. Introversion, extroversion, and interpersonal attraction. *Journal of Personality and Social Psychology*, **20**, 31-36.

石田靖彦（1998）. 友人関係の親密化に及ぼすシャイネスの影響と孤独感　社会心理学研究，**14**，43-52.

石田靖彦（2003）. 友人関係の形成過程におけるシャイネスの影響――大学新入生の縦断的研究――　対人社会心理学研究，**3**，15-22.

金政祐司・大坊郁夫（2003）. 青年期の愛着スタイルが親密な異性関係に及ぼす影響　社会心理学研究，**19**（1），59-74.

古澤頼雄（1973）. 人格形成の過程　依田　新・大西誠一郎・斎藤耕二・津留　宏・西平直喜・藤原喜悦・宮川知彰（編）現代青年心理学講座 4　青年の性格形成　金子書房　pp.41-82.

楠見幸子・狩野素朗（1986）. 青年期における友人概念発達の因子分析的研究　九州大学教育学部紀要　教育心理学部門，**31**（2），231-238.

Lapan, R., & Patton, M. J.（1986）. Self-psychology and the adolescent process : Measures of pseudoautonomy and peer-group dependence. *Journal of Counseling Psychology*, **33**, 136-142.

Le, B., Dove, N. L., Agnew, C. R., Korn, M. S., & Mutso, A. A.（2010）. Predicting nonmarital romantic relationship dissolution : A meta-analytic synthesis. *Personal Re-*

lationships, **17**, 377-390.
Levinger, G., Senn, D. J., & Jorgensen, B. W. (1970). Progress toward permanence in courtship : A test of the Kerckhoff-Davis hypotheses. *Sociometry*, **33**, 427-443.
町沢静夫（1989）．ボーダーライン・スケールの日本人への適用――日本における境界人格障害の診断妥当性の検討―― 精神科治療学，**4**，889-899．
松井 豊（1990）．友人関係の機能 斎藤耕二・菊池章夫（編）社会化の心理学ハンドブック――人間形成と社会と文化―― 川島書店 pp.283-296．
Mikulincer, M., & Nachshon, O. (1991). Attachment styles and patterns of self-disclosure. *Journal of Personality and Social Psychology*, **61**, 321-331.
宮下一博（1998）．青年の集団活動への関わり及び友人関係とアイデンティティ発達との関連 千葉大学教育学部研究紀要（第1部），**46**，27-34．
宮下一博・渡辺朝子（1992）．青年期における自我同一性と友人関係 千葉大学教育学部研究紀要（第1部），**40**，107-113．
中里浩明・井上 徹・田中国夫（1975）．人格類似性と対人魅力――向性と欲求の次元―― 心理学研究，**46**，109-117．
Neyer, F. J., & Voigt, D. (2004). Personality and social network effects on romantic relationships : A dyadic approach. *European Journal of Personality*, **18**, 279-299.
西島 央（1999）．これが私の生きる道 ベネッセ教育研究所（編）モノグラフ・高校生 VOL.56 高校生の他者感覚――ゆるやかな人間関係の持ち方――〈http://www.crn.or.jp/LIBRARY/KOU/VOL 560/index.html〉（2011年5月8日）
岡田 努（1987）．青年期男子の自我理想とその形成過程 教育心理学研究，**35**（2），116-121．
岡田 努（1995）．現代大学生の友人関係と自己像・友人像に関する考察 教育心理学研究，**43**（4），354-363．
岡田 努（1999）．現代青年に特有な友人関係の取り方と自己愛傾向の関連について 立教大学教職研究，**9**，29-39．
岡田 努（2007）．大学生における友人関係の類型と，適応及び自己の諸側面の発達の関連について パーソナリティ研究，**15**（2），135-148．
岡田 努（2010）．青年期の友人関係と自己――現代青年の友人認知と自己の発達―― 世界思想社
小塩真司（1998）．青年の自己愛傾向と自尊感情，友人関係のあり方との関連 教育心理学研究，**46**（3），280-290．
小塩真司（1999）．高校生における自己愛傾向と友人関係のあり方との関連 性格心理学研究，**8**（1），1-11．
Raskin, R., & Hall, C. (1979). A narcissistic personality inventory. *Psychological Reports*, **45**, 590.
Rosenberg, M. (1965). *Society and the adolescent selfimage*. Princeton : Princeton University Press.
Sprecher, S. (1998). Insiders' perspectives on reasons for attraction to a close others. *Social Psychology Quarterly*, **61**, 287-300.
Sullivan, H. S. (1953). *The interpersonal theory of psychiatry*. New York : Norton. （サリヴァン，H. S. 中井久夫・山口 隆（訳）（1976）．現代精神医学の概念 みすず書房）
立脇洋介（2009）．友情と恋愛 日本社会心理学会（編）社会心理学事典 丸善 pp.190-

191.
豊田弘司（1999）．大学生における嫌われる特徴の分析　奈良教育大学教育研究所紀要，**35**，71-75.
豊田弘司（2004）．大学生における好かれる男性及び女性の特性——評定尺度による検討——　奈良教育大学教育実践総合センター研究紀要，**13**，1-6.
Watson, D., Hubbard, B., & Wiese, D.（2000）. Self-other agreement in personality and affectivity : The role of acquaintanceship, trait visibility, and assumed similarity. *Journal of Personality and Social Psychology*, **78**, 546-558.
Winch, R. F., Ktsanes, T., & Ktsanes, V.（1954）. The theory of complementary needs in mate-selection. *American Sociological Review*, **19**, 241-249.
山本真理子（1986）．友情の構造　人文学報，**183**，77-101.
山本真理子・松井　豊・山成由紀子（1982）．認知された自己の諸側面の構造　教育心理学研究，**30**（1），64-68.

コラム 7.1

Allan, G.（1989）. *Friendship : Developing a sociological perspective*. Harvester Wheatsheaf.
Connidis, I. A., & Davis, L.（1992）. Confidants and companions : Choices in later life. *The Journal of Gerontology*, **47**, 115-129.
藤崎宏子（1998）．高齢者・家族・社会的ネットワーク　培風館
藤田綾子（2000）．高齢者と適応　ナカニシヤ出版
前田尚子（1992）．非親族からのソーシャルサポート　折茂　肇・今堀和友・前田大作・吉川政己・原沢道美（編）新老年学　東京大学出版会　pp.1116-1128.
内閣府政策統括官（2007）．（6）社会とのかかわり，生きがい　第6回高齢者の生活と意識に関する国際比較調査結果
西村昌記・石橋智昭・山田ゆかり・古谷野　亘（2000）．高齢者における親しい関係——「交遊」「相談」「信頼」の対象としての他者の選択——　老年社会科学，**22**（3），367-374.
総務庁長官官房老人対策室（編）（1994）．老人の生活と意識——第3回国際比較調査結果報告書——　中央法規出版
丹野宏昭（2008）．高齢者の適応を促進する友人関係ネットワーク形成のための社会心理学的研究——接触頻度別のアプローチによる実態把握を中心とした探索的検討——　日本興亜福祉財団ジェロントロジー研究助成報告，**8**，71-88.
丹野宏昭（2010）．高齢者のQOLに果たす友人関係機能の検討　対人社会心理学研究，**10**，125-129.
吉原千賀（2006）．長寿社会における高齢期きょうだい関係の家族社会学的研究　学文社

第8章

Fugate, M., Kinicki, A. J., & Ashforth, B. E.（2004）. Employability : A psycho-social construct, its dimensions, and applications. *Journal of Vocational Behavior*, **65**（1），14-38.
Hunter, J. E., & Hunter, R. F.（1984）. Validity and utility of alternative predictors of job performance. *Psychological Bulletin*, **96**, 72-98.
人事測定研究所（1995）．HRRテスト分析研究　人事測定研究所
北脇雅男（1965）．適性の本質とその形成過程　永丘智郎・北脇雅男（編）適性心理学

朝倉書店　pp.1-31.
厚生労働省職業安定局（1995）．厚生労働省編一般職業適性検査手引　雇用問題研究会
雇用職業総合研究所（1988）厚生労働省編一般職業適性検査（事業所用）関連資料集　職研シリーズⅡ-32.
McClelland, D. C.（1973）．Testing for competence rather than for "intelligence". *American Psychologist*, **28**, 1-14.
中島義明・安藤清志・子安増生・坂野雄二・繁桝算男・立花政夫・箱田裕司（編）（1999）．心理学辞典　有斐閣
日本経営者団体連盟教育特別委員会（編）（1999）．エンプロイヤビリティの確立をめざして──「従業員自律・企業支援型」の人材育成を──　日本経営者団体連盟教育研修部
日本労働研究機構（1987）．VPI職業興味検査手引［改訂版］　日本文化科学社
日本SHL（2015）．日本エス・エイチ・エル　商品：採用〈http://www.shl.ne.jp/product/list.asp?view=recruit〉（2015年7月20日）
二村英幸（1998）．人事アセスメントの科学──適性テスト，多面観察ツール，アセスメントセンターの理論と実際──　産能大学出版部
大沢武志（1989）．採用と人事測定──人材選抜の科学──　朝日出版社
大沢武志・芝　祐順・二村英幸（2000）．人事アセスメントハンドブック　金子書房
太田隆次（1999）．コンピテンシー──アメリカを救った人事革命──　経営書院
リクルートキャリア（2015）．SPI3の測定領域〈http://www.spi.recruit.co.jp/spi3/measurement.html〉（2015年7月20日）
リクルートワークス研究所（2002）．人事アセスメント再生　Works, **50**, 2-33.
労働政策研究・研修機構（2006）．職業レディネス・テスト手引［第3版］　雇用問題研究会
労働政策研究・研修機構（2009）．キャリア・インサイト活用マニュアル　労働政策研究・研修機構
Spencer, L. M., & Spencer, S. M.（1993）．*Competence at work*. John Wiley & Sons.
（スペンサー，L. M., & スペンサー，S. M.　梅津祐良・成田　攻・横山哲夫（訳）（2001）．コンピテンシー・マネジメントの展開──導入・構築・活用──　生産性出版）
Super, D. E., & Bohn, Jr., M. J.（1970）．*Occupational psychology*. Wadsworth Publishing Company.
（スーパー，D. E.・ボーン，Jr., M. J.　藤本喜八・大沢武志（訳）（1973）．職業の心理　ダイヤモンド社）
高橋　潔・西田直史（1994）．知的能力検査に関する妥当性一般化──メタ分析による結果──　産業・組織心理学研究, **8**（1），3-12.
豊原恒男（1958）．産業心理学　共立出版

第9章

American Psychiatric Association（2013）．*Diagnostic and statistical manual for mental disorders : DSM-5*. Washington, D. C. : American Psychiatric Publishing.
（アメリカ精神医学会　髙橋三郎・大野　裕（監訳）染矢俊幸・神庭重信・尾崎紀夫・三村　將・村井俊哉（訳）（2014）．DSM-5精神疾患の診断・統計マニュアル　医学書院）

馬場禮子（1999）．心理検査と精神鑑定　詫摩武俊・鈴木乙史・鈴木弘司・松井　豊（編）シリーズ・人間と性格7　性格の不適応　ブレーン出版　pp.281-293.
カトナ，C.・ロバートソン，M.　島　悟（監訳）（2008）．図説　精神医学入門［第3版］　日本評論社
福島　章（2008）．パーソナリティ障害　日本評論社
Gunderson, J. G.（1984）．*Borderline personality disorder*. American Psychiatric Press.
　　（ガンダーソン，J. G.　松本雅彦・石坂好樹・金　吉晴（訳）（1988）．境界パーソナリティ障害——その臨床病理と治療——　岩崎学術出版社）
林　直樹（2005）．パーソナリティ障害——いかに捉え，いかに対応するか——　新興医学出版
平島奈津子・野口賢吾（2010）．薬物療法的アプローチ　こころの科学，**154**，75-79，日本評論社．
乾　吉佑（2010）．治療0期の精神分析　精神分析研究，**54**（3），191-201．
乾　吉佑・氏原　寛・亀口憲治・成田善弘・東山紘久・山中康裕（編）（2005）．心理療法ハンドブック　創元社
神谷栄治（2006）．BPDの概念　成田善弘（編）境界性パーソナリティ障害の精神療法——日本版治療ガイドラインを目指して——　金剛出版　pp.11-25.
衣笠隆幸（2004）．境界性パーソナリティ障害と発達障害：「重ね着症候群」について——治療的アプローチの違い——　精神科治療学，**19**（6），693-699.
木村宏之（2006）．個人精神療法の定義　成田善弘（編）境界性パーソナリティ障害の精神療法——日本版治療ガイドラインを目指して——　金剛出版　pp.117-125.
山崎晃資（1997）．精神遅延と精神医学的合併症　精神医学レビュー，**23**，ライフ・サイエンス．
高野　晶（1996）心身症と境界例　精神医学レビュー，**20**，98-100，ライフ・サイエンス．
小此木啓吾（1998）．適応障害　小此木啓吾・深津千賀子・大野　裕（編）心の臨床家のための必携精神医学ハンドブック　創元社　pp.129-135.
大野　裕・三谷美津江（1998）．パーソナリティ障害　小此木啓吾・深津千賀子・大野　裕（編）心の臨床家のための必携精神医学ハンドブック　創元社　pp.202-206.
関谷秀子（2010）．入院治療によるアプローチ　こころの科学，**154**，80-85，日本評論社．

第10章

American Psychiatric Association（2013）．*Diagnostic and statistical manual for mental disorders : DSM-5*. Washington, D. C. : American Psychiatric Publishing.
　　（アメリカ精神医学会　高橋三郎・大野　裕（監訳）染矢俊幸・神庭重信・尾崎紀夫・三村　將・村井俊哉（訳）（2014）．DSM-5精神疾患の診断・統計マニュアル　医学書院）
Beck, A. T.（1976）．*Cognitive therapy and the emotional disorders*. New York : Meridian.
　　（ベック，A. T.　大野　裕（訳）（1990）．認知療法——精神療法の新しい発展——　岩崎学術出版社）
Cash, T. F., & Grant, J. R.（1996）. Cognitive-behavioral treatment of body-image disturbances. In V. B. Van Hasselt, & M. Hersen（Eds.）, *Sourcebook of psychological treatment manuals for adult disorders*. New York : Plenum Press.
　　（キャッシュ，T. F., & グラント，J. R.　山中　学（訳）（2000）．ボディイメージ障

害の認知行動療法マニュアル　ハッセル，V. B. V.・ハーセン，M.（編著）坂野雄二・不安抑うつ臨床研究会（編訳）エビデンスベイスド心理療法マニュアル　日本評論社）

Crocker, J. (2001). The costs of seeking self-esteem. *Journal of Social Issues*, **58**, 597–615.

Dehart, T., & Tennen, H. (2006). Self-esteem in therapeutic settings and emotional disorders. In M. H. Kernis (Ed.), *Self-esteem issues and answers : A sourcebook of current perspectives*. New York : Taylor & Francis. pp.298–305.

Foa, E. B., Hembree, E. A., & Rothbaum, B. O. (2007). *Prolonged exposure therapy for PTSD : Emotional processing of traumatic experiences therapist guide*. New York : Oxford University Press.
（フォア，E. B.・ヘンブリー，E. A.・ロスバウム，B. O.　金　吉晴・小西聖子（監訳）（2009）．PTSDの持続エクスポージャー療法——トラウマ体験の情動処理のために——　星和書店）

Hofmann, S. G., & Otto, M. W. (2008). *Cognitive behavioral therapy for social anxiety disorder*. New York : Routledge.

Kernis, M. H. (2003). Toward a conceptualization of optimal self-esteem. *Psychological Inquiry*, **14**, 1–26.

Kernis, M. H., Grannemann, B. D., Mathis, L. (1991). Stability of self-esteem as a moderator of relation between level of self-esteem and depression. *Journal of Personality and Social Psychology*, **61**, 80–84.

Knowles, R., Tai, S., Jones, S. H., Highfeld, J., Morriss, R., & Betall, R. P. (2007). Stability of self-esteem in bipolar disorder : Comparisons among remitted bipolar patients, remitted unipolar patients and healthy controls. *Bipolar Disorder*, **9**, 490–495.

Leary, M. R., & Tangney, J. P. (2003). The self as an organizing construct in the behavioral and social sciences. In M. R. Leary, & J. P. Tangney (Eds.), *Handbook of self and identity*. New York : Guilford. pp.3–14.

Mor, N., & Winquist, J. (2002). Self-focused attention and negative affect : A meta-analysis. *Psychological Bulletin*, **128**, 638–662.

中井久夫・山口直彦（2001）．看護のための精神医学　医学書院

O'brien, E. J., Bartoletti, M., Leitzel, J. D. (2006). *Self-esteem, psychopathology and psychotherapy*. In M. H. Kernis (Ed.), *Self-esteem issues and answers : A sourcebook of current perspectives*. New York : Taylor & Francis. pp.306–315.

坂本真士（1997）．自己注目と抑うつの社会心理学　東京大学出版会

Sargent, J. T., Crocker, J., & Luhtanen, R. K. (2006). Contingencies of self-worth and depressive symptoms in college students. *Journal of Social and Clinical Psychology*, **25**, 628–646.

菅原健介（2002）．対人不安　下山晴彦・丹野義彦（編）講座　臨床心理学3　異常心理学Ⅰ　東京大学出版会　pp.117–138.

高野慶輔・丹野義彦（2008）．Rumination-Reflection Questionnaire 日本語版作成の試み　パーソナリティ研究，**16**，259–261.

高野慶輔・丹野義彦（2010）．反芻に対する肯定的信念と反芻・省察　パーソナリティ研究，**19**（1），15–24.

丹野義彦（2002）．妄想と自我障害　下山晴彦・丹野義彦（編）講座　臨床心理学4　異常心理学Ⅱ　東京大学出版会　pp.189-206.
Trapnell, P. D., & Campbell, J. D. (1999). Private self-consciousness and the Five-Factor Model of personality: Distinguishing rumination from reflection. *Journal of Personality and Social Psychology*, **76**, 284-304.

第11章

阿部美帆・今野裕之（2007）．状態自尊感情尺度の開発　パーソナリティ研究，**16**（1），36-46.
阿部美帆・今野裕之・松井　豊（2008）．日誌法を用いた自尊感情の変動性と心理的不適応との関連の検討　筑波大学心理学研究，**35**，7-15.
Baumeister, R. F. (1998). The self. In D. T. Gilbert, S. T. Fiske, & G. Lindzey (Eds.), *The handbook of social psychology*. 4th ed. Vol. 1. New York: McGraw-Hill.
Ciarrochi, J., Chan, A. Y., & Bajgar, J. (2001). Measuring emotional intelligence in adolescents. *Personality and Individual Differences*, **31**, 1105-1119.
Crocker, J., & Wolfe, C. T. (2001). Contingencies of self-worth. *Psychological Review*, **108**, 593-623.
Diener, E. (1984). Subjective well-being. *Psychological Bulletin*, **95**, 542-575.
Greenwald, A. G., & Banaji, M. R. (1995). Implicit social cognition: Attitudes, self-esteem, and stereotypes. *Psychological Review*, **102**, 4-27.
Heatherton, T. F., & Polivy, J. (1991). Development and validation of a scale for measuring state self-esteem. *Journal of Personality and Social Psychology*, **60**, 895-910.
市村美帆（2011）．自尊感情の高さと変動性の2側面と誇大型・過敏型自己愛傾向との関連　東洋大学21世紀ヒューマン・インタラクション・リサーチ・センター研究年報，**8**，71-77.
Kernis, M. H., Grannemann, B. D., & Barclay, L. C. (1989). Stability and level of self-esteem as predictors of anger arousal and hostility. *Journal of Personality and Social Psychology*, **56**, 1013-1023.
Leary, M. R., Tambor, E. S., Terdal, S. T., & Downs, D. L. (1995). Self-esteem as an interpersonal monitor: The sociometer hypothesis. *Journal of Personality and Social Psychology*, **68**, 518-530.
松岡弥玲（2006）．理想自己の生涯発達──変化の意味と調節過程を捉える──　教育心理学研究，**54**，45-54.
中山留美子・中谷素之（2006）．青年期における自己愛の構造と発達的変化の検討　教育心理学研究，**54**，188-198.
小塩真司（1999）．高校生における自己愛傾向と友人関係のあり方との関連　性格心理学研究，**8**，1-11.
小塩真司（2001）．自己愛傾向が自己像の不安定性，自尊感情のレベルおよび変動性に及ぼす影響　性格心理学研究，**10**，35-44.
小塩真司（2004）．自己愛の青年心理学　ナカニシヤ出版
Paradise, A. W., & Kernis, M. H. (2002). Self-esteem and psychological well-being: Implication of fragile self-esteem. *Journal of Social and Clinical Psychology*, **21**, 345-361.

Rosenberg, M. (1965). *Society and the adolescent self-image*. Princeton, NJ : Princeton University Press.
清水　裕（1994）．失敗経験と援助行動意図との関係について――低下した自尊感情回復のための認知された援助の道具性――　実験社会心理学研究，**34**，21-32.
Smart, R. G., & Walsh, G. W. (1993). Predictors of depression in street youth. *Adolescence*, **28**, 41-53.
舘　有紀子・宇野善康（2000）．日本版状態セルフ・エスティーム尺度の検討　日本社会心理学会第41回大会発表論文集，206-207.
内田由紀子（2008）．日本文化における自己価値の随伴性――日本版自己価値の随伴性尺度を用いた検証――　心理学研究，**79**，250-256.
山本真理子・松井　豊・山成由紀子（1982）．認知された自己の諸側面の構造　教育心理学研究，**30**，64-68.

第12章

Hosogoshi, H., & Kodama, M. (2005). Examination of defensive pessimism in Japanese college students : Reliability and validity of the Japanese version of the Defensive Pessimism Questionnaire. *Japanese Health Psychology*, **12**, 27-40.
名島潤慈・原田則代・横田周三・森田裕司・増田勝幸・植村孝子（2001）．バウムテスト　上里一郎（監修）心理アセスメントハンドブック［第2版］　西村書店
東京大学医学部心療内科TEG研究会（編）（2006）．新版TEG Ⅱ解説とエゴグラム・パターン　金子書房
和田さゆり（1996）．性格特性用語を用いたBig Five尺度の作成　心理学研究，**67**，61-67.

人名索引

ア　行

アイゼンク（Eysenck, H. J.）　16, 26, 44
アシュトン（Ashton, M. C.）　31
東　洋　53, 102
阿部和彦　60
アラン（Allan, G.）　138
アルトマン（Altman, I.）　129
アルマゴール（Almagor, M.）　31
アロン（Aron, A.）　130

石田靖彦　124
市村（阿部）美帆　213, 215
乾　吉佑　175

ウィックランド（Wicklund, R. A.）　6, 8
ウィンチ（Winch, R. F.）　134
ウォーターマン（Waterman, A. S.）　93
内田由紀子　216
宇野義康　213
ヴント（Wundt, W.）　4

エインズワース（Ainsworth, M. D. S.）　109
榎本博明　14, 82
エリクソン（Erikson, E. H.）　6, 9, 13, 56, 84, 87

大沢武志　142
オーズベル（Ausubel, D. P.）　73
太田隆次　152
大野　裕　181
岡田　努　122, 124, 127
小此木啓吾　186
小塩真司　30, 125
オブライエン（O'brien, E. J.）　191
オルポート（Allport, G. W.）　16, 23

カ　行

カーヴァー（Carver, C. S.）　8
カーニス（Kernis, M. H.）　198
カーンバーグ（Kernberg, O.）　159
柏木惠子　53, 102, 105
加藤　厚　91
ガンダーソン（Gunderson, J. G.）　161, 168

北脇雅男　140
キャッテル（Cattell, R. B.）　16, 25
ギャラップ（Gallup, G. G.）　43

クーリー（Cooly, C.）　4
クーン（Kuhn, M. H.）　76
クライン（Klein, M.）　176
グリーンバーグ（Greenberg, J.）　10
グリンカー（Grinker, R.）　159
クレッチマー（Kretschmer, E.）　20
クロッカー（Crocker, J.）　198, 215

ケーガン（Kagan, J.）　47

ゴールドバーグ（Goldberg, L. R.）　28
古澤頼雄　104
コスタ（Costa, P. T., Jr.）　28
ゴッフマン（Goffman, E.）　5
コッホ（Koch, J. L.）　158
コニディス（Connidis, I. A.）　137

サ　行

サイモンズ（Symonds, P.）　98
坂本真士　194
桜井茂男　68
ザゾ（Zazzo, R.）　43
佐藤淑子　53
サメロフ（Sameroff, A. J.）　107
サリヴァン（Sullivan, H. S.）　118
サロウェイ（Sulloway, F. J.）　114

シーガル（Segal, H.）　176
ジェームズ（James, W.）　2, 4, 73
シェルドン（Sheldon, W. H.）　21

シュプランガー（Spranger, E.） 73
シュプレッヒャー（Sprecher, S.） 135
シュミデベルグ（Schmideberg, M.） 159
シュワルツ（Schwartz, C. E.） 47

スーパー（Super, D. E.） 141
スキナー（Skinner, B. F.） 4
スターン（Stern, A.） 159
スナイダー（Snyder, M.） 10
スピッツァー（Spitzer, S. P.） 76
スペンサー（Spencer, L. M.） 152

関谷秀子 181
セルマン（Selman, R. L.） 67

園田菜摘 52

タ 行
高野慶輔 195
高橋 潔 147
舘 有紀子 213
丹野宏昭 137

辻 平治郎 29

ディグマン（Digman, J. M.） 31
デーモン（Damon, W.） 74
テッサー（Tesser, A.） 10
デュバル（Duval, S.） 6, 8

ドイッチェ（Deutsch, H.） 159
トーマス（Thomas, A.） 44, 46, 107
トマセロ（Tomasello, M.） 41
富岡比呂子 68
豊田弘司 134
豊原恒男 141
トラプネル（Trapnell, P. D.） 195

ナ 行
ナイサー（Neisser, U.） 6, 43
ナイト（Knight, R.） 159
中山留美子 212
縄田健悟 20

西島 央 119
西村昌記 138

ノーマン（Norman, W. T.） 28

ハ 行
バーン（Byrne, D.） 133
バウマイスター（Baumeister, R. F.） 11
パヴロフ（Pavlov, I. P.） 44
ハザン（Hazan, C.） 131
バス（Buss, A. H.） 44
林 直樹 166
バルテス（Baltes, P. B.） 79
ハンター（Hunter, J. E.） 147
バンデューラ（Bandura, A.） 11

ピアジェ（Piaget, J.） 61, 67
ビオン（Bion, W.） 176
ヒギンス（Higgins, E. T.） 11
ピネル（Pinel, P.） 158
平島奈津子 182

フェニグスタイン（Fenigstein, A.） 6, 8
藤崎宏子 137
藤田綾子 137
藤原武弘 19
フューゲイト（Fugate, M.） 153
プリチャード（Prichard, J. C.） 158
ブルーナー（Bruner, J. S.） 6
ブルックス=ガン（Brooks-Gunn, J.） 13
フロイト（Freud, S.） 4, 56, 170

ベック（Beck, A. T.） 193
ペネベーカー（Pennebaker, J. W.） 11
ベム（Bem, D. J.） 9

ボウルビィ（Bowlby, J.） 52, 109, 111, 131
ホール（Hall, G. S.） 73
ホック（Hoch, P. H.） 159
ボトウィン（Botwin, M. D.） 136

ホランド（Holland, J. L.） 145
ホリングワース（Hollingworth, L. S.） 73

マ　行

マーカス（Markus, H. R.） 6, 9, 14
マーシャ（Marcia, J. E.） 89, 91
前田尚子 138
槙田　仁 78
マクレー（McCrae, R. R.） 28
マクレランド（McClelland, D. C.） 152
マズロー（Maslow, A. H.） 5
松井　豊 20, 119

ミード（Mead, J. H.） 4, 5
ミシェル（Mischel, W.） 32, 33
三宅和夫 108
宮下一博 124
ミラー（Miller, G. A.） 6

無藤清子 90

モレル（Morel, B. A.） 158
モンテメイヤー（Montemayor, P.） 78

ヤ　行

山崎勝之 101
山本真理子 208

ユング（Jung, C. G.） 22

吉原千賀 138
依田　明 114, 116

ラ　行

ラドケ（Radke, M. J.） 99

リアリー（Leary, M. R.） 6, 7, 9, 189
リネハン（Linehan, M. M.） 178

ルイス（Lewis, M.） 13

レヴィン（Lewin, K.） 73

ローゼンバーグ（Rosenberg, M.） 6, 208
ローゼンフェルド（Rosenfeld, H.） 176
ロシャ（Rochat, P.） 39, 40
ロジャーズ（Rogers, C. R.） 5
ロスバート（Rothbart, M. K.） 11, 44, 48

ワ　行

若林明雄 17, 18, 30, 32
和田さゆり 223
渡辺朝子 124
ワトソン（Watson, J. B.） 4

事項索引

ア 行

愛着　52, 109
愛着性　29
アイデンティティ　13, 87, 123
アイデンティティ拡散　88, 90
アイデンティティ-積極的モラトリアム
　　中間地位（D-M 中間地位）　91
アイデンティティ 対 アイデンティティ
　　拡散　85
アイデンティティ達成　90
アイデンティティ達成-権威受容地位
　　（A-F 中間地位）　91
アイデンティティ地位　89
アセスメント　175
アタッチメント　52
扱いにくい子　107
安定性　26

遺伝　49
インテグリティ 対 嫌悪・絶望　86

内田クレペリン精神作業検査　236
うつ病　192

エゴグラム　224
エピジェネティック・チャート　84
エフォートフル・コントロール　12, 48
エンプロイアビリティ　153

カ 行

外向性　26, 29
重ね着症候群　183
数の保存　62
環境　49
感動　71

危機　89
気質　18, 44, 106
気質的扱いにくさ　46
基本的信頼 対 基本的不信　85
キャリア・インサイト　145

ギャングエイジ　65
ギャング集団　65
9 カ月革命　42
鏡映的自己　5
境界パーソナリティ構造　160
共通特性　24
共同注意　41
恐怖管理理論　10
共有環境　50
勤勉 対 劣等感　85

具体的操作期　61

形式的操作期　62
軽度精神遅滞　184
結果論的判断　67
顕在的自尊感情　218
現実性　30

5 因子モデル　29
口唇探索反射　39
厚生労働省編一般職業適性検査　143
公的自己意識　8
行動遺伝学　50
行動結果面接　152
行動抑制　47
交流分析　224
個別特性　24
コミットメント　89
根源特性　25
コンピテンシー　152

サ 行

作業検査法　222, 236
三項関係　41

ジェネラティヴィティ 対 自己陶酔　86
自我　3
自我障害　205
自我消耗　11
自我体験　70

自我同一性　9
時間的に拡張された自己　43
自己　3
自己愛　14, 211
自己愛傾向　125
自己愛人格目録　127
自己愛人格目録短縮版　211
自己愛性パーソナリティ障害　170
自己意識　201
自己意識的感情　12
自己意識特性　8
自己一致　5
自己開示　10, 129
自己開示の返報性　129
自己概念　9
自己確証動機　12
自己拡張モデル　130
自己価値の随伴性　198, 215
自己感　168
自己帰属　9
自己効力感　11
自己査定動機　12
自己視線恐怖　202
自己実現　5
自己臭恐怖　203
自己受容　10
自己所属感　205
自己スキーマ　9
自己制御　11, 48
自己像　9
自己知覚理論　9
自己注目　194
自己呈示　10
自己呈示理論　5
自己評価　209
自己評価維持モデル　10
自己物語法　14
自主性 対 罪の意識　85
自責感　204
自然性　29
自尊感情　9, 191, 208
自尊感情尺度　6
自尊感情の変動性　198, 213
自尊心の肥大，または誇大　197

実行過程　10
実行注意機能　49
疾病および関連保健問題の国際統計分類　188
質問紙法　222, 223
私的自己意識　8
シナプス　60
シャイネス　124
社会的構築主義　14
社会的参照　41
社会的視点取得能力　67
社会的浸透理論　129
社会的スキル　121
社会的望ましさ説　134
社会的比較　121
社会的微笑　39
社交不安症／社交不安障害　201
醜形恐怖症／身体醜形障害　200
重要な他者　118
主題統覚検査　234
状況論争　32
状態自尊感情尺度　213
象徴機能　42
情動性　30
職業適性　140
職業レディネス・テスト　145
自律 対 恥・疑惑　85
自律的道徳性　67
人格　16
新型うつ　173
神経症傾向　26
神経性過食症／神経性大食症　199
神経性やせ症／神経性無食欲症　199
心誌　24
新相互作用論　33
心的外傷後ストレス障害　203
親密 対 孤立　86
心理検査　175
心理辞書の研究　24
心理的離乳　120

スキーマ　9
ストレンジ・シチュエーション法　109
スプリッティング　169

性格　15
生活技能訓練　179
制御焦点理論　11
省察　195
精神疾患の診断・統計マニュアル　188
精神遅滞　184
成人の愛着理論　131
精神病質傾向　27
生存者罪悪感　204
摂食障害　199
セルフ・ディスクレパンシー理論　11
セルフ・モニタリング　10
潜在期　56
潜在的自尊感情　218
潜在連合テスト　218
潜伏期　56

双極性障害　197
総合検査 SPI　143
総合適性テスト GAB　144
相乗的相互作用モデル　107
相補説　133
ソシオメーター理論　9, 213

タ　行

大うつ病性障害　192
対処の悲観性-方略の楽観性　230
対人恐怖症　202
態度　19
第 2 次性徴　60
タイプA　101
達成反応　42
脱中心化　62
他律的道徳性　67
探求　89

知能検査　175
注目過程　8
長子的なパーソナリティ　115
治療 0 期　175

定位能力／制御　48
適性　140

投影性同一視　170
投影同一化　170
投映法　222, 231
統覚　235
動機論的判断　67
統合失調症　204
統制性　29
道徳性　67
特性　23
特性論　23

ナ　行

内向性　26, 29
内的ワーキング・モデル　111, 131

2 カ月革命　40
20 答法　76
二重接触　39
入院治療　181
人間　32
認知過程　8
認知心理学　6
認知的・感情的パーソナリティ・システム　33

ハ　行

パーソナリティ　16, 17, 79, 160
パーソナリティ障害　158, 163, 167
バウム・テスト　233
発達期待　53, 101
発達段階理論　56
パニック症／パニック障害　202
半構造化面接　89
反芻　194
ハンド・リガード　40
反応性　48

非共有環境　50
非情動性　30
非相加的遺伝の効果　51
ビッグ・ファイブ　28, 223
描画法　233
表面特性　25

不安症／不安障害　201
フォークロージャー　90
分離性　29

弁証法的行動療法　178
扁桃体　47

ボーダーライン・スケール　127

マ　行
マネージメント　180

無価値感　193

メタ認知　63

モデル　121
模倣学習　41
モラトリアム　90

ヤ　行
薬物療法　181

遊戯性　30
友情　119
有能感　68

養育態度　98
抑うつ　194

ラ　行
ライフサイクル　84
ライフサイクル理論　56

離人感　205
リビドー　56

類型論　20
類似説　133
ルージュ・テスト　43

ロールシャッハ・テスト　232

欧　字
BPO　160
BSI　127
CAPS　33
DSM-5　188
GATB　143
IAT　218
ICD-10　188
IOS 尺度　131
NEO-PI-R　28
NPI　127
NPI-S　212
PTSD　203
TAT　234
VPI 職業興味検査　145
VRT　145
WAI 技法　76

執筆者紹介

【編者略歴】

松井　豊
　　まつい　　ゆたか

1976年　東京教育大学教育学部卒業
1982年　東京都立大学大学院人文科学研究科博士課程単位取得退学
現　在　筑波大学人間系心理学域教授　文学博士

主要編著書

『改訂新版　心理学論文の書き方――卒業論文や修士論文を書くために――』（河出書房新社，2010）
『社会と人間関係の心理学』（共著）（岩波書店，2007）
『惨事ストレスへのケア』（編著）（ブレーン出版，2005）

櫻井茂男
　　さくらい　しげお

1981年　信州大学教育学部小学校教員養成課程教育心理学科卒業
1986年　筑波大学大学院博士課程心理学研究科心理学専攻修了
現　在　筑波大学人間系心理学域教授　教育学博士

主要編著書・訳書

『自ら学ぶ意欲の心理学――キャリア発達の視点を加えて――』（有斐閣，2009）
『心理測定尺度集Ⅳ――子どもの発達を支える〈対人関係・適応〉――』（共編）（サイエンス社，2007）
『人を伸ばす力――内発と自律のすすめ――』（監訳）（新曜社，1999）
『学習意欲の心理学――自ら学ぶ子どもを育てる――』（誠信書房，1997）

【執筆者】名前のあとの括弧内は各担当章・節・コラムを表す.

今野裕之（第1章）　　　　　目白大学人間学部教授
こんの　ひろゆき

竹中一平（第2章，第7章　　武庫川女子大学文学部助教
たけなか　いっぺい　扉文，7.1～7.4）

大内晶子（第3章）　　　　　常磐短期大学幼児教育保育学科准教授
おおうち　あきこ

佐藤　純（第4章）　　　　　茨城県立医療大学保健医療学部准教授
さとう　じゅん

瀧野揚三（第5章）　　　　　大阪教育大学学校危機メンタルサポートセン
たきの　ようぞう　　　　　ター教授

松田侑子（第6章）　　　　　弘前大学教育学部講師
まつだ　ゆうこ

立脇洋介（7.5，7.6）　　　大学入試センター研究開発部助教
たてわき　ようすけ

丹野宏昭（コラム7.1）　　　東京福祉大学心理学部講師
たんの　ひろあき

道谷里英（第8章）　　　　　順天堂大学国際教養学部准教授
みちたに　りえ

大野恵里（第9章）　　　　　医療法人財団青溪会駒木野病院
おおの　えり

伊藤正哉（第10章）　　　　国立精神・神経医療研究センター認知行動療
いとう　まさや　　　　　　法センター研修指導部研修普及室長

市村美帆（第11章）　　　　目白大学人間学部非常勤講師
いちむら　みほ

細越寛樹（第12章）　　　　畿央大学教育学部准教授
ほそごし　ひろき

執筆者紹介　　265

ライブラリ スタンダード心理学=9
スタンダード
自己心理学・パーソナリティ心理学

2015年11月10日 Ⓒ　　　初　版　発　行

編者　松井　豊　　　　発行者　木下敏孝
　　　櫻井茂男　　　　印刷者　加藤純男
　　　　　　　　　　　製本者　小高祥弘

発行所　　株式会社　サイエンス社
〒151-0051　　東京都渋谷区千駄ヶ谷1丁目3番25号
営業 ☎ (03)5474-8500(代)　　　振替 00170-7-2387
編集 ☎ (03)5474-8700(代)
FAX ☎ (03)5474-8900

　　印刷　加藤文明社　　　製本　小高製本工業(株)
《検印省略》

本書の内容を無断で複写複製することは，著作者および出版者の権利を侵害することがありますので，その場合にはあらかじめ小社あて許諾をお求め下さい。

ISBN978-4-7819-1366-7
PRINTED IN JAPAN

サイエンス社のホームページのご案内
http://www.saiensu.co.jp
ご意見・ご要望は
jinbun@saiensu.co.jp　まで．